Vicens Vives
Educació Secundària

Aula3D

BiG 3

BIOLOGIA I GEOLOGIA

M. Á. Fernández Esteban
Catedràtic de Biologia i Geologia d'IES

B. Mingo Zapatero
Llicenciada en Geologia. Professora d'IES

R. Rodríguez Bernabé
Doctora en Biologia

M. D. Torres Lobejón
Catedràtica de Biologia i Geologia d'IES

Com és aquest llibre?

Les activitats del llibre estan classificades segons els processos cognitius que treballen:

- **Conèixer:** en aquestes activitats els alumnes treballen directament el contingut..
- **Aplicar:** aquestes activitats relacionen el contingut treballat amb els coneixements previs de l'alumne i amb l'entorn, és a dir, que treballen amb el context.
- **Raonar:** l'objectiu d'aquestes activitats és que l'alumne reflexioni, expliqui i raoni els perquès de les respostes.

A més, les activitats poden incloure competències clau que s'indiquen amb els símbols següents:

Competències clau

- Comunicació lingüística
- Competència matemàtica
- Competències bàsiques en ciències i tecnologia (en aquest llibre només s'indica la competència matemàtica perquè les de ciències i tecnologia són les pròpies de l'àrea)
- Aprendre a aprendre
- Consciència i expressions culturals
- Sentit d'iniciativa i esperit emprenedor
- Competències socials i cíviques
- Competència digital

Com s'estructura aquest llibre

INTRODUCCIÓ

Títol i pregunta de caràcter general, que constitueix el centre del tema.

Imatges que il·lustren alguns dels aspectes més rellevants del tema.

Introducció on s'anticipa el contingut del tema.

Activitats destinades a repassar els coneixements previs i a formar una opinió general sobre el tema.

Avançament dels continguts principals que recull el tema.

Com és aquest llibre?

CONTINGUTS DEL TEMA

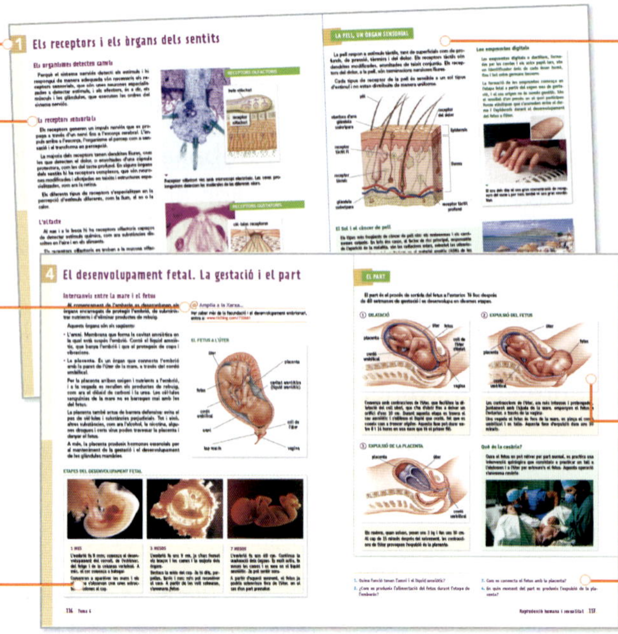

Pàgines estructurades en apartats i subapartats que recullen els continguts del tema.

A través de Tiching s'accedeix a Internet per ampliar els continguts i visualitzar vídeos i imatges que hi estan relacionats.

Textos per ampliar la informació dels apartats i clarificar els conceptes teòrics.

Grans documents que amplien o complementen continguts destacats de la pàgina, que poden anar acompanyats d'activitats.

Mapes, fotos, esquemes, dibuixos, gràfics... que il·lustren el contingut.

Activitats per conèixer i aplicar el que s'ha après i reflexionar-hi.

PÀGINES MONOGRÀFIQUES

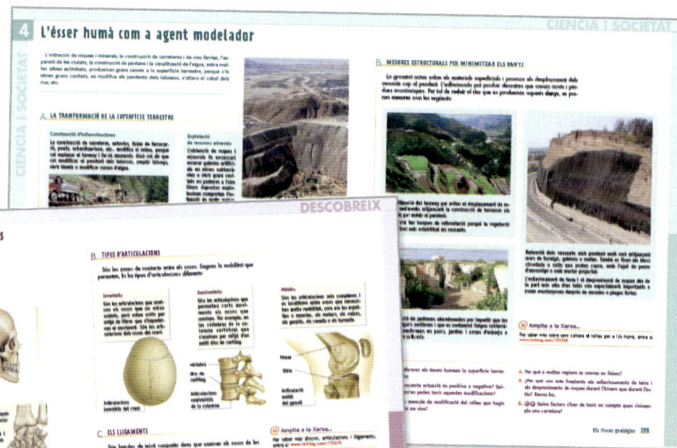

CIÈNCIA I SOCIETAT

Pàgines on coneixeràs com intervenen en les nostres vides alguns aspectes relacionats amb el tema. Inclouen activitats de comprensió i competencials.

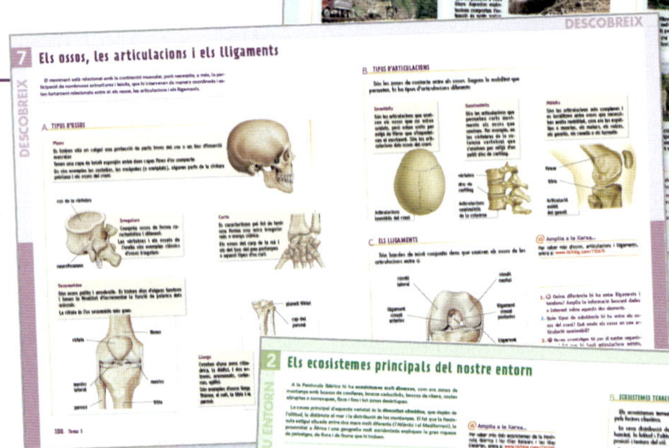

DESCOBREIX

Pàgines per aprofundir aspectes destacats del tema. Inclouen activitats de comprensió i competencials.

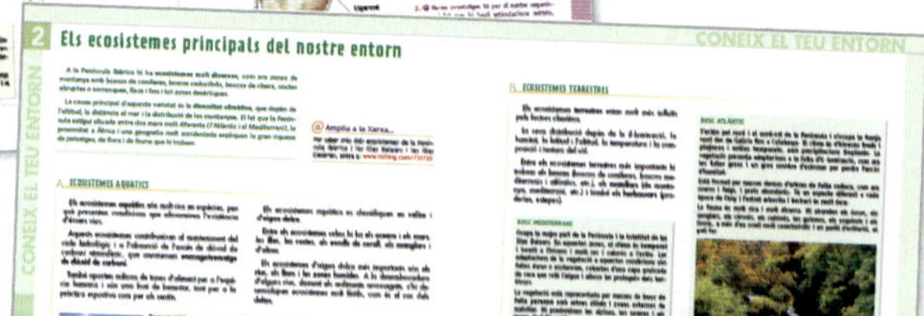

CONEIX EL TEU ENTORN

Pàgines amb continguts d'ampliació i activitats de comprensió i competencials per conèixer més bé el nostre entorn natural.

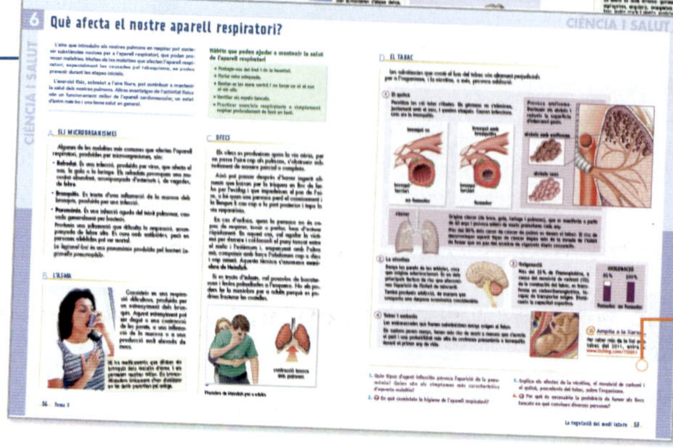

CIÈNCIA I SALUT

Pàgines que mostren aspectes relacionats amb el tema aplicats a la salut i el benestar de les persones.

Activitats de comprensió i competencials per treballar aquests aspectes.

TALLER DE CIÈNCIA I SÍNTESI

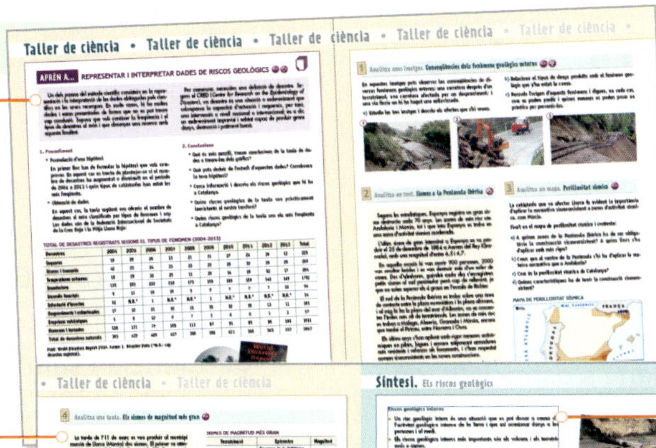

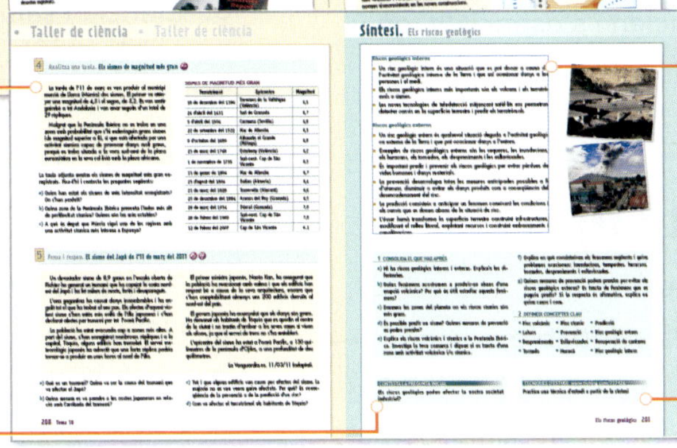

Activitat procedimental que permet posar en pràctica aspectes estudiats en el tema.

Activitats per practicar les competències científiques i per afavorir la consolidació dels continguts apresos en aquest tema.

Activitat per sintetitzar el contingut del tema.

Resum dels continguts principals del tema. Es complementa amb activitats que també són de síntesi i amb una activitat per consolidar el vocabulari.

Recursos a la Xarxa per treballar tècniques d'estudi.

PROJECTE TIC

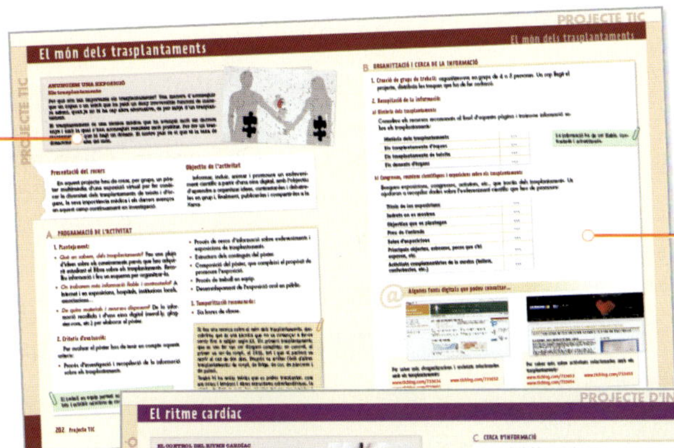

En aquestes pàgines aprofundiràs en un dels continguts del llibre: els trasplantaments d'òrgans i teixits.

Treballaràs d'una manera pautada i en grup per elaborar un pòster digital.

PROJECTE D'INVESTIGACIÓ

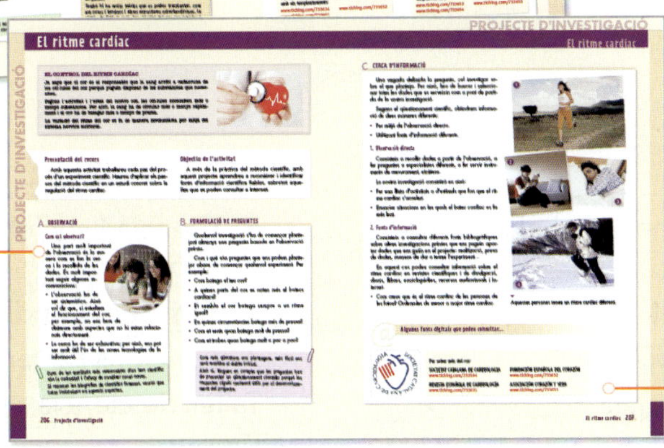

En aquesta activitat seguiràs les fases d'un estudi experimental sobre la variació del ritme cardíac.

Aprendràs a identificar les fonts d'informació fiables a Internet.

- Les activitats contingudes en aquest llibre han de fer-se en un quadern a part.
- Els espais inclosos en les activitats són simplement indicatiu i tenen finalitat didàctica.

Índex

Les persones i la salut

1 **L'organització del cos humà** — 4

1. El cos humà
2. La cèl.lula, unitat de vida
3. Les cèl.lules es diferencien i s'especialitzen
4. Teixits, òrgans, aparells i sistemes
5. Descobreix. *Els aparells i els sistemes del cos humà*
6. Ciència i salut. *Els mètodes d'exploració del cos humà*

Taller de ciència • Síntesi

2 **La nutrició i l'aparell digestiu** — 22

1. La nutrició i l'alimentació
2. Dieta equilibrada i vida saludable
3. La dieta mediterrània
4. Descobreix. *La composició dels aliments principals*
5. Problemes de salut associats a l'alimentació
6. L'aparell digestiu
7. La digestió
8. L'absorció

Taller de ciència • Síntesi

3 **La regulació del medi intern** — 44

1. La sang i l'aparell circulatori
2. El cor i la circulació sanguínia
3. Ciència i salut. *Què afecta el nostre aparell circulatori?*
4. L'aparell respiratori
5. L'intercanvi de gasos
6. Ciència i salut. *Què afecta el nostre aparell respiratori?*
7. L'aparell excretor
8. L'excreció

Taller de ciència • Síntesi

4 **Percepció i coordinació** — 66

1. Coordinació: el sistema nerviós i el sistema hormonal
2. El sistema nerviós central
3. El sistema nerviós perifèric
4. Malalties del sistema nerviós
5. Ciència i societat. *El sistema nerviós i les drogues*
6. El sistema endocrí
7. Funcions i alteracions del sistema hormonal

Taller de ciència • Síntesi

5 **Percepció i moviment** — 86

1. Els receptors i els òrgans dels sentits
2. Els òrgans dels sentits: els ulls
3. Els òrgans dels sentits: les orelles
4. L'aparell locomotor. Els músculs
5. Descobreix. *Tipus de músculs*
6. Els ossos, més que una carcassa
7. Descobreix. *Els ossos, les articulacions i els lligaments*
8. Els beneficis de l'exercici físic

Taller de ciència • Síntesi

6 **Reproducció humana i sexualitat** 108

1. L'aparell reproductor masculí
2. L'aparell reproductor femení
3. El cicle reproductor femení i la fecundació
4. El desenvolupament fetal. La gestació i el part
5. Descobreix. *Els mètodes anticonceptius*
6. La reproducció assistida
7. Les malalties de transmissió sexual

Taller de ciència • Síntesi

7 **Salut i malaltia** 128

1. Què és la salut?
2. Les malalties infeccioses
3. Les malalties no infeccioses
4. Ciència i societat. *Les donacions i els trasplantaments*
5. Les defenses de l'organisme i el sistema linfàtic
6. Les respostes del sistema immunitari
7. Ciència i salut. *La medicina del segle XXI*

Taller de ciència • Síntesi

El medi terrestre

8 **El medi ambient natural. Els ecosistemes** 150

1. El medi ambient natural
2. Coneix el teu entorn. *Els ecosistemes principals del nostre entorn*
3. Els factors abiòtics (I)
4. Els factors abiòtics (II)
5. Els factors biòtics
6. L'equilibri i la conservació ambiental
7. El sòl com a ecosistema
8. El sòl, un recurs natural en retrocés

Taller de ciència • Síntesi

9 **L'impacte humà en els ecosistemes** 172

1. La contaminació i els contaminants
2. Efectes globals de la contaminació atmosfèrica (I)
3. Efectes globals de la contaminació atmosfèrica (II)
4. La contaminació de l'aigua
5. Ciència i societat. *Els residus i la seva gestió.*

Taller de ciència • Síntesi

10 **Els riscos geològics** 188

1. Riscos geològics interns
2. Riscos geològics externs (I)
3. Riscos geològics externs (II)
4. Ciència i societat. *L'ésser humà com a agent modelador*

Taller de ciència • Síntesi

Projecte TIC 202

Projecte d'Investigació 206

LES PERSONES I

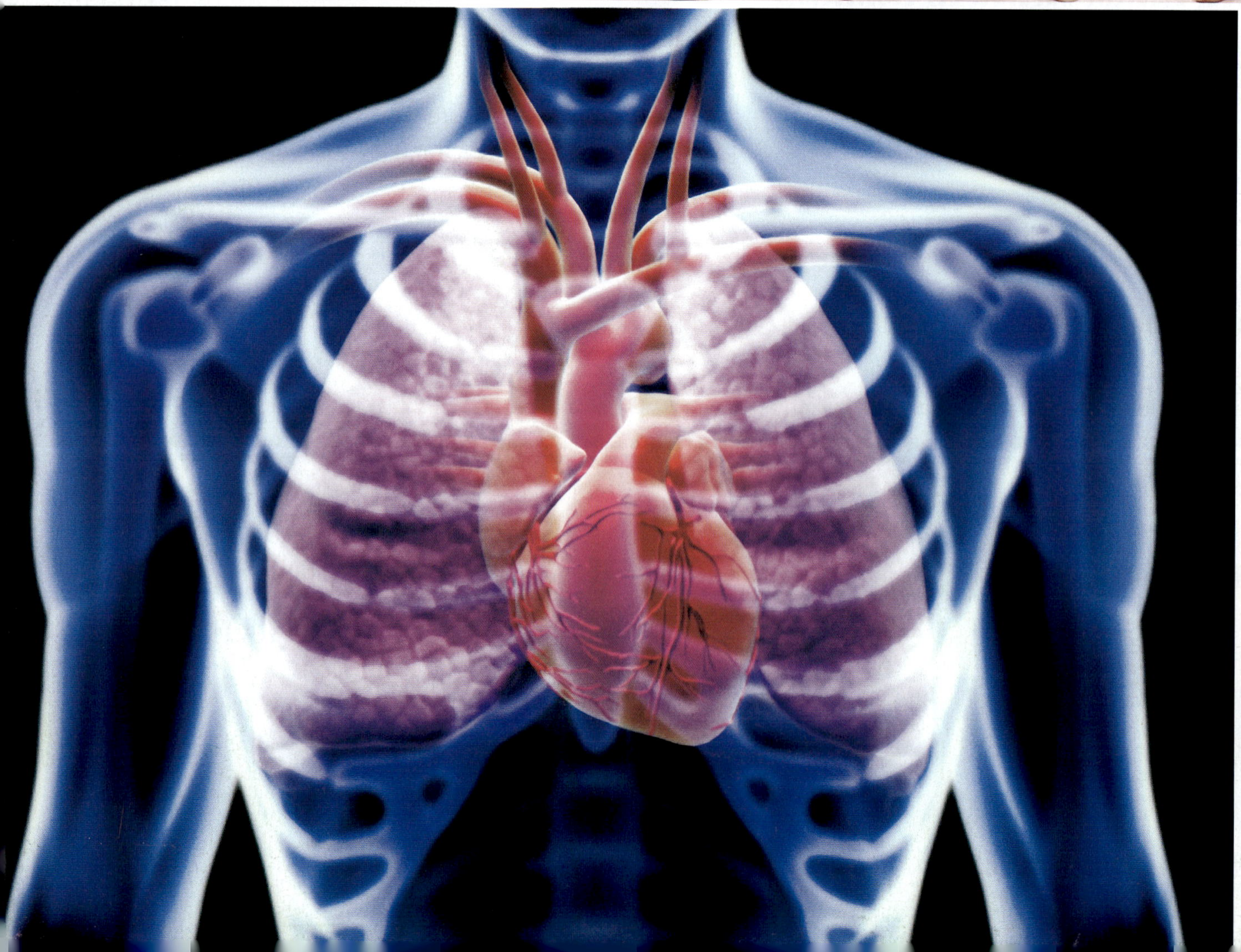

LA SALUT

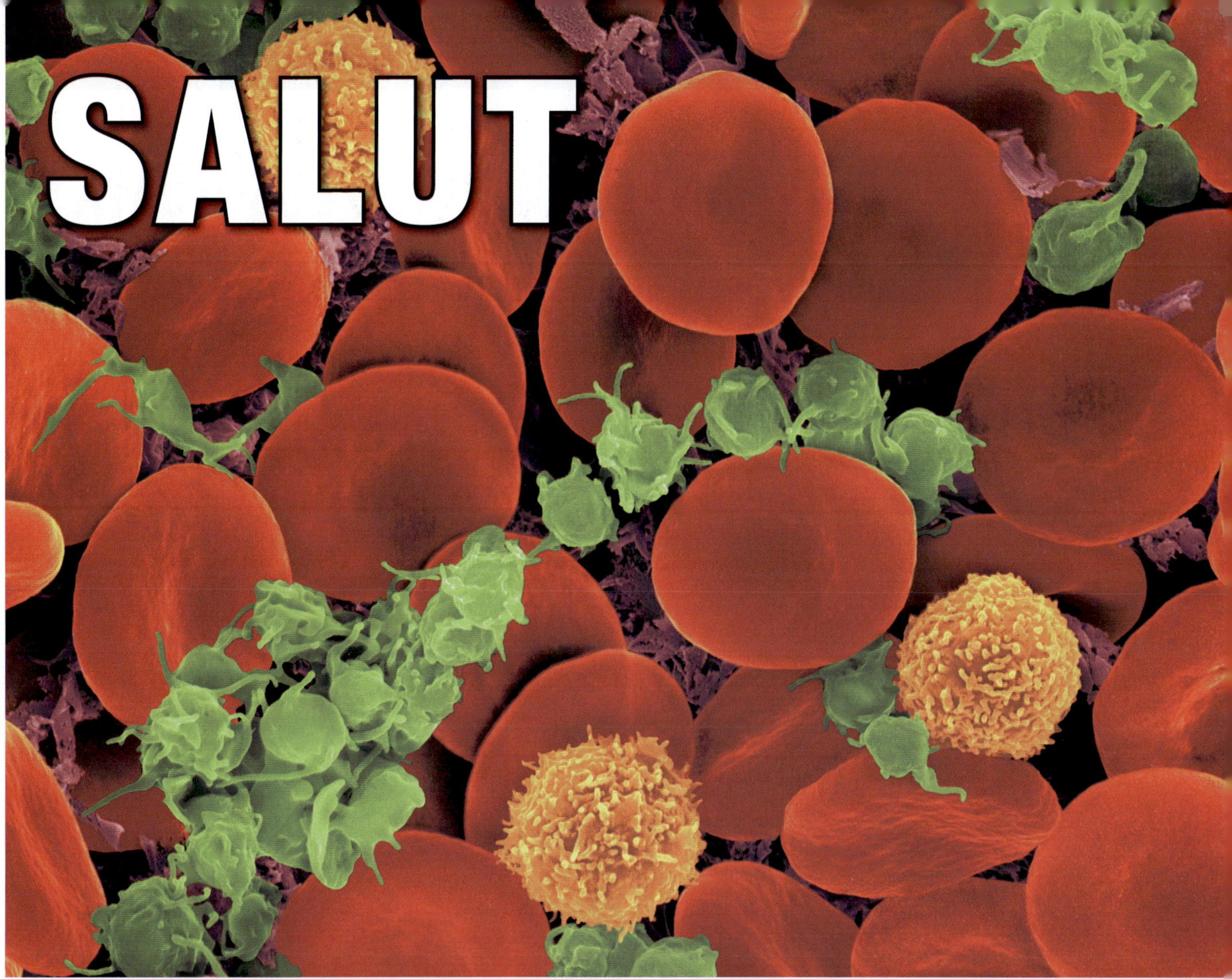

1 L'ORGANITZACIÓ DEL COS HUMÀ

Quins són els nivells en què s'organitza i s'estructura el cos humà?

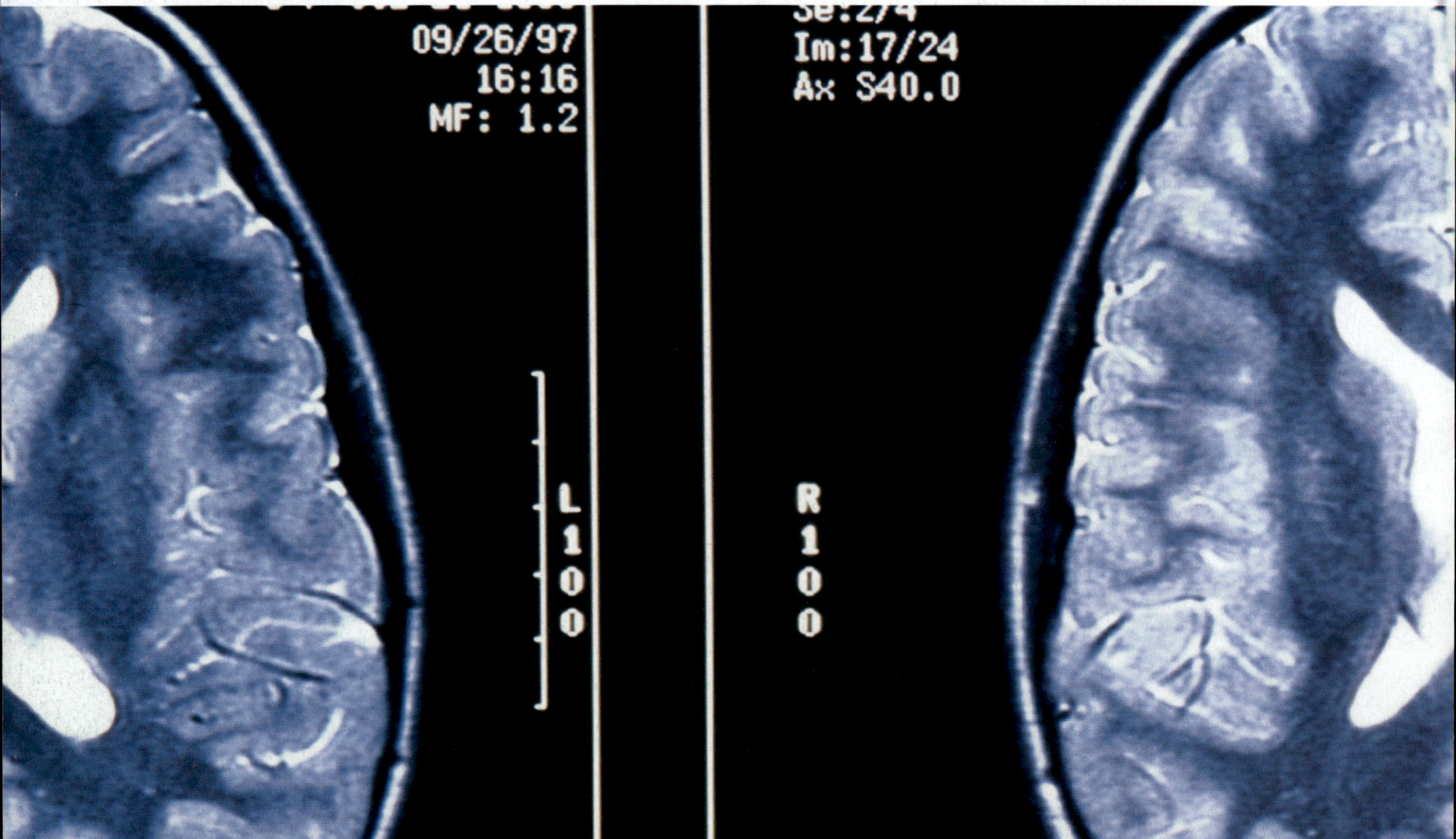

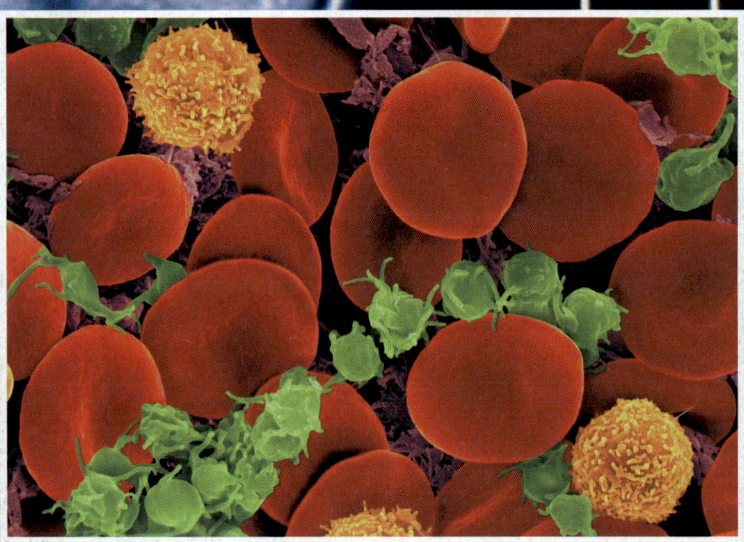

Els glòbuls vermells, els glòbuls blancs i les plaquetes són les cèl·lules del teixit sanguini que anomenem sang. La sang circula per tot el cos a través de capil·lars, venes i artèries.

L'ull és l'òrgan sensorial de la visió i està format per diferents teixits i cèl·lules que són sensibles a la llum, com ara els cons i els bastons.

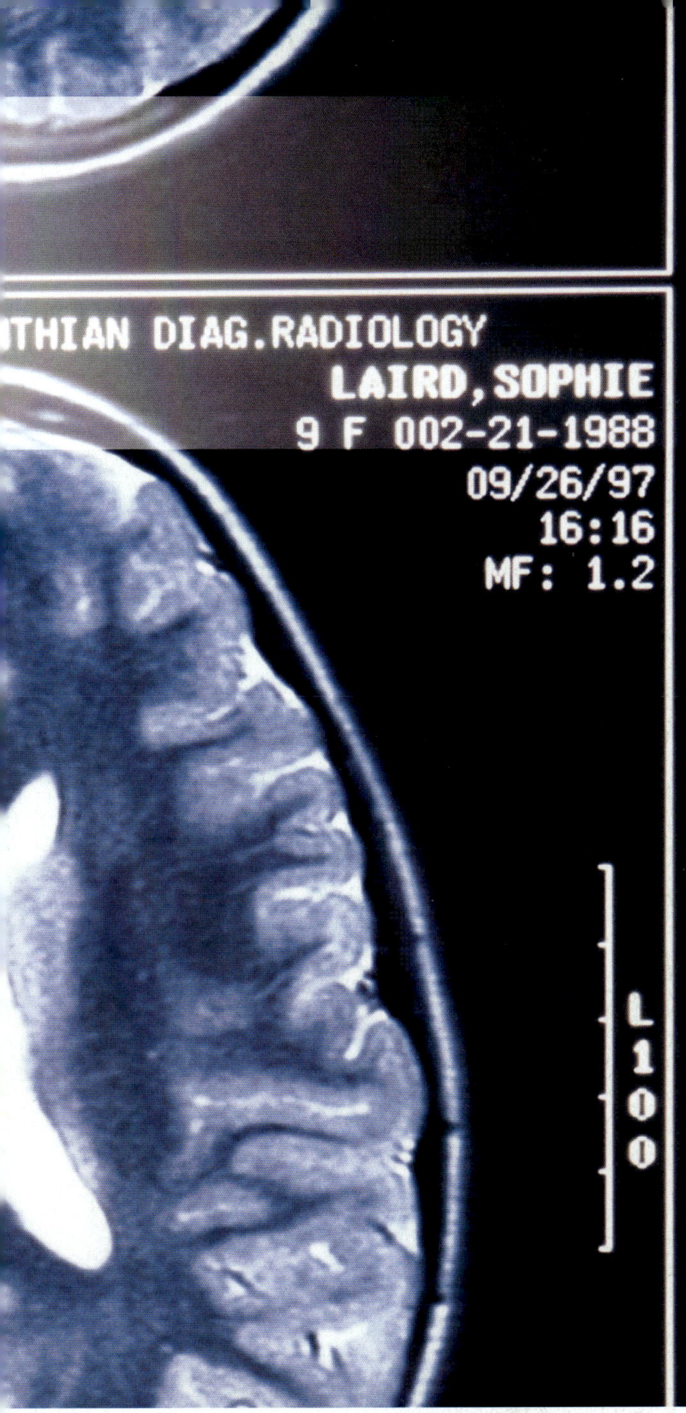

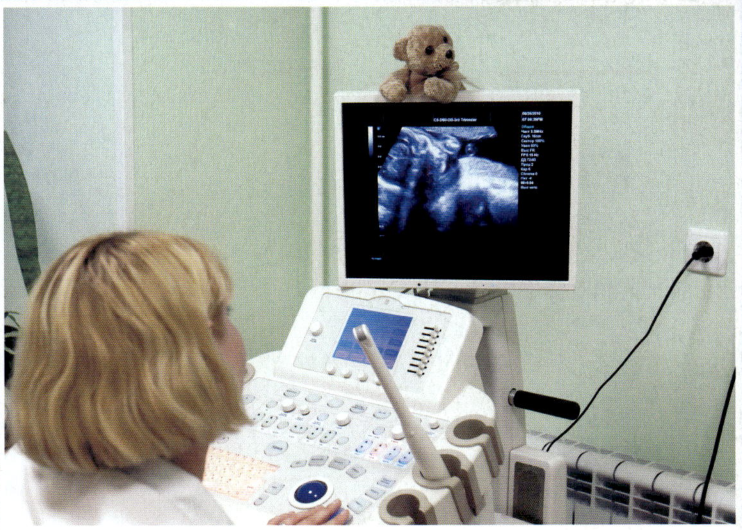

L'ecografia és un mètode d'exploració que permet diagnosticar les lesions o les malalties i seguir el desenvolupament normal dels fetus o detectar-hi malformacions.

El cos humà posseeix nivells d'organització estructural i funcional diversos. Els aparells i els sistemes de l'organisme presenten estructures molt diferents. Tots, però, estan formats per les mateixes unitats bàsiques: les biomolècules i les cèl·lules.

La **cèl·lula** és la unitat més petita dotada de vida pròpia, que pot fer les tres funcions vitals: **nutrició**, **relació** i **reproducció**. Les cèl·lules es diferencien i s'especialitzen per fer les diferents funcions.

Les cèl·lules amb una funció específica determinada s'associen per formar **teixits**. Els teixits s'associen i interaccionen entre si per formar **òrgans**. L'associació d'òrgans dóna lloc als **aparells** i els **sistemes** que coneixes (digestiu, circulatori, nerviós, reproductor, etc.).

Actualment disposem d'una sèrie de tècniques modernes que permeten explorar l'anatomia i el funcionament dels diferents òrgans.

Què sabem?

- Quina és l'estructura bàsica de la cèl·lula animal? Coneixes tipus de cèl·lules diferents?
- Quins són els teixits principals que formen els òrgans?
- Quins són els aparells i els òrgans principals del cos humà? Saps quina funció fan?

Què aprendrem?

- Com és l'estructura de la cèl·lula i la funció dels òrganuls que la formen.
- Com es formen les cèl·lules especialitzades que constitueixen els teixits.
- Quina és l'organització general del cos humà en òrgans, aparells i sistemes.
- Quines són les tècniques principals que permeten l'exploració del cos humà i el diagnòstic de les malalties.

1 El cos humà

Nivells d'organització del cos humà

El **cos humà** està format per un gran nombre d'elements que s'agrupen en nivells d'organització diferents. De les estructures més simples a les més complexes, hi podem identificar els nivells següents:

- **Àtom**. Els àtoms són elements químics que formen els éssers vius. Els principals són el carboni, l'hidrogen, l'oxigen i el nitrogen, però també n'hi ha d'altres, com per exemple el sofre, el ferro i el calci.
- **Molècula**. Constituïda per àtoms. És el component a partir del qual les cèl·lules poden elaborar les estructures pròpies. Són les proteïnes, els glúcids, els lípids i els àcids nucleics. Les molècules arriben a les cèl·lules a través de la sang.
- **Cèl·lula**. És la unitat bàsica dels éssers vius. Les cèl·lules es nodreixen, fabriquen els seus components, eliminen residus, interaccionen amb altres cèl·lules, es divideixen, etc.
- **Teixit**. És un conjunt de cèl·lules que s'especialitzen i s'associen per acomplir una funció determinada.
- **Òrgan**. Els òrgans estan formats per teixits diferents i tenen una funció específica. Per exemple, el teixit epitelial i el muscular s'associen per formar l'intestí. El cor, el fetge, un múscul o els ovaris són exemples d'òrgans.
- **Aparell** o **sistema**. És una associació d'òrgans que treballen conjuntament per portar a terme una funció vital. Per exemple, òrgans diferents, com l'esòfag, l'estómac i l'intestí s'associen i formen l'aparell digestiu.

DIFERENTS NIVELLS D'ORGANITZACIÓ

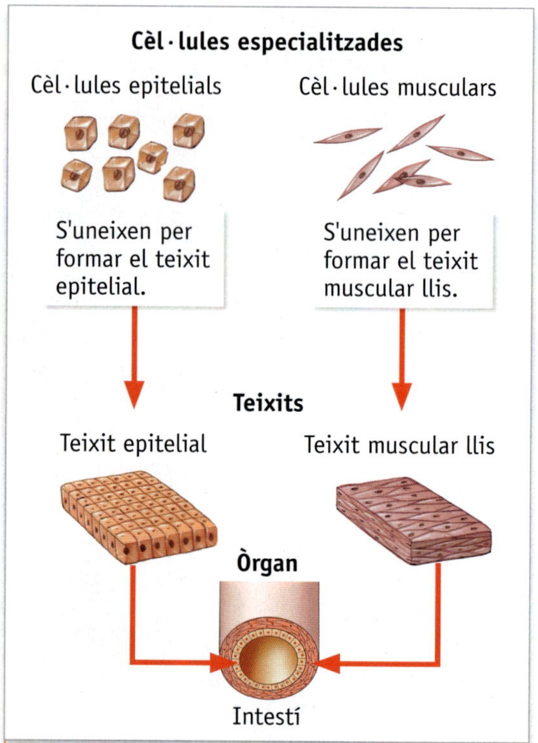

1. Són iguals totes les cèl·lules d'un òrgan? I les d'un teixit?
2. Indica el nombre de cèl·lules, de teixits i d'òrgans diferents que es veuen al dibuix.

NIVELLS D'ORGANITZACIÓ D'UN ORGANISME

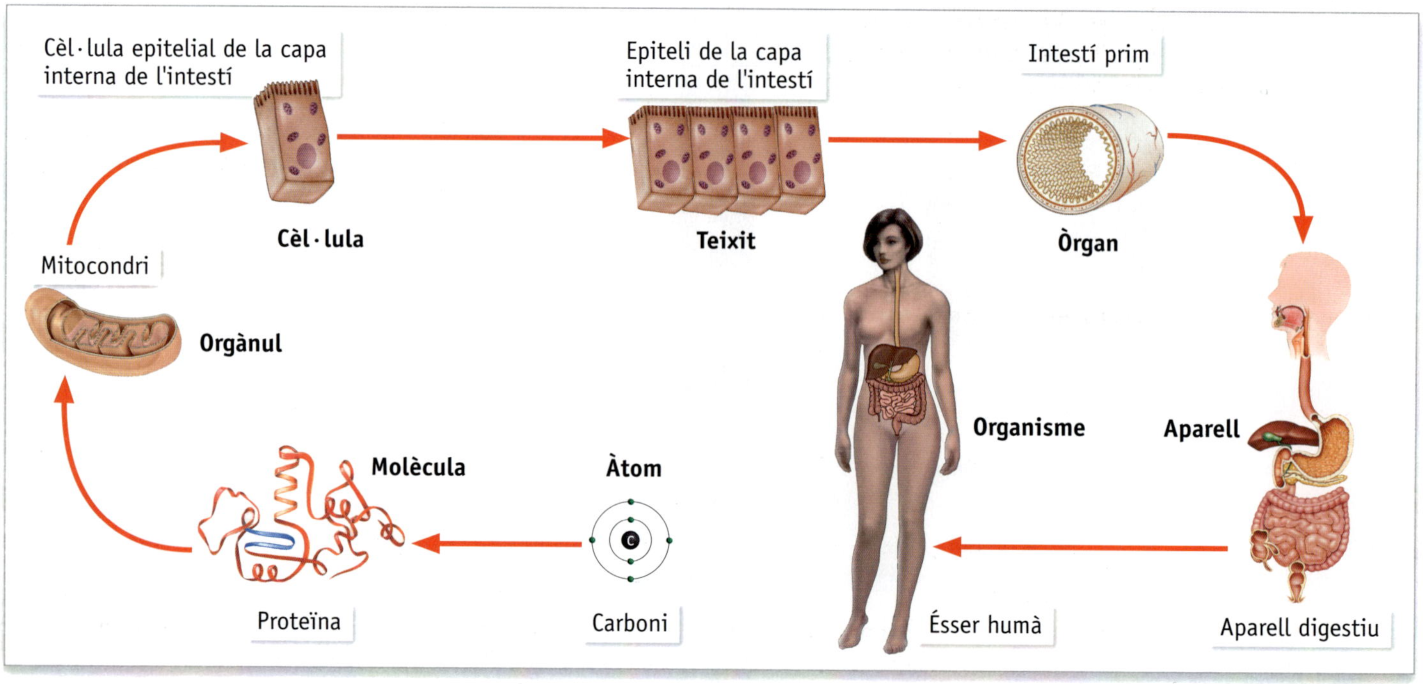

EL MANTENIMENT DE LA VIDA

En tots els éssers vius hi tenen lloc milers de reaccions químiques cada segon. Les cèl·lules, per funcionar correctament, necessiten certes condicions d'estabilitat del medi intern molt concretes, amb independència dels canvis en l'ambient.

Aquestes condicions inclouen la temperatura corporal, la quantitat d'oxigen, les concentracions de nutrients, l'aigua, la quantitat de glucosa a la sang, l'eliminació dels residus, com ara el CO_2 i la urea, etc.

L'**homeòstasi** és el conjunt d'accions que fa el nostre cos per mantenir estable el medi que envolta les cèl·lules.

Com funciona l'homeòstasi?

L'homeòstasi funciona a manera de termòstat: quan certes condicions del medi intern pugen o baixen d'un nivell determinat, es posen en marxa accions per recuperar-ne els valors normals.

Perquè això sigui possible, els diferents aparells i òrgans del cos cooperen entre si per respondre als canvis que es produeixen.

Per exemple, quan tenim fred, els músculs es contreuen i es relaxen ràpidament, i això produeix tremolor; els capil·lars sanguinis es contreuen per evitar més pèrdua de calor a través de la pell; el pèl s'eriça per atrapar més aire que augmenti l'aïllament tèrmic, i intensifica el metabolisme cel·lular per produir la calor que el cos necessita.

El sistema nerviós i l'endocrí coordinen tots aquests mecanismes de regulació.

Amplia a la Xarxa...

Per saber més dels nivells d'organització, entra a: www.tiching.com/732618

RELACIONS ENTRE APARELLS DEL COS HUMÀ

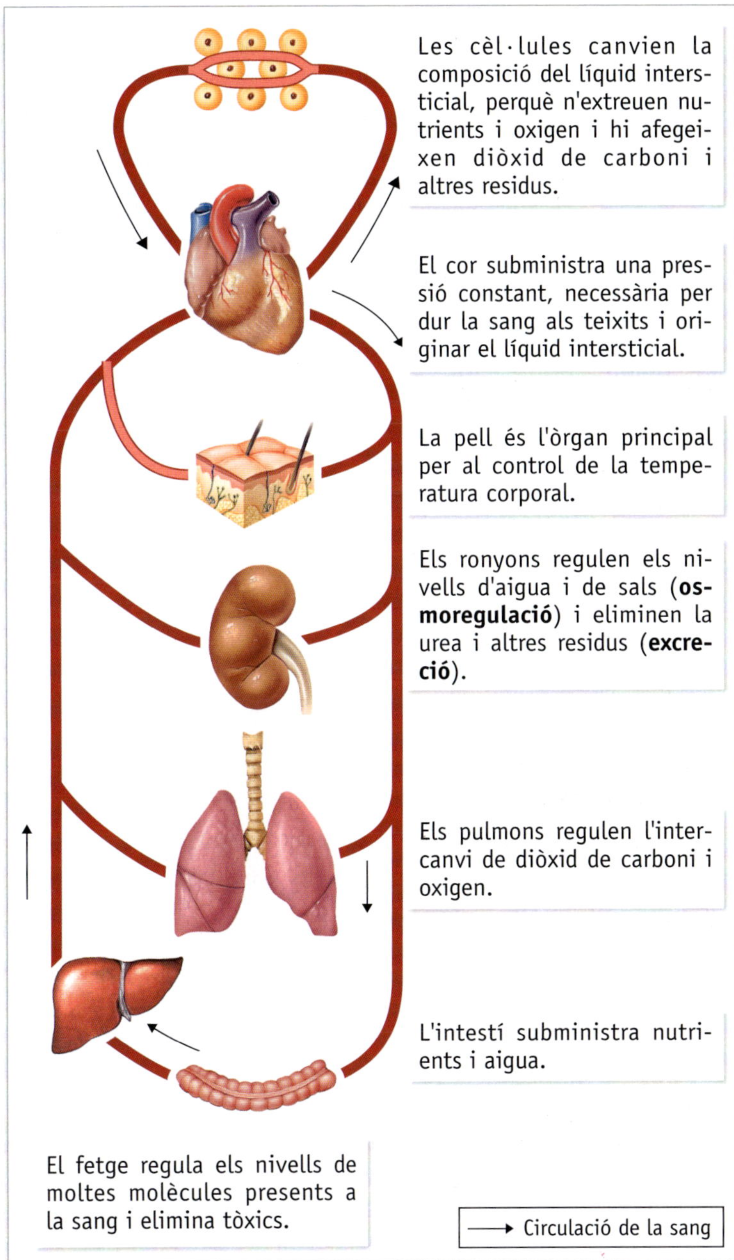

3. Quins són els factors principals que han de romandre constants per a les cèl·lules? Esmenta'n almenys tres i indica quin aparell els regula.

4. Defineix amb paraules teves què és l'homeòstasi.

5. Què són els nivells d'organització del cos? Indica la diferència entre *teixit*, *òrgan* i *sistema*.

6. Com s'anomenen els elements químics que formen els éssers vius?

7. A quin nivell d'organització pertany cadascun d'aquests exemples?

oxigen – neurona – epidermis – glòbul vermell – fetge
proteïna – múscul – sistema nerviós – cor

2 La cèl·lula, unitat de vida

Què és la cèl·lula?

La **cèl·lula** és la unitat bàsica de l'estructura i el funcionament del cos humà.

Totes les parts del nostre cos estan formades per cèl·lules: els músculs, la pell, la sang, etc. Les cèl·lules es nodreixen, produeixen substàncies de rebuig i les eliminen, es reprodueixen i es comuniquen amb l'entorn.

A més, les cèl·lules contenen al nucli la informació genètica necessària per a la vida i per perpetuar l'espècie.

El conjunt de reaccions bioquímiques de la cèl·lula constitueix el **metabolisme cel·lular**.

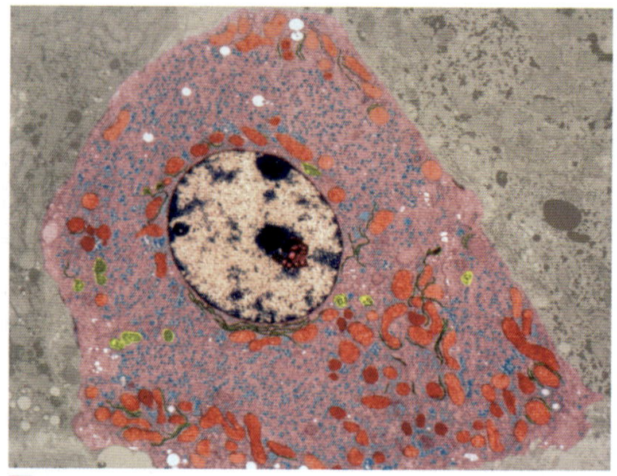

Fotografia d'una cèl·lula animal, obtinguda amb un microscopi electrònic.

L'estructura cel·lular

Totes les cèl·lules dels teixits del cos humà, malgrat que semblin tan diferents i que les funcions que fan siguin tan diverses, tenen la mateixa estructura:

- La **membrana exterior**, o membrana **plasmàtica**, delimita la cèl·lula i permet l'intercanvi de substàncies amb el medi exterior.
- El **citoplasma**, un espai comprès entre la membrana plasmàtica i l'embolcall nuclear, on té lloc la majoria de l'activitat cel·lular.

  Conté aigua, substàncies dissoltes i nombrosos orgànuls en els quals es produeixen les funcions cel·lulars; per exemple, les proteïnes es sintetitzen als ribosomes i l'energia s'obté als mitocondris.
- El **nucli**, l'estructura més destacada de la cèl·lula, que conté el material genètic i dirigeix l'activitat cel·lular.

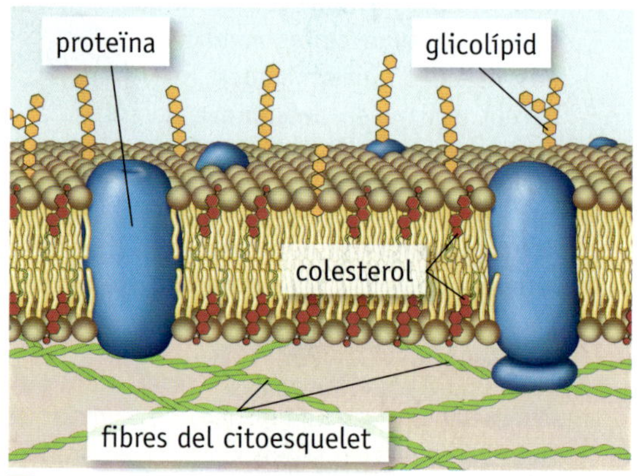

La membrana és una estructura dinàmica que delimita la cèl·lula: conté un gran nombre de molècules que controlen o transporten les substàncies que poden entrar o sortir de la cèl·lula a cada moment.

El nucli i els cromosomes

El **nucli** és el centre de control de la cèl·lula. Conté el **material genètic (ADN)** amb les instruccions per fabricar les proteïnes i el control de tota l'activitat i les característiques de la cèl·lula.

El material genètic o ADN es veu, al microscopi, en forma de material filamentós, anomenat ***cromatina***. Quan la cèl·lula s'ha de dividir, l'ADN es condensa i els **cromosomes** es fan visibles.

Els cromosomes estan formats per milers de **gens**. Un gen és un fragment d'ADN que conté les instruccions per fabricar una proteïna.

Totes les cèl·lules del cos tenen el mateix nombre de cromosomes (46 en l'ésser humà) llevat dels gàmetes, que en contenen 23).

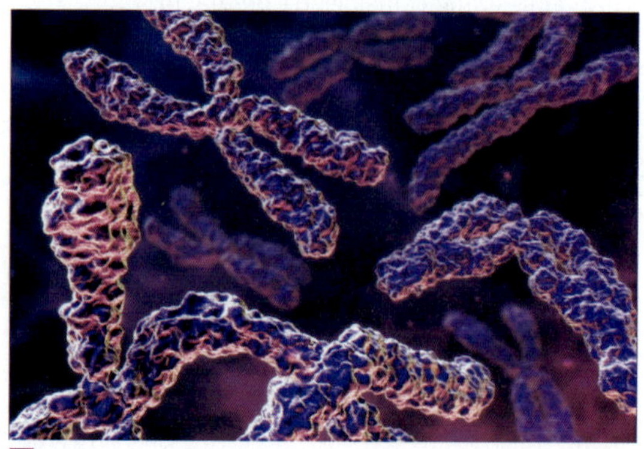

Els cromosomes tenen forma de bastonets dobles; això permet que el material genètic es reparteixi més fàcilment entre les cèl·lules filles quan la cèl·lula es divideix.

@ Amplia a la Xarxa...

Per saber més de les cèl·lules eucariotes, entra a: www.tiching.com/732636

ESTRUCTURA D'UNA CÈL·LULA

1 CITOSQUELET

Dóna forma i elasticitat a la cèl·lula. Permet el desplaçament dels orgànuls pel citoplasma.

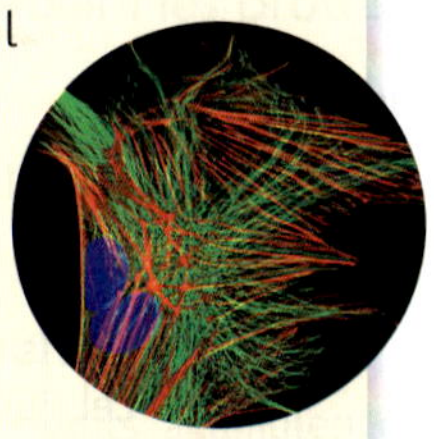

2 MEMBRANA PLASMÀTICA

Està formada per una capa doble de lípids, a més de proteïnes i glúcids. Té un gran nombre de molècules que actuen com a transportadors i receptors.

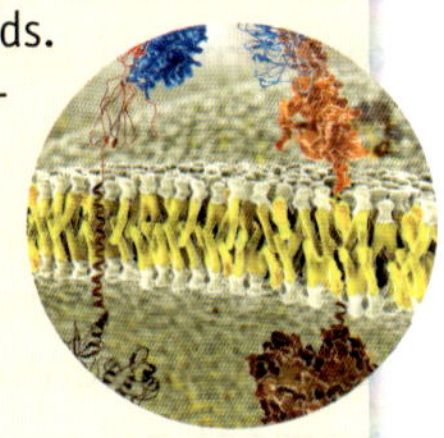

3 NUCLI

Té forma arrodonida. Està separat del citoplasma per una doble membrana nuclear. Regeix l'activitat de la cèl·lula per mitjà de la informació genètica de l'ADN.

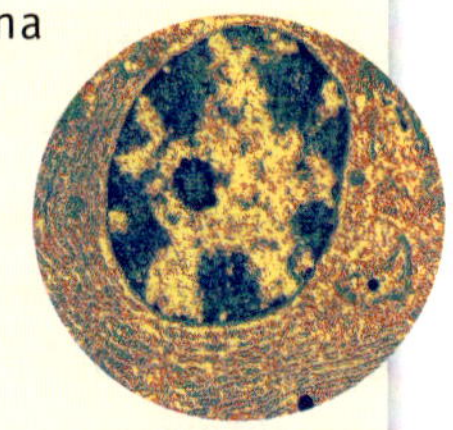

10 LISOSOMES

Contenen enzims. Actuen com un aparell digestiu dins de la cèl·lula.

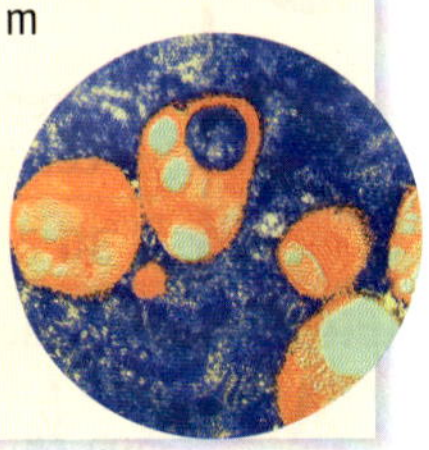

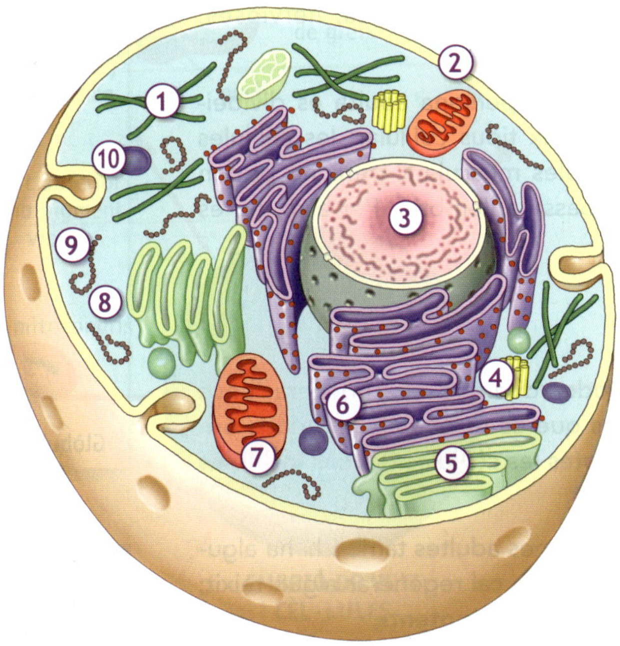

4 CENTRÍOLS

Tenen estructura cilíndrica, estan formats per microtúbuls i formen part del citosquelet.

Intervenen en la divisió cel·lular.

9 RIBOSOMES

Sintetitzen les proteïnes a partir de l'ADN. S'associen al reticle endoplasmàtic o estan lliures al citoplasma.

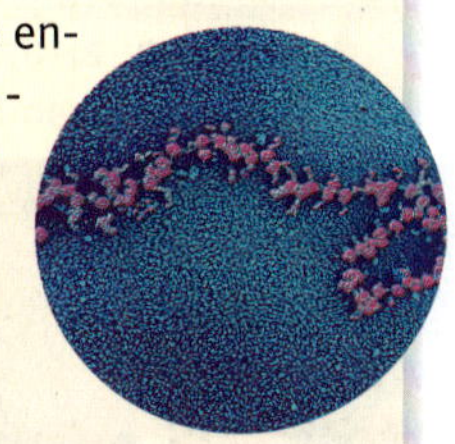

5 APARELL DE GOLGI

Modifica i transporta lípids i proteïnes del reticle a l'exterior.

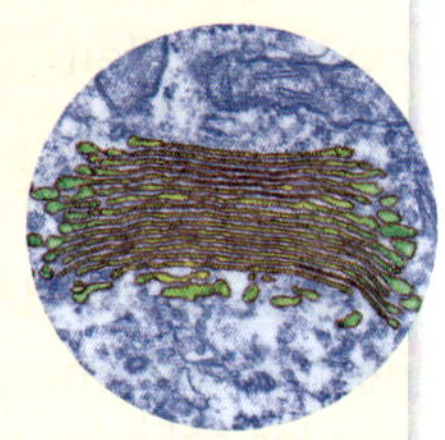

8 CITOPLASMA

Està format per una substància viscosa anomenada *citosol*. És el lloc on es produeix la major part de l'activitat cel·lular i conté un gran nombre d'orgànuls.

7 MITOCONDRIS

S'encarreguen de produir l'energia que necessita la cèl·lula a partir de la glucosa (respiració cel·lular).

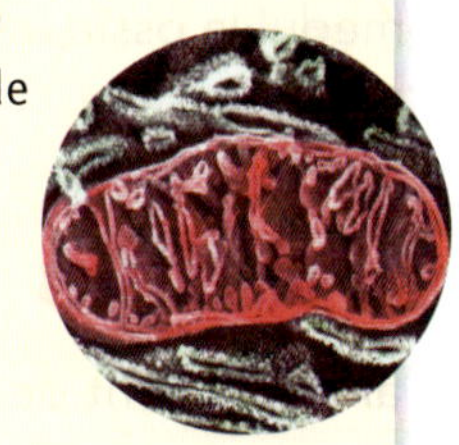

6 RETICLE ENDOPLASMÀTIC

Emmagatzema i transporta les proteïnes i els lípids fins a l'aparell de Golgi.

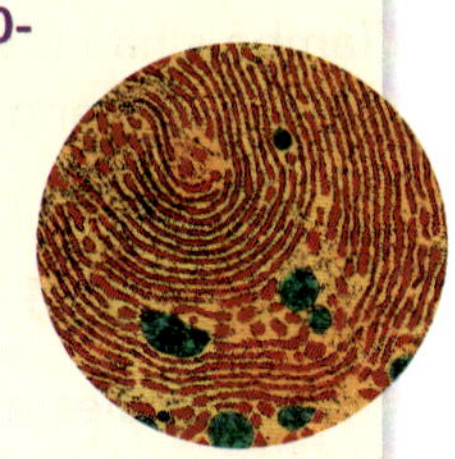

1. Indica tres components bàsics del citoplasma.
2. Quines són les estructures cel·lulars responsables de mantenir la forma de la cèl·lula?
3. De quines estructures depèn que els components de la cèl·lula es situïn en compartiments diferents i no estiguin tots barrejats?
4. Quins orgànuls es relacionen amb la producció d'energia a la cèl·lula?
5. On es localitza el material genètic i quina funció té en la cèl·lula?
6. Indica quina relació hi ha entre l'ADN, la cromatina i els cromosomes.

6 Els mètodes d'exploració del cos humà

Avui la medicina disposa de tècniques d'imatge que permeten explorar les estructures internes del cos i determinar si hi ha alguna alteració en l'estructura o en la funció d'un òrgan determinat. En molts casos, a més, es poden fer servir aquestes tecnologies per tractar o reparar lesions de vísceres amb una intervenció quirúrgica menys agressiva.

Hi ha dos tipus d'**exploracions**: les **anatòmiques**, que permeten observar, situar, descriure i fins i tot reparar les estructures internes de l'organisme, i les **funcionals**, que permeten diagnosticar lesions o malalties.

@ Amplia a la Xarxa...

Per saber més de la ressonància magnètica, entra a: www.tiching.com/733630

A EXPLORACIONS ANATÒMIQUES

Radiografia

Es basa en la capacitat dels raigs X de travessar els òrgans. Una part de la radiació és absorbida segons la densitat dels teixits. En sortir del cos, els raigs X es projecten en una placa fotogràfica, on es produeix una imatge de la zona del cos estudiada.

És molt útil per a les exploracions de l'esquelet, d'òrgans com ara els pulmons o el cor, i de l'aparell digestiu. Si es fan servir substàncies de contrast, es poden fer visibles altres òrgans del cos.

És convenient protegir-se de radiacions innecessàries.

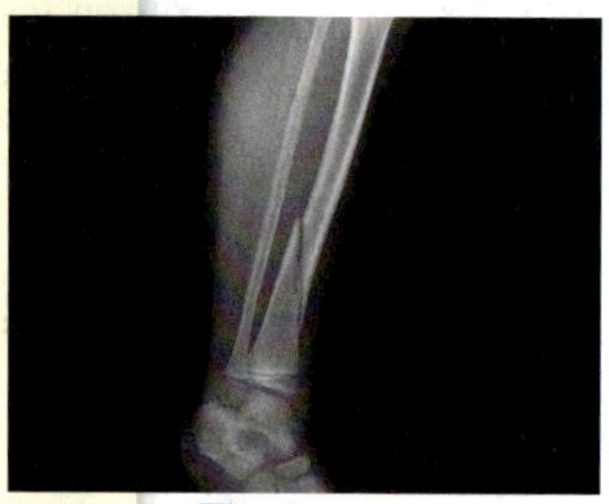

Radiografia d'una cama en la qual es veu una fractura òssia.

Endoscòpia

L'endoscopi es un instrument petit, en forma de tub flexible, que projecta llum per mitjà de fibres òptiques i que permet veure òrgans en la pantalla d'un ordinador. S'introdueix per les cavitats del cos (boca o anus) o a través d'una petita incisió quirúrgica.

S'utilitza per explorar l'aparell digestiu i el circulatori, o per fer petites intervencions, sense necessitat d'una operació quirúrgica més agressiva.

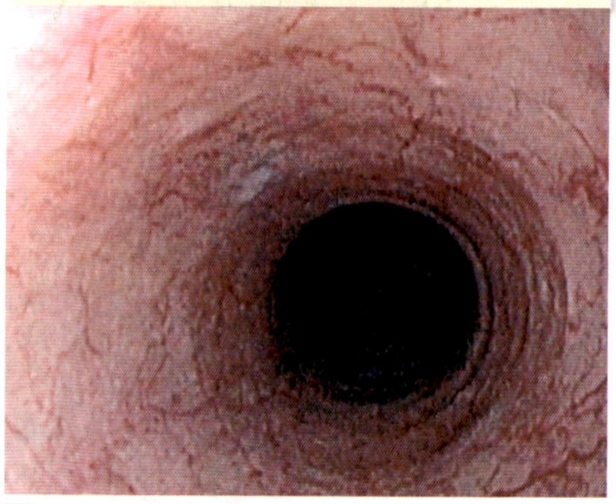

Esòfag vist amb endoscòpia.

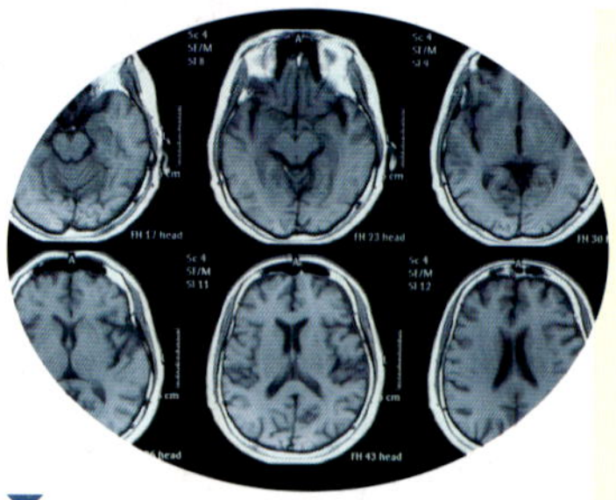

Imatges de la secció axial d'un cervell humà sa.

Escàner

Utilitza els raigs X i el processament de les imatges per mitjà d'un ordinador. Permet observar seccions tridimensionals del cos. Serveix per a qualsevol part del cos, inclosos els òrgans tous.

S'introdueix el pacient, ajagut en una llitera, dins d'un tub que genera els raigs X i que va girant al voltant seu. Les dosis de radiació són més grans que en les radiografies.

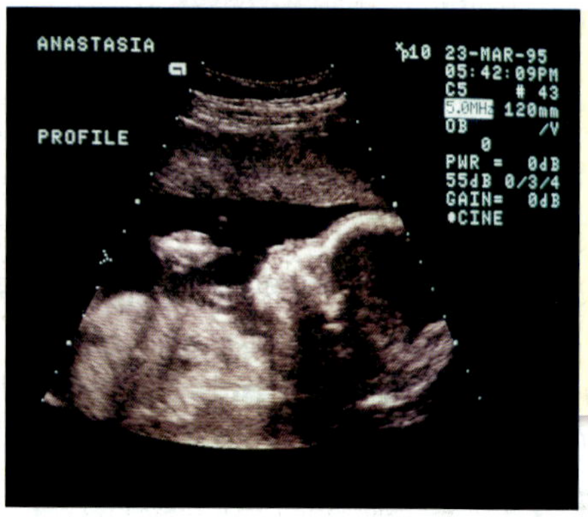

Ecografia

Tècnica que utilitza ones sonores d'alta freqüència, els ultrasons. Consisteix a aplicar un petit dispositiu, un transductor, que emet les ones sonores a la zona del cos que es vol estudiar. El transductor recull l'eco d'aquestes ones i el converteix en una imatge que es pot contemplar a la pantalla de l'ordinador.

Com que no es basa en emissió de radiacions, es pot utilitzar sense risc per seguir el creixement del fetus durant l'embaràs, com també el desenvolupament normal dels òrgans o la presència de malformacions.

Ecografia en la qual es distingeixen el cap, un braç i una part del cos d'un fetus.

B EXPLORACIONS FUNCIONALS

Termografia

Mesura la calor corporal emesa per la pell. Les variacions de temperatura depenen del nombre de vasos sanguinis i de la seva proximitat a la superfície. Es poden fer mapes de temperatures (termogrames) de tot el cos o d'una part.

Una modificació de la calor pot reflectir anomalies en el funcionament d'alguns teixits. Hi ha una escala de colors en la qual un punt calent es veu de color groc o rosa, i un punt fred, verd o blau. Aquest mètode s'utilitza per diagnosticar malalties com ara inflamacions, trastorns vasculars, artritis, càncer de mama, etc.

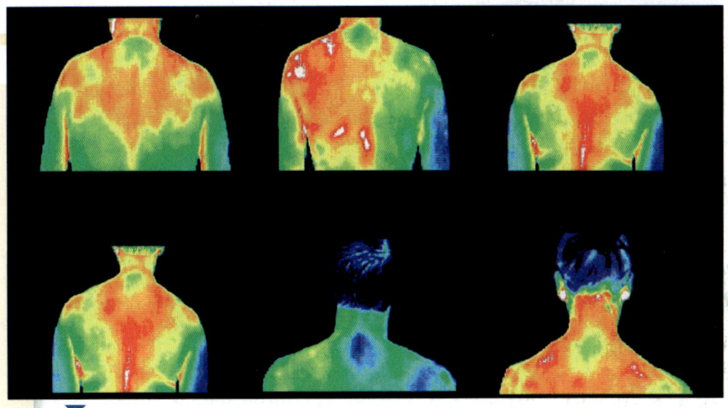

Termografies de pacients diagnosticats amb síndrome de fatiga crònica i fibromiàlgia.

PET (tomografia per emissió de positrons)

Tècnica no invasiva de diagnòstic per imatge que permet mesurar l'activitat metabòlica de diferents teixits del cos. Consisteix a detectar i analitzar la distribució que adopta a l'interior del cos una substància radioactiva administrada per mitjà d'una injecció.

Quan el teixit està alterat, l'activitat metabòlica és més intensa i això es detecta per la imatge projectada. S'utilitza molt en l'exploració del sistema nerviós i del cor.

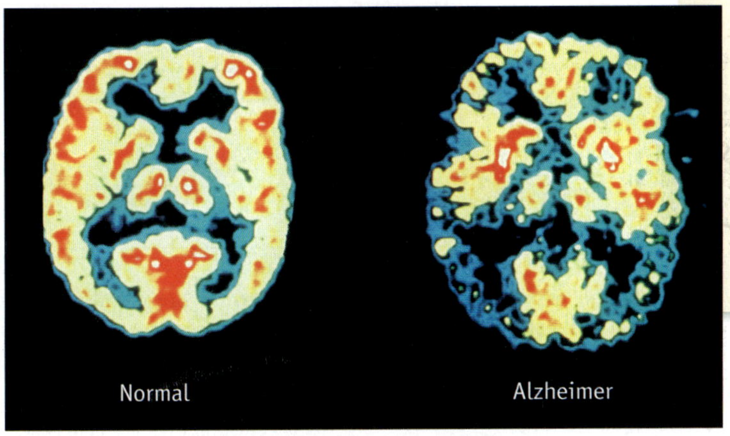

PET d'un cervell normal (esquerra) i d'un cervell amb la malaltia d'Alzheimer (dreta).

Ressonància magnètica

Tècnica basada en el fenomen físic de la ressonància que aplica camps magnètics molt potents que actuen sobre els àtoms. Els teixits emeten ones diferents segons la densitat i el contingut d'aigua. Per mitjà d'un ordinador es reconstrueixen imatges molt detallades del cos.

Té l'avantatge que permet l'exploració precisa de tots els òrgans i que no utilitza radiació; no s'ha d'aplicar a persones amb marcapassos o dispositius metàl·lics.

La ressonància magnètica utilitza imants i ones de radiofreqüència per obtenir imatges o talls del cos que poden emmagatzemar-se en un ordinador.

1. En què es diferencien la imatge obtinguda en una radiografia i l'obtinguda amb un escànner?
2. Quin mètode d'exploració utilitza ones sonores? Per què es fa servir?
3. Algunes exploracions no es poden fer en cas d'embaràs perquè poden danyar el fetus. Indica'n quines i per què.
4. Què representa un punt blau en una termografia? I un punt groc?
5. Quin mètode d'exploració funcional permet detectar l'activitat metabòlica? Què s'injecta al cos?
6. Quin avantatge té la ressonància magnètica sobre els altres sistemes d'exploració?

APRÈN A... OBSERVAR CÈL·LULES HUMANES

Amb aquesta experiència podràs observar al microscopi òptic cèl·lules humanes de l'epiteli bucal i identificar-ne algunes estructures.

També podràs familiaritzar-te amb la preparació de mostres senzilles i amb l'ús del microscopi òptic.

1. Material

- Microscopi òptic
- Portaobjectes i cobreobjectes
- Blau de metil·lè
- Aigua destil·lada
- Comptagotes
- Escuradents
- Paper de cuina

2. Procediment

- Parteix l'escuradents per la meitat i grata't suaument la cara interna de la galta amb la part més ampla de l'escuradents. També pots fer-ho amb l'ungla ben neta d'un dit.
- Col·loca una gota d'aigua destil·lada al portaobjectes i diposita a l'interior de la gota el contingut de l'escuradents, tot fent moviments circulars perquè se'n desprenguin les cèl·lules.

  D'aquesta preparació en diem *frotis*.
- Inclina el portaobjectes per escórrer la gota i escalfa'l suaument o venta'l perquè s'evapori tota l'aigua.
- Afegeix una gota de blau de metil·lè damunt l'àrea del frotis i deixa que hi actuï el colorant durant uns cinc minuts.
- Inclina el portaobjectes damunt una cubeta per eliminar-ne el colorant i renta'l suaument abocant-hi una mica d'aigua destil·lada amb el comptagotes, fins que l'aigua sigui transparent. Asseca-ho amb paper, llevat de la zona del frotis.
- Posa una gota d'aigua destil·lada damunt el frotis i deixa-hi caure suaument el cobreobjectes. Fes-hi pressió lleument amb l'agulla emmanegada perquè no quedi aire entre el portaobjectes i el cobreobjectes.
- Fixa la preparació damunt la platina del microscopi per mitjà de les pinces i, amb un petit augment, localitza l'àrea idònia per observar les cèl·lules. Descarta les zones poc o molt tenyides i les zones on les cèl·lules han quedat amuntegades.
- Enfoca les cèl·lules amb l'augment mitjà o amb el gran, fins que puguis veure-les clarament i distingir-ne les estructures.

3. Conclusions

- Identifica les parts de la cèl·lula i contesta les preguntes següents:
  - Com són les cèl·lules? Són planes o tenen volum? Són arrodonides o poligonals?
  - Quines estructures hi distingeixes clarament? Fes un dibuix del que hi veus.
  - Quina part es tenyeix intensament amb el blau de metil·lè?
  - Quina part de la cèl·lula té un aspecte granulós?

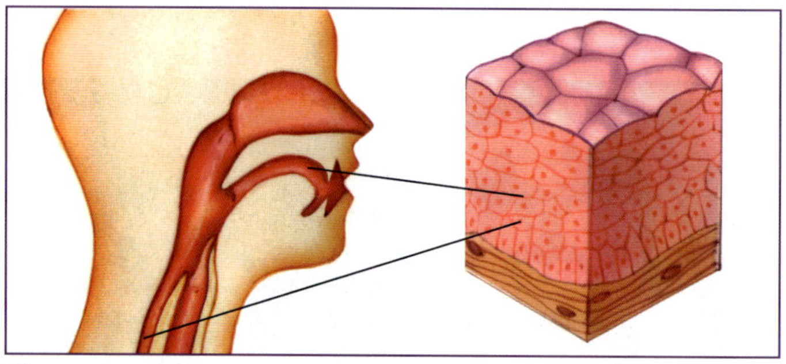

Epiteli estratificat que recobreix la cavitat bucal i altres cavitats del cos. Està format per cèl·lules planes i constitueix les mucoses.

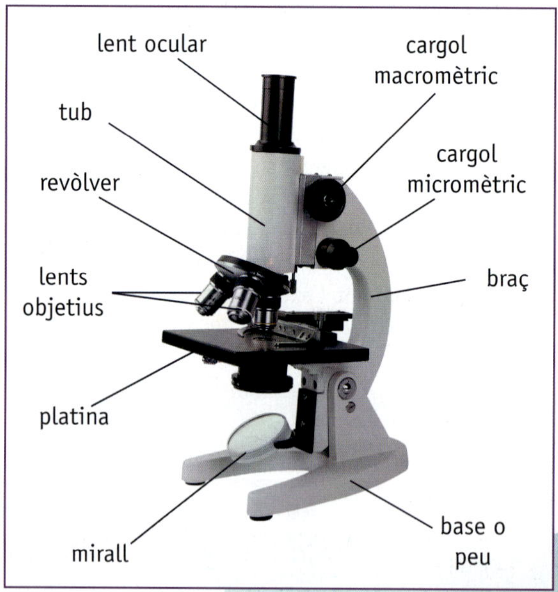

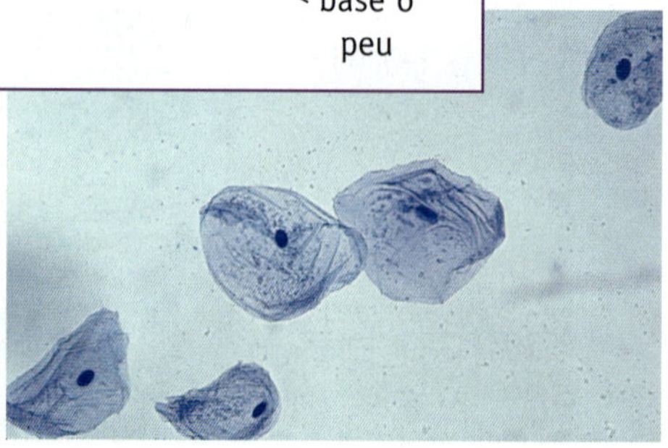

Cèl·lules de la mucosa bucal vistes amb el microscopi òptic.

1 Formula una hipòtesi. Homeòstasi corporal

En Miquel i els seus amics han sortit a sopar en un bar de tapes d'anomenada. Tot i que n'hi havia una gran diversitat, per a en Miquel les millors tapes eren les d'anxoves i les de pernil. L'endemà al matí, en Miquel explica als amics que ha passat una nit molt moguda, perquè ha hagut de llevar-se moltes vegades per anar a beure aigua.

a) Proposa una hipòtesi que pugui explicar el que li ha passat a en Miquel.

2 Identifica preguntes científiques. Material genètic

El 2010, el científic Craig Venter, un dels investigadors que van seqüenciar el genoma humà, va crear la primera cèl·lula amb material genètic sintetitzat artificialment. Venter va demostrar com es podia crear al laboratori un genoma a partir dels seus components bàsics, introduir-lo en un bacteri natural i transformar-lo en una espècie nova.

Per aconseguir-ho, els investigadors van fabricar totes les unitats bàsiques de l'ADN del bacteri *Mycoplasma mycoides* per unir-los posteriorment com si fos una construcció diminuta. Una vegada acoblada aquesta complicada estructura, van buidar la cèl·lula de l'altra espècie de bacteri i van introduir el codi genètic sintètic a la cèl·lula recipient. El resultat, una nova i sorprenent forma de vida orgànica *artificial i natural*.

Identifica'n les preguntes que són científiques i les que no.

1. Aquest científic juga a ser Déu?
2. Podria utilitzar-se aquesta troballa per fabricar organismes amb una funció específica desitjada, com ara produir antibiòtics, enzims, etc.?
3. Com penses que es podria esbrinar quin és el genoma mínim compatible amb la vida?
4. Si podem millorar la informació genètica de l'ésser humà, hem de fer-ho?

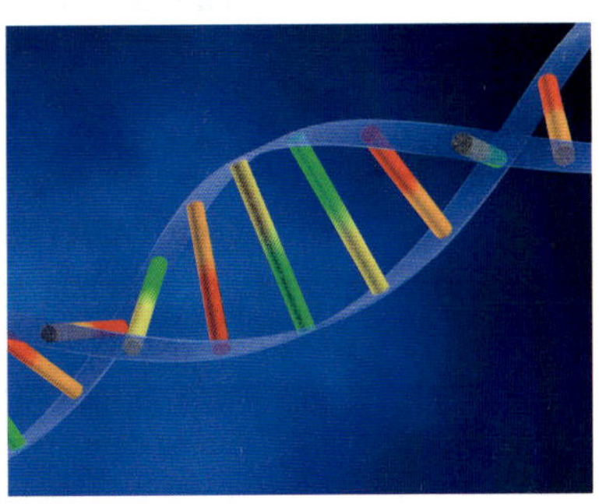

A més del genoma humà, actualment s'han seqüenciat més de 1 000 genomes.

3 Analitza una taula. La protecció de la pell

Una de les funcions més importants de la pell és la de protegir l'organisme de les agressions ambientals. Una de les més remarcables és l'efecte dels raigs ultraviolats del Sol, que cremen la pell i produeixen un envelliment prematur i, en molts casos, càncer.

La pell de l'ésser humà té un temps de protecció natural que li permet quedar-se sota el sol sense risc de cremar-se. Cada color de pell té una protecció natural diferent, però el temps mitjà estimat és de 10 minuts. Les cremes amb factor de protecció solar (FPS) permeten incrementar el temps d'exposició al sol en funció del factor indicat a l'envàs. Així, una crema amb FPS 50, ens permet:

FPS 50 × 10 minuts (protecció natural) = 500 minuts (8 h de protecció)

Tot i així, hi ha factors, com ara la sudoració abundant, les activitats a l'aigua o l'edat infantil, que fan necessari aplicar el producte cada dues hores per assegurar la protecció solar.

La Maria i les seves tres amigues han decidit passar el matí a la platja. Com que són molt previngudes, cadascuna s'ha aplicat la seva crema solar mitja hora abans d'exposar-se als raigs solars.

	FPS de la crema solar	Sudoració abundant	Activitat a l'aigua	Edat (anys)
Maria	15	No	No	18
Roser	20	Sí	Sí, a partir de les 12.00h	16
Vanessa	10	No	Sí, així que ha arribat a la platja	17
Ester	30	No	Sí, abans de tornar a casa	18

Llegeix atentament les dades recollides a la taula i contesta la pregunta que es detalla a continuació:

a) Si han estat a la platja de 10.00 a 13.00h i només la Vanessa ha repetit l'aplicació de la crema a les 12.00h, alguna d'elles tornarà a casa amb cremades? Argumenta la resposta.

2 LA NUTRICIÓ I L'APARELL DIGESTIU

Quins són els nutrients principals i com es processen en l'aparell digestiu?

Les fruites i les verdures contenen vitamines, glúcids (hidrats de carboni) senzills i fibra vegetal. Són imprescindibles en la dieta i se n'han de consumir cap a cinc racions diàries.

Si combinem d'una manera adequada els aliments, obtindrem els nutrients necessaris per al desenvolupament correcte del nostre organisme.

Els **aliments** proporcionen la **matèria** i l'**energia** que necessiten totes les nostres cèl·lules.

La **digestió** transforma els aliments en nutrients, els quals constitueixen un conjunt variat de molècules de petites dimensions que són directament utilitzades per les cèl·lules per aconseguir energia i obtenir components per al creixement i la renovació dels teixits.

L'alimentació i l'activitat física són elements imprescindibles per assolir una vida saludable i prevenir algunes malalties. És important mantenir una **dieta** suficient que aporti a l'organisme tots els nutrients necessaris i, a més, equilibrar el consum i la despesa energètica de l'organisme.

L'**aparell digestiu** està format per diferents òrgans i glàndules que s'encarreguen de processar els aliments que ingerim, de digerir-los, d'absorbir-los i, una vegada transformats en nutrients, de posar-los a disposició de les cèl·lules. Aquest procés tan important s'anomena **digestió**.

Què sabem?

- Quina és la diferència entre *alimentació* i *nutrició*?
- Coneixes algun nutrient i la funció que desenvolupa?
- Quins òrgans componen l'aparell digestiu humà?

Què aprendrem?

- Quines són les funcions dels nutrients i en quins aliments es troben.
- Quina és la importància d'una dieta equilibrada i de l'exercici per a una vida sana.
- Quines parts de l'aparell digestiu intervenen en les diferents etapes de la digestió.
- Quines malalties es relacionen amb l'aparell digestiu.

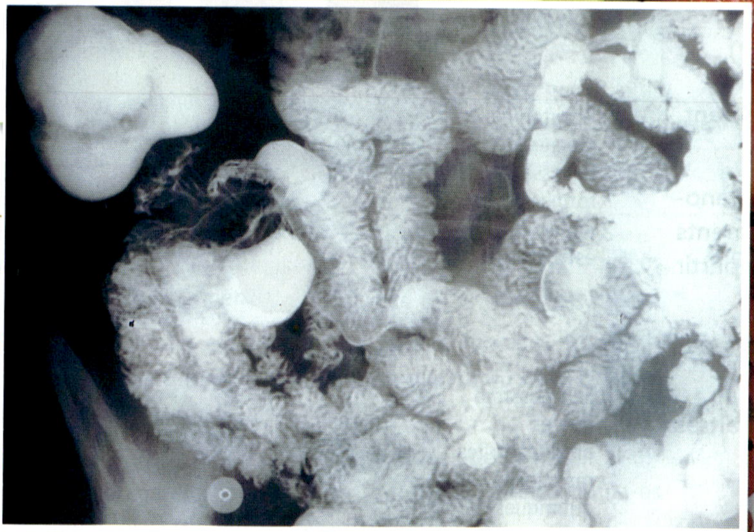

Els diferents òrgans i glàndules que es troben al llarg de l'aparell digestiu s'encarreguen de processar i transformar els aliments en nutrients.

1 6

L'aparell digestiu

Quina funció desenvolupa l'aparell digestiu?

La **digestió** és un procés que es fa a l'aparell digestiu. Consisteix a esmicolar els aliments perquè els enzims dels sucs digestius converteixin les molècules en d'altres de més petites, que les cèl·lules poden absorbir i fer servir.

Etapes del procés digestiu

Les fases del procés digestiu són:

- **Ingestió**. Els aliments arriben a la boca i les dents els trituren mitjançant la masticació. Amb l'ajuda de la llengua i la secreció de saliva, es forma el bol alimentari.
- **Digestió**. Els enzims dels sucs digestius fragmenten en altres molècules d'una mida inferior les grans molècules de nutrients contingudes en els aliments.

  En alguns punts del tub digestiu hi ha anells musculars anomenats **esfínters**, la contracció dels quals produeix un estrenyiment del canal, que impedeix el retrocés del bol alimentari.
- **Absorció**. Les molècules senzilles o nutrients resultants de la digestió travessen la paret del tub digestiu i són transportades pel sistema circulatori cap a totes les cèl·lules. Els greixos es transporten pels vasos limfàtics.
- **Assimilació**. Els nutrients que arriben a través de la sang són utilitzats per totes les cèl·lules per obtenir energia i sintetitzar les molècules necessàries per al seu creixement, desenvolupament i renovació.
- **Defecació**. Les substàncies no digerides, com la fibra vegetal, són expulsades a l'exterior per l'anus, en forma de femta.

Les regles d'or de la digestió

La digestió és un procés molt complex que regulen els sistemes nerviós i hormonal. Tot i això, podem ajudar el nostre sistema digestiu amb unes quantes regles senzilles.

Entre altres recomanacions podem esmentar les següents: menjar lentament, ingerir petites quantitats, mastegar bé els aliments sòlids i descansar després dels àpats.

@ Amplia a la Xarxa...

Per saber més de l'aparell digestiu i la funció que té, entra a: www.tiching.com/732643

ETAPES DEL PROCÉS DIGESTIU

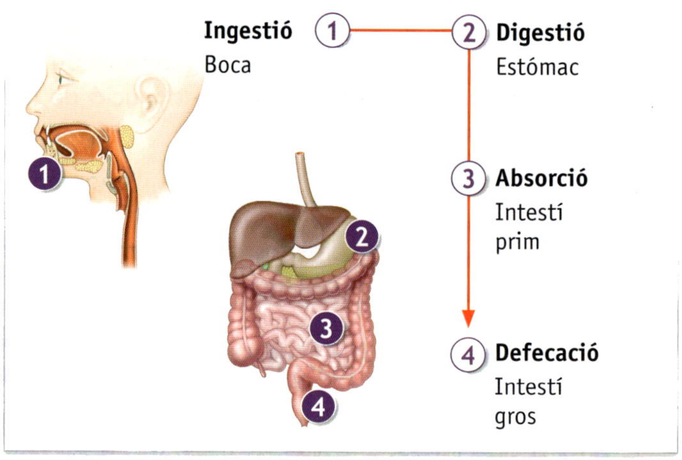

DEGLUCIÓ

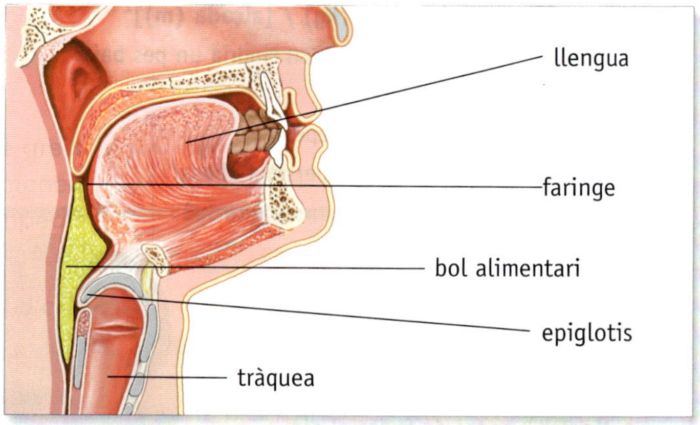

La **deglució** és el pas del bol alimentari de la boca a l'esòfag a través de la faringe. Durant aquest procés una làmina cartilaginosa anomenada ***epiglotis*** es doblega cap amunt per evitar que els aliments sòlids i líquids entrin a les vies respiratòries.

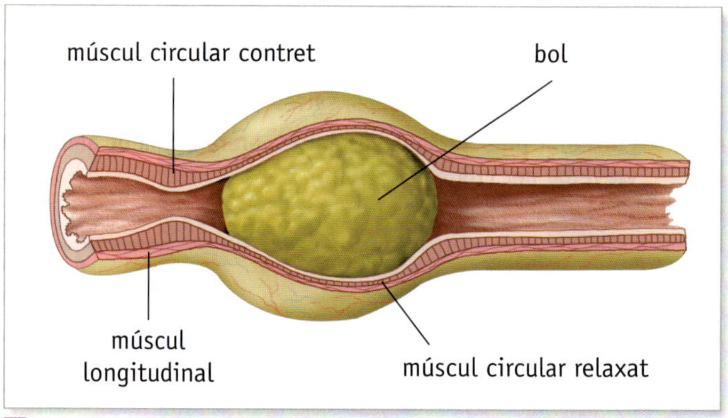

Els aliments es transporten, al llarg del tub digestiu, mitjançant ones de contracció i relaxació rítmiques dels músculs de la paret del tub, anomenades ***moviments peristàltics***.

ÒRGANS I GLÀNDULES DE L'APARELL DIGESTIU

L'aparell digestiu està format per:

- Un **tub digestiu** d'uns 9 metres de longitud per on passen els aliments. S'estén des de la boca fins a l'anus.
- Unes **glàndules** que aboquen sucs al tub. Algunes es troben fora del tub, com les *glàndules salivals*, el *pàncrees* i el *fetge*, mentre que d'altres es localitzen a les parets del tub digestiu, com ara les *glàndules gàstriques*.

GLÀNDULES

(1) GLÀNDULES SALIVALS
Segreguen saliva a través dels conductes salivals. La saliva limita el creixement dels bacteris que provoquen la càries.

(2) FETGE
Produeix la bilis, que emulsiona els greixos perquè puguin ser sotmesos a l'acció dels enzims pancreàtics.

(3) VESÍCULA BILIAR
Emmagatzema bilis i la secreta al duodè durant la digestió a través del conducte biliar.

(4) PÀNCREES
Produeix suc pancreàtic, amb enzims, mucus i bicarbonat, que neutralitza l'acidesa del quim. S'aboca a l'intestí prim a través del conducte pancreàtic.

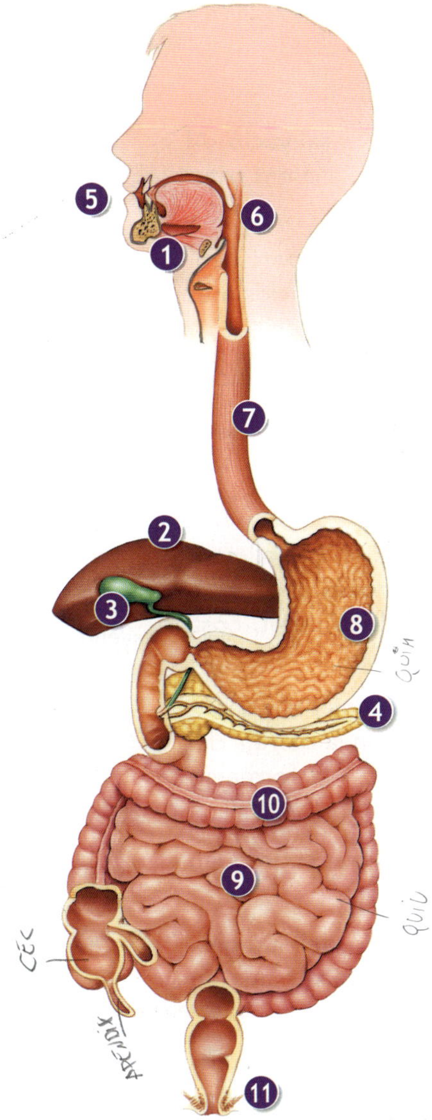

PARTS DEL TUB DIGESTIU

(5) BOCA
Cavitat per on s'ingereixen i trituren els aliments.

(6) FARINGE

(7) ESÒFAG
Tub que condueix l'aliment a l'estómac per peristaltisme.

(8) ESTÓMAC
Eixamplament del tub digestiu que emmagatzema l'aliment, el barreja amb sucs digestius i forma el quim.

(9) INTESTÍ PRIM
Al duodè, el primer tram de l'intestí prim, el quim es barreja amb suc pancreàtic i bilis.
El jejú és la gran zona d'absorció situada després del duodè.
A l'ili, l'últim tram, l'absorció es completa.

(10) INTESTÍ GROS
Al còlon es reabsorbeix aigua, algunes vitamines i minerals.

(11) ANUS
Expulsa la femta en la defecació. Està controlat per dos esfínters.

1. Per què per poder absorbir els nutrients és necessària la digestió dels aliments?
2. Com és que els aliments arriben a l'estómac d'un gos mentre menja, si tenim en compte que aquest òrgan es troba en un pla superior a la boca de l'animal?
3. Per què, malgrat l'activitat antimicrobiana de la saliva, una gran part de la població té càries?
4. Què són els esfínters i quina funció tenen? Localitza'ls en el dibuix.
5. Quina diferència hi ha entre absorció i assimilació?

7 La digestió

El procés de la digestió

La digestió comprèn dues classes de fenòmens:

- **Mecànics**. Mastegar, que es fa a la boca amb l'acció combinada de les dents i de la llengua, n'és un, i triturar el bol alimentari a l'estómac, l'altre.
- **Químics**. Les molècules que formen part dels aliments es fragmenten per mitjà de l'acció dels enzims que contenen els sucs digestius.

La digestió a la boca

La digestió a la boca comença per la **masticació** i la **salivació**. Al llarg aquests dos processos, la saliva es barreja amb l'aliment triturat.

La **saliva** fa un paper important en la digestió, perquè conté l'enzim amilasa salival, que converteix una part del midó en glúcids més senzills.

La saliva conté, a més, aigua, mucus que lubrica l'aliment i bicarbonat, que crea l'ambient adient perquè l'amilasa actuï.

La digestió a l'estómac

Els **moviments peristàltics** de l'esòfag condueixen el bol alimentari a la boca de l'estómac. A mesura que aquest procés es va fent, l'estómac es fa més gros a causa del relaxament de la paret, cosa que permet que el menjar s'hi dipositi.

Mentre l'estómac s'omple, el procés d'engrandiment i el contingut químic n'estimulen les contraccions, que permeten la barreja del menjar amb les secrecions gàstriques, la trituració i la formació del **quim**.

Les parets de l'estómac tenen glàndules digestives que segreguen les substàncies següents:

- **Mucus**. Protegeix les parets de l'estómac de l'acció del suc gàstric, que, com que és molt àcid, podria danyar els teixits que en recobreixen l'interior.
- **Pepsina**. Enzim que comença la digestió de les proteïnes fragmentant-les en molècules més petites, que reben el nom de **pèptids**.

  La pepsina es secreta en forma de precursor inactiu anomenat pepsinogen, que en el mitjà àcid de l'estómac es converteix en pepsina activa.
- **Àcid clorhídric**. A més de mantenir un ambient àcid, necessari perquè la pepsina pugui actuar, elimina la majoria dels gèrmens que ingerim amb els aliments.

Quan hem acabat la digestió de l'estómac, l'esfínter pilòric s'obre i el contingut passa a l'intestí prim.

ESTRUCTURA D'UNA DENT

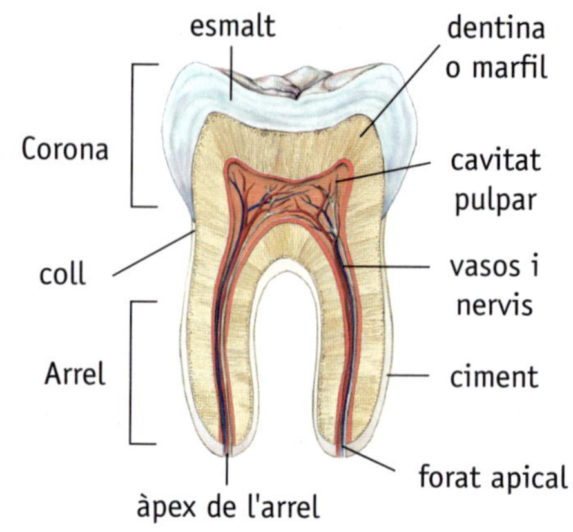

Les **dents** comencen a formar-se en la vida embrionària i comencen a sortir en els primers sis mesos de vida. La seva funció és la masticació i la modulació dels sons en la comunicació oral.

@ Amplia a la Xarxa...

Per saber més del funcionament de la digestió, entra a: www.tiching.com/732644

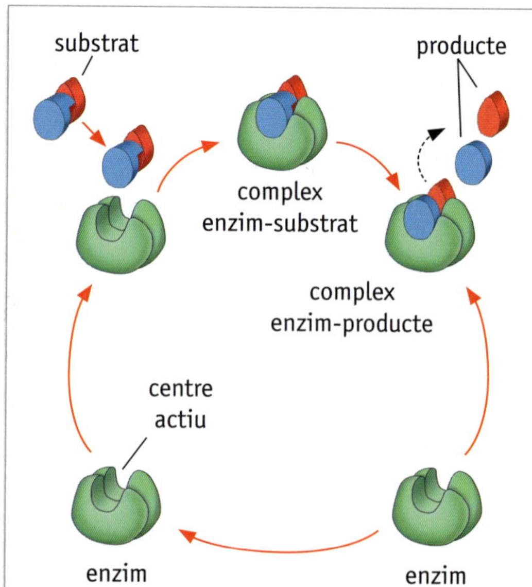

Per acomplir la seva funció, els enzims s'afegeixen al substrat pel centre actiu, fan la reacció química i alliberen el producte.

ELS ENZIMS DE LA DIGESTIÓ

Els **enzims** són proteïnes que permeten que les reaccions bioquímiques tinguin lloc a gran velocitat i a temperatura relativament baixa.

Aquest tipus de molècules s'anomenen amb la paraula de la substància sobre la qual actuen, acabada en *-asa*, o amb el nom del tipus de reacció en què intervenen.

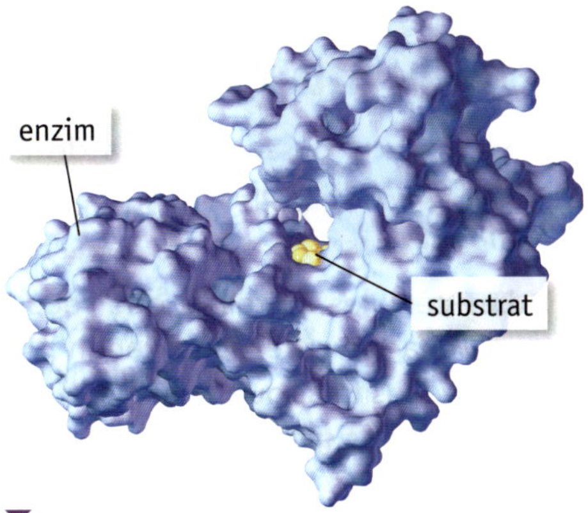

Un enzim pot transformar des de mil fins a desenes de milions de molècules de substrat per segon.

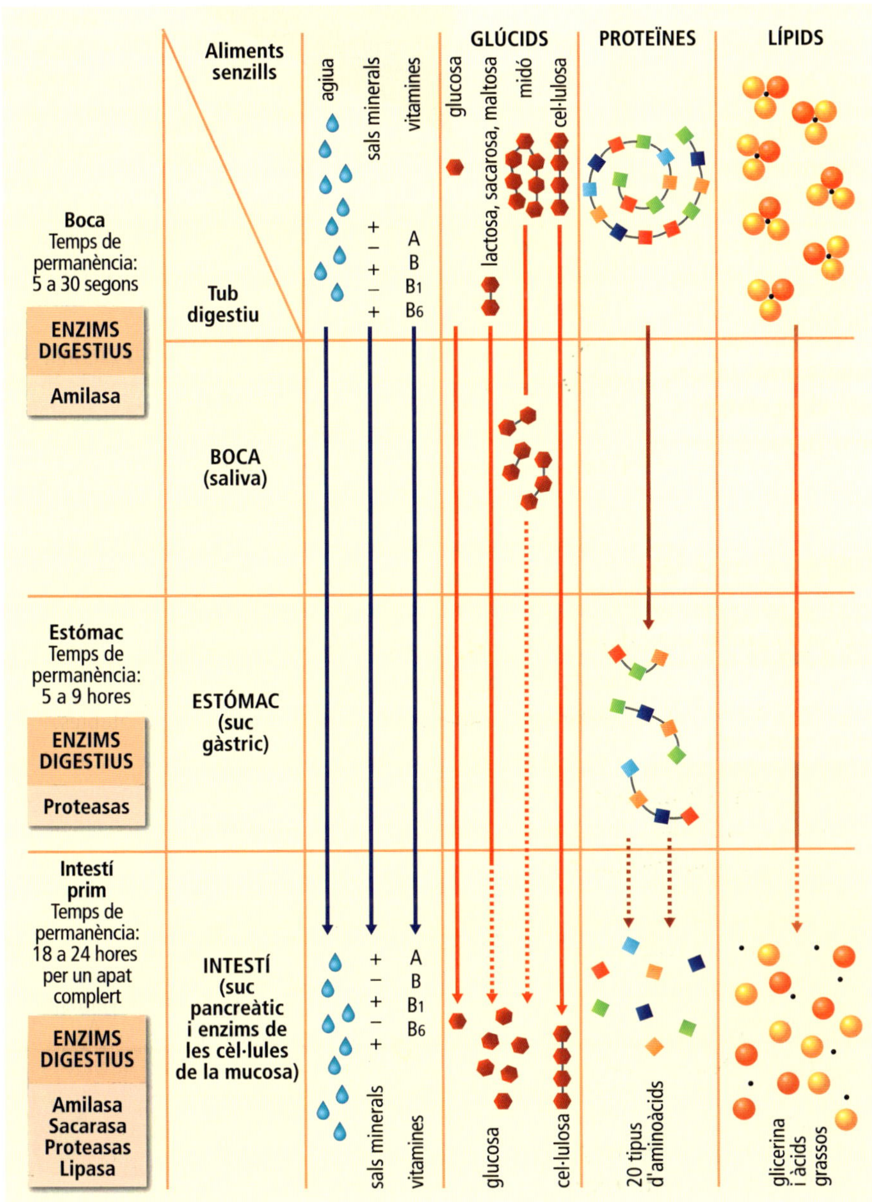

Al primer tram de l'intestí prim, el **duodè**, hi tenen lloc la majoria de les transformacions químiques degudes a enzims digestius. Allà es completa la digestió de glúcids, lípids i proteïnes.

El **pàncrees** aboca en aquest tram del tub digestiu el suc pancreàtic, que posseeix enzims específics per a tots els tipus de nutrients: lipasa, amilasa i peptidasa, que actuen trencant els lípids, el midó i els pèptids, respectivament.

El **fetge** aboca la bilis, que, tot i que no conté enzims, en emulsionar els greixos i dividir-los en gotetes permet que siguin atacades pels enzims del suc pancreàtic.

1. A quins òrgans del tub digestiu es produeix la digestió mecànica? En què consisteix la digestió química?
2. Quins aliments comencen la seva digestió química a la boca? On es produeix principalment, la digestió dels glúcids?
3. Indica les transformacions que experimenta un entrepà de pernil amb mantega, enciam i tomàquet durant la seva digestió a través del tub digestiu.
4. On es troben els enzims que trenquen els sucres a l'intestí prim? Quin efecte produeixen?

3 LA REGULACIÓ DEL MEDI INTERN

Quins són els sistemes que regulen el medi intern?

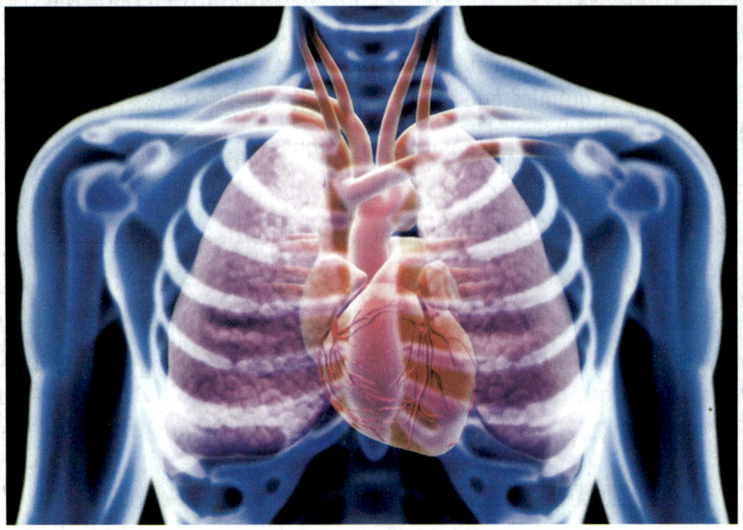

El cor i els pulmons són a la cavitat toràcica. Al llarg d'una vida, el cor batega més de 2 500 milions de vegades i bombeja 180 milions de litres de sang.

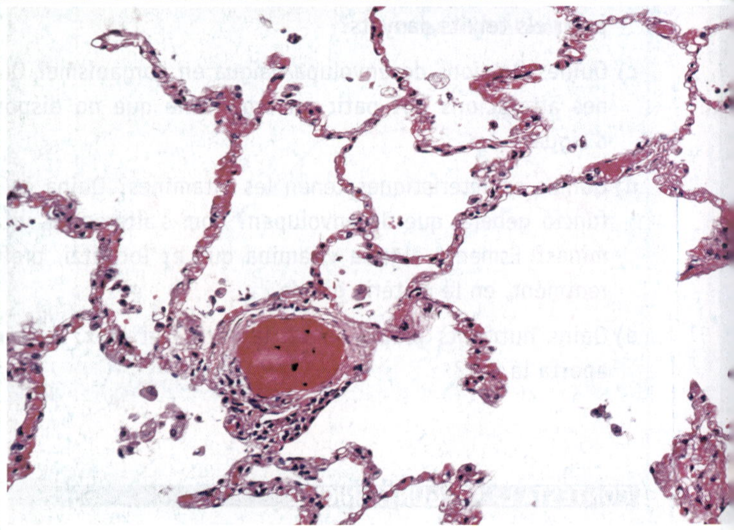

Tall de teixit pulmonar en què s'aprecien els alvèols pulmonars com a cavitats buides. En el capil·lar pulmonar es distingeix un glòbul vermell que ocupa tota la secció del capil·lar.

Els éssers unicel·lulars i molts invertebrats aquàtics intercanvien substàncies amb el medi aquós que els envolta.

D'una manera semblant, totes les nostres cèl·lules estan submergides en un líquid del qual agafen els nutrients i l'oxigen que necessiten i al qual aboquen els seus residus metabòlics. Aquest líquid, on viuen totes les cèl·lules, s'anomena **medi intern**.

El medi intern ha de tenir una composició constant per mantenir vives les cèl·lules. Això ho aconsegueix renovant-se contínuament, motiu pel qual necessitem adquirir oxigen i nutrients i eliminar les substàncies de rebuig.

Aquest trànsit constant de substàncies es deu a un sistema de transport eficaç, que és l'**aparell circulatori**.

Els **pulmons** aporten oxigen i eliminen diòxid de carboni, i els **ronyons** regulen el volum de líquid del medi intern i expulsen les substàncies de rebuig.

Què sabem?

- Saps quina funció tenen els glòbuls vermells de la sang?
- Quines diferències hi ha entre les artèries i les venes?
- Quins productes tòxics conté el tabac? Saps quins aparells afecten?
- Quins òrgans s'encarreguen d'eliminar els rebutjos que produeixen les nostres cèl·lules?

Què aprendrem?

- Com és la circulació de la sang.
- Com està construït l'aparell circulatori.
- Com és l'aparell respiratori.
- Com es fa l'intercanvi de gasos.
- Com es fa l'excreció.
- Quines funcions tenen els ronyons.

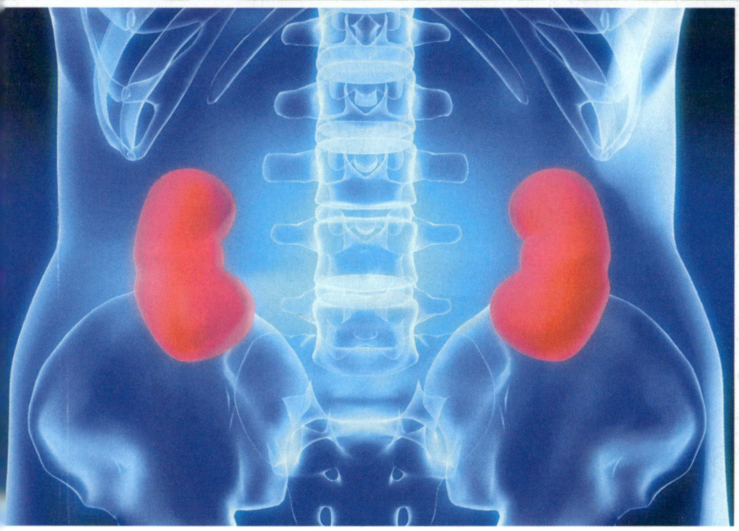

Els ronyons estan situats a la part baixa de l'esquena, a sota de la caixa toràcica. Aquests òrgans depuren la sang i regulen la quantitat d'aigua i sals de l'organisme.

1 La sang i l'aparell circulatori

La composició de la sang

La sang és un tipus de teixit connectiu format per un conjunt de cèl·lules suspeses en una substància intercel·lular líquida, anomenada **plasma**.

La **sang** circula pels vasos sanguinis i transporta a les cèl·lules els nutrients i l'oxigen que necessiten per viure. També recull el diòxid de carboni i altres rebutjos produïts en les reaccions metabòliques, que han de ser expulsats del cos.

La sang està formada pel plasma i les **cèl·lules sanguínies**: glòbuls vermells, glòbuls blancs i plaquetes, que es formen totes a la medul·la òssia.

COMPOSICIÓ DE LA SANG

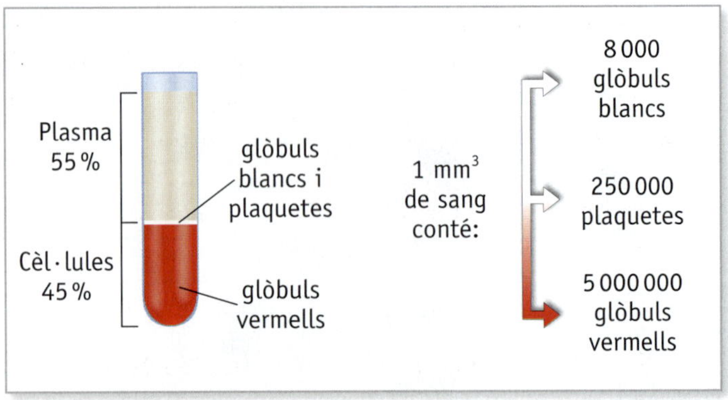

Glòbuls vermells, hematies o eritròcits	Glòbuls blancs o leucòcits	Plaquetes o trombòcits
Són les cèl·lules més abundants. Contenen hemoglobina, una proteïna complexa que es compon en part de ferro. L'hemoglobina s'uneix en els pulmons a l'oxigen i el transporta a través del corrent sanguini fins als capil·lars, on s'allibera i arriba a totes les cèl·lules.	Ens defensen dels agents infecciosos, com ara bacteris, virus i paràsits diversos, que penetren per la pell o pels orificis naturals del cos. Els més importants són: • **Neutròfils** i **monòcits**. Destrueixen els gèrmens invasors. • **Limfòcits.** Fabriquen anticossos per impedir la propagació dels microorganismes. També intervenen en l'eliminació de cèl·lules alterades o canceroses.	Són fragments de citoplasma que procedeixen de cèl·lules de la medul·la òssia vermella. Intervenen en la coagulació de la sang.
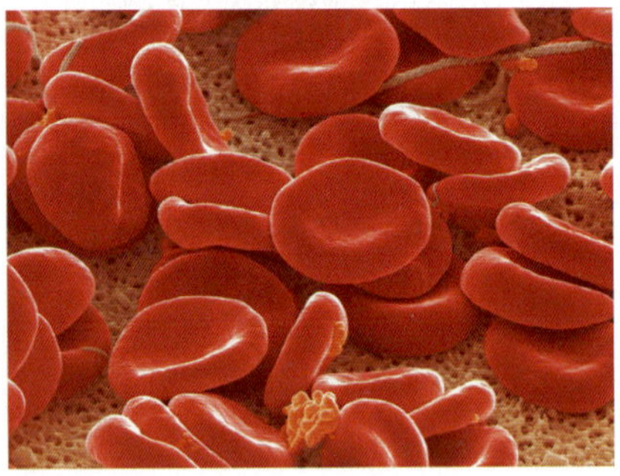	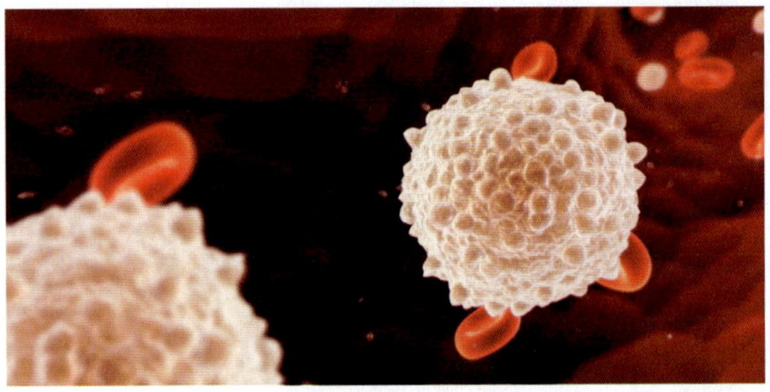	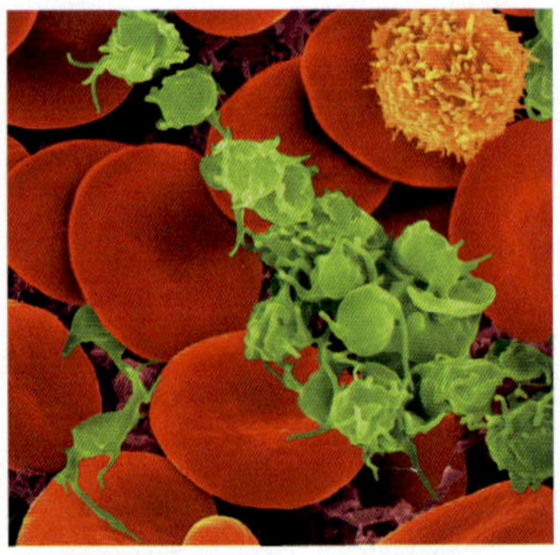

Els vasos sanguinis

Els **vasos sanguinis** formen una xarxa de canals que distribueix la sang per tot el cos.

Hi ha tres tipus de vasos sanguinis:

- **Artèries**. Envien la sang des del cor cap a tots els òrgans. La paret, que és molt elàstica i resistent, manté la pressió de la sang.
- **Venes**. Porten la sang des dels òrgans cap al cor. La paret és menys resistent que la de les artèries i la sang hi circula amb una pressió baixa. Tenen vàlvules que impedeixen el retrocés de la sang.
- **Capil·lars**. La paret està formada només per una capa d'endoteli. A través seu es fa l'intercanvi de substàncies entre la sang i les cèl·lules.

ESTRUCTURA DELS VASOS SANGUINIS

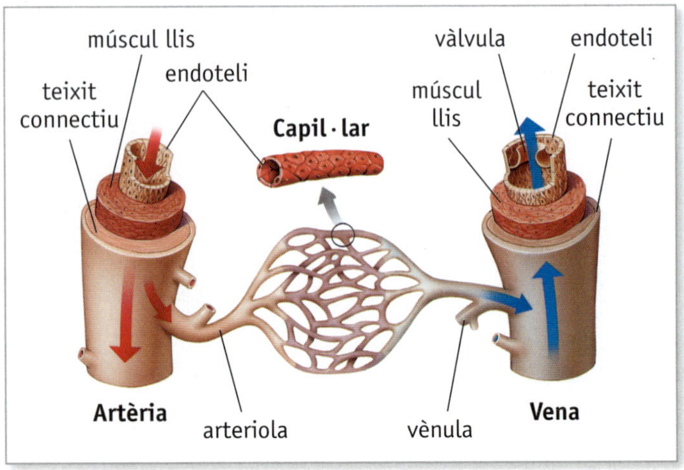

ELS GRUPS SANGUINIS

Sistema ABO

En funció de l'existència o no de dues proteïnes diferents, A i B, en la membrana dels glòbuls vermells, els humans es classifiquen en quatre **grups sanguinis** diferents. Hi ha individus que tenen la proteïna A i, per tant, pertanyen al grup sanguini A; els que tenen la proteïna B són els del grup sanguini B; els que tenen les proteïnes A i B formen part del grup AB, i els que no tenen cap de les dues proteïnes pertanyen al grup sanguini 0.

Sistema Rh

Es refereix a una proteïna anomenada **factor Rh**, present també en els glòbuls vermells. Els individus que la tenen es classifiquen com a Rh positius, i els que no la tenen, com a Rh negatius.

GRUPS SANGUINIS DELS SISTEMES ABO I Rh

	0	A	B	AB
Rh +	36 %	37 %	9 %	3 %
Rh -	6 %	7 %	1 %	1 %

@ Amplia a la Xarxa...

Per saber més de la sang i l'aparell circulatori, entra a: www.tiching.com/732646

El factor Rh

El factor Rh és una proteïna que es troba a la membrana dels glòbuls vermells. El seu nom és degut al fet que es va trobar per primer cop a la sang de *Macacus rhesus*, una mona de l'Índia utilitzada per a investigacions sobre la sang gràcies a la seva semblança fisiològica amb els humans.

Donants i receptors

Les proteïnes d'una persona, si són introduïdes en una altra persona diferent, desencadenen una resposta de rebuig per incompatibilitat. Per tant, a l'hora de fer transfusions cal tenir en compte el grup sanguini del donant i del receptor.

Les persones del grup 0 i Rh negatiu, com que no tenen cap proteïna, no provoquen rebuig en altres persones, de manera que es consideren "donants universals". En canvi, les persones del grup AB i Rh positiu, pel fet que tenen totes tres proteïnes, tan sols poden donar sang a les del mateix grup i Rh.

Les persones del grup sanguini AB i Rh positiu són "receptors universals" perquè, com que tenen totes tres proteïnes, no rebutgen la sang de cap persona.

Grup	A qui pot donar sang?	De qui pot rebre sang?
A+	Pot donar a A+ i AB+	Pot rebre de A± i 0±
A-	Pot donar a A± i AB±	Pot rebre de A- i 0-
B+	Pot donar a B+ i AB+	Pot rebre de B± i 0±
B-	Pot donar a B± i AB±	Pot rebre de B- i 0-
AB+	Pot donar a AB+	**Receptor universal**
AB-	Pot donar a AB±	Pot rebre de A-, B-, AB- i 0-
0+	Pot donar a A+, B+, AB+ i 0+	Pot rebre de 0±
0-	**Donant universal**	Pot rebre de 0-

1. Quins tipus de cèl·lules hi ha a la sang? Quina funció fa cadascuna?
2. Per què la paret de les artèries és més resistent i elàstica que la de les venes?
3. Quin camí segueix la sang per l'interior de l'aparell circulatori?
4. Quin és el teu grup sanguini? A qui podries donar sang i de qui en podries rebre?

2 El cor i la circulació sanguínia

Com és el cor?

El **cor** és un òrgan buit, lleugerament cònic, situat a la cavitat toràcica, entre els pulmons.

Està recobert d'una membrana, anomenada **pericardi**. Les parets estan formades pel múscul cardíac, o **miocardi**, que permet que el cor es contregui i es relaxi rítmicament.

El cor està dividit en dues meitats, separades per un envà que el recorre longitudinalment. Cada meitat té dues cavitats: una **aurícula** i un **ventricle**.

Cada aurícula només es comunica amb el ventricle corresponent. Les **vàlvules mitral** i **tricúspide** permeten el pas de la sang de les aurícules al ventricle corresponent i impedeixen el moviment en sentit contrari.

Al començament de l'artèria pulmonar i de l'artèria aorta hi ha les **vàlvules semilunars**, que impedeixen el retrocés de la sang als ventricles.

Com funciona el cor?

El cor es contreu i es relaxa rítmicament. El període de contracció es diu **sístole** i el de relaxació s'anomena **diàstole**.

La sang impulsada pel cor a cada sístole circula per les artèries, els capil·lars i les venes. L'elasticitat de les artèries aorta i pulmonar permet que el flux discontinu produït pel cor es transformi en un flux continu.

Les artèries constitueixen sempre vies de sortida des dels ventricles, mentre que les venes són sempre vies d'entrada a les aurícules.

ANATOMIA EXTERNA DEL COR

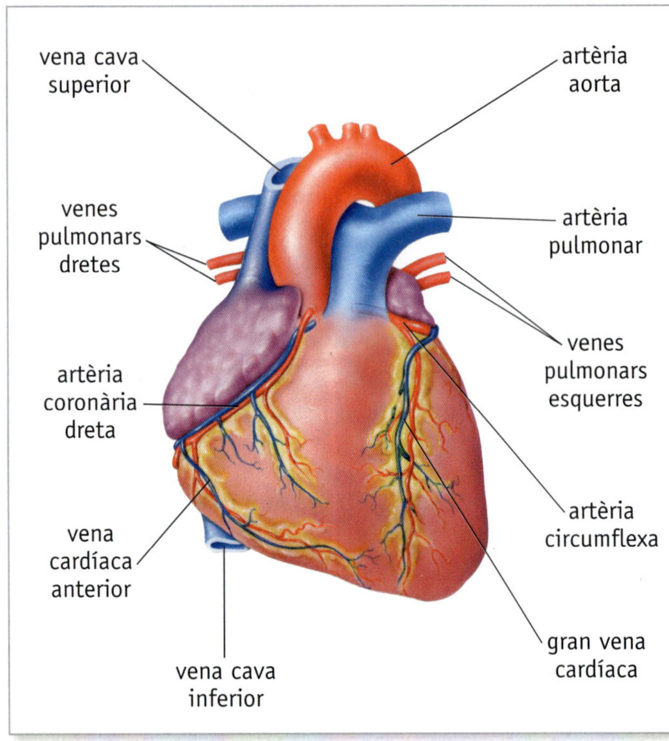

Les artèries coronàries circulen per l'exterior de l'òrgan i subministren oxigen i nutrients al múscul del cor.

ANATOMIA INTERNA DEL COR

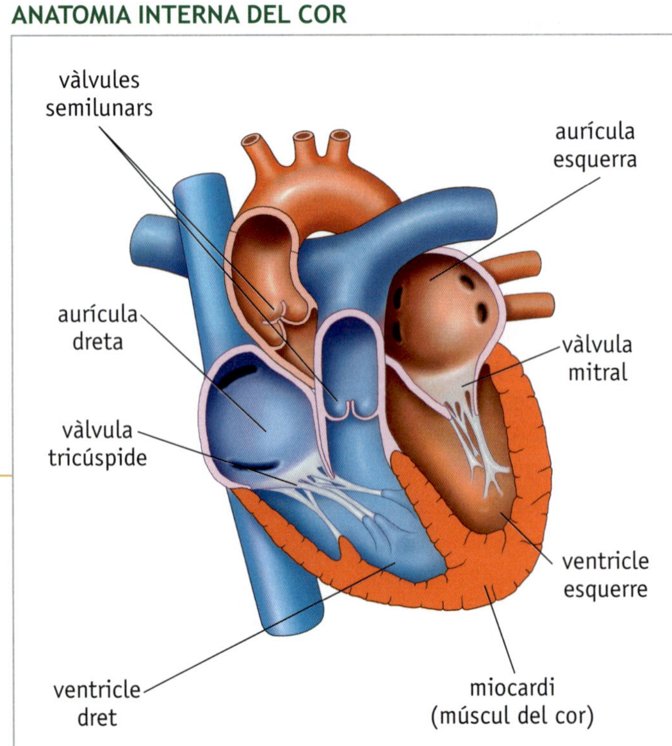

@ Amplia a la Xarxa...

Per saber més del descobridor de la circulació sanguínia, entra a: www.tiching.com/732647

1. Cap a on van les artèries i d'on vénen les venes que es mostren en el dibuix?
2. Quina funció tenen les vàlvules que comuniquen les aurícules amb els ventricles? On són i quina funció tenen les vàlvules semilunars?
3. Per què la paret del ventricle esquerre és més gruixuda que la del dret?

LA CIRCULACIÓ DE LA SANG: ELS CIRCUITS MENOR I MAJOR

La circulació de la sang és doble, perquè la sang es desplaça per tot el cos a través de dos circuits connectats en sèrie: el circuit **pulmonar** i el circuit **sistèmic**.

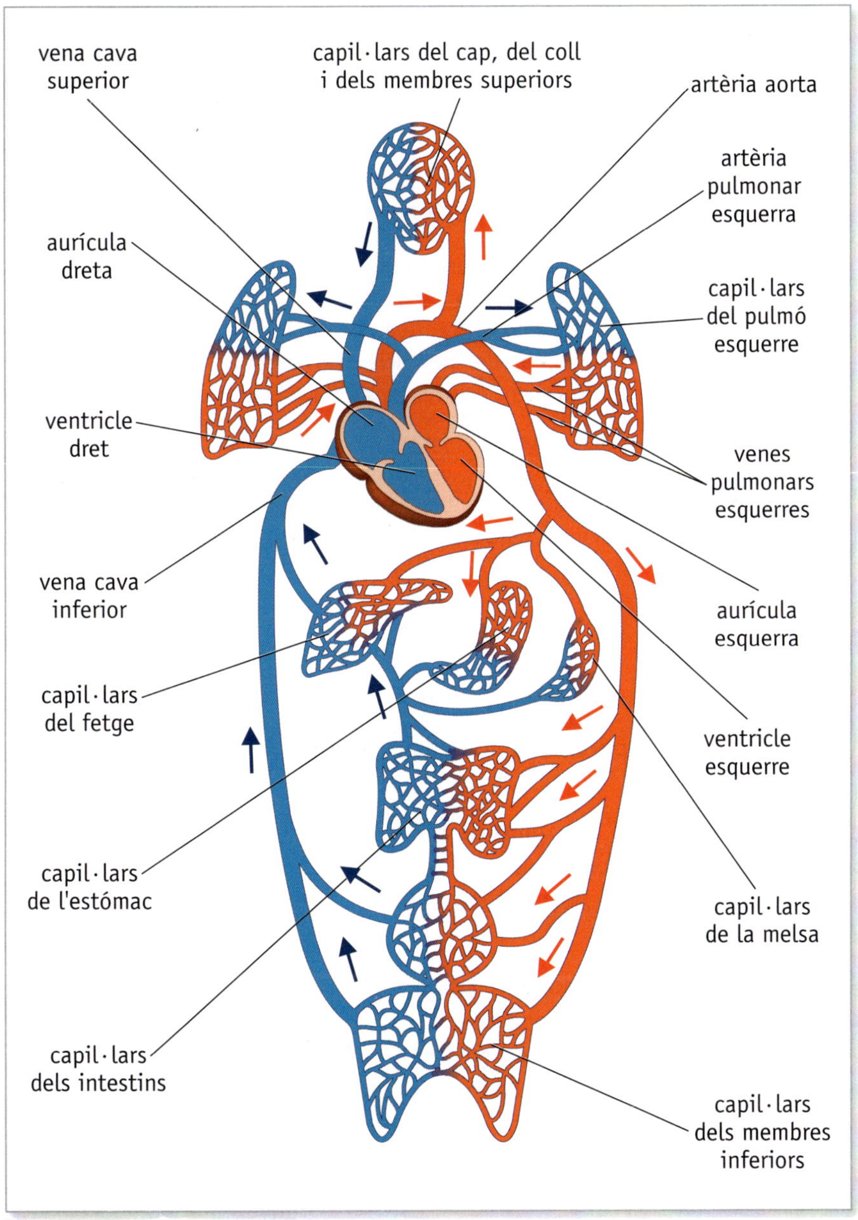

En repòs, la sang recorre el circuit en un minut i, en situacions de gran activitat, el recorre fins a sis vegades per minut.

CIRCULACIÓ MENOR O PULMONAR

La circulació pulmonar s'estableix entre el cor i els pulmons. Té la funció d'efectuar l'intercanvi dels gasos respiratoris, l'oxigen i el diòxid de carboni.

Comença amb la contracció del ventricle dret, que envia sang venosa a l'**artèria pulmonar**. L'artèria es divideix en dues branques, que entren als pulmons i es ramifiquen per formar capil·lars, a través dels quals s'efectua l'intercanvi dels gasos respiratoris.

La sang oxigenada o arterial torna per les **venes pulmonars** fins a l'aurícula esquerra, que està relaxada.

CIRCULACIÓ MAJOR O SISTÈMICA

S'efectua entre el cor i la resta del cos. Transporta l'oxigen i els nutrients a tots els teixits i s'emporta els rebutjos produïts per les cèl·lules.

S'inicia amb la contracció del ventricle esquerre, que impulsa la sang oxigenada, procedent de la circulació pulmonar, cap a l'**artèria aorta.** Com que ha de superar molta resistència, la paret és més gruixuda que la del ventricle dret.

La sang es distribueix a través d'artèries i arterioles pels diferents òrgans, on s'efectua l'intercanvi capil·lar. Els capil·lars conflueixen en les venes, que porten la sang de tornada al cor.

Aquesta sang, desoxigenada i carregada de diòxid de carboni, entra per les **venes caves** a l'aurícula dreta.

4. Indica el recorregut que efectua un glòbul vermell des de la vena cava superior fins a arribar a l'artèria aorta.
5. Quin recorregut fa aquest glòbul vermell des dels capil·lars pulmonars fins a la vena cava inferior, passant per l'aparell digestiu?
6. Totes les artèries transporten sang arterial, i totes les venes, sang venosa? Explica-ho.
7. Entre quins òrgans es produeix la circulació menor?
8. On es transforma en venosa la sang arterial? A través de quin vas sanguini entra al cor?

Què afecta el nostre aparell circulatori?

Les malalties que afecten l'aparell circulatori constitueixen la primera causa de mortalitat en el món occidental. L'increment d'aquestes malalties es deu a factors com ara el sedentarisme, l'obesitat i els mals hàbits alimentaris, l'estrès i els tòxics com el tabac, l'alcohol, el cafè o la contaminació atmosfèrica.

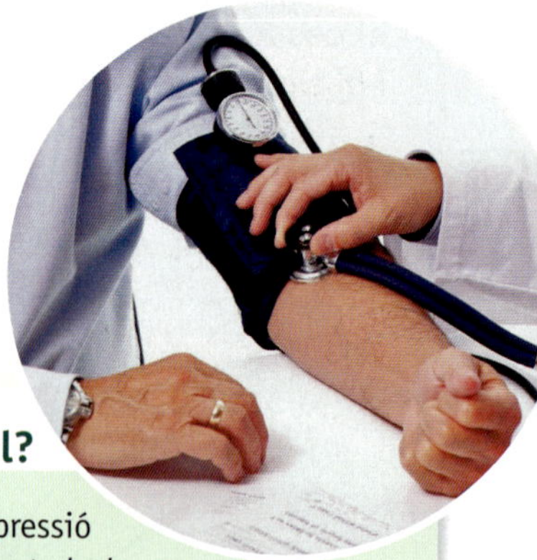

A LA PRESSIÓ ARTERIAL

La pressió arterial és la força que exerceix la sang sobre les parets de les artèries.

La pressió arterial es mesura amb un aparell anomenat *esfigmomanòmetre*. La lectura està formada per dos valors expressats en mil·límetres de mercuri: el primer expressa la pressió sistòlica; el segon determina la pressió diastòlica.

Una persona amb una pressió sistòlica de 140 mm o més i una pressió diastòlica de 90 mm o més es considera que té hipertensió.

Què és la hipertensió arterial?

Consisteix en un **augment** de la pressió que exerceix la sang sobre la paret de les artèries. Si es manté durant molt de temps, produeix una sobrecàrrega del cor i dels vasos sanguinis, que provoca un deteriorament dels ronyons i afavoreix l'arteriosclerosi.

Per evitar la hipertensió s'han de suprimir els estimulants com el tabac i el cafè, prendre una alimentació equilibrada sense sal, mantenir un pes adequat i fer exercici físic de manera regular.

B L'INFART DE MIOCARDI

S'origina per l'obstrucció de les artèries coronàries, que proporcionen l'oxigen i els nutrients al múscul cardíac (miocardi).

Quan l'obstrucció és parcial, provoca un dolor conegut com a **angina de pit**. La zona afectada per l'angina de pit es pot restablir. Si l'obstrucció és total, es produeix un **infart** de miocardi. En aquest cas es destrueix una part del múscul cardíac. Si l'àrea afectada és molt gran, sobrevé la mort.

Per prevenir aquestes malalties, cal evitar l'estrès, abandonar el tabac i l'alcohol, els greixos d'origen animal, mantenir una dieta sense sal i vigilar el sobrepès. L'exercici físic moderat millora les funcions cardíaques, perquè incrementa el nombre de glòbuls vermells, de manera que la capacitat de captar i transportar oxigen és més gran.

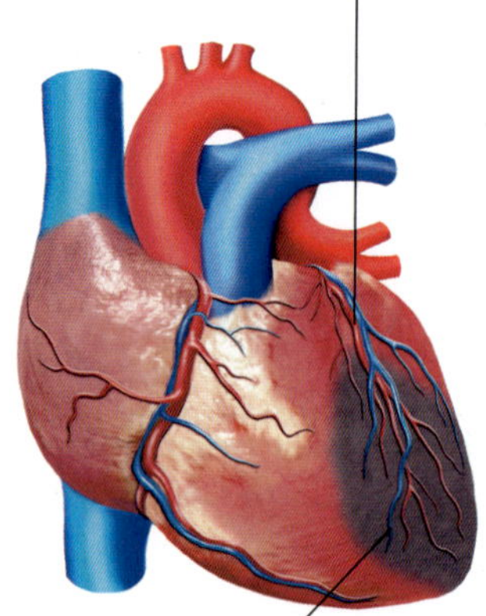

El bloqueig del subministrament de sang en una artèria coronària provoca un infart.

INFART DE MIOCARDI

Factors de risc	Mesures per evitar-los
Fumar	Abandonar totalment el tabac.
Nivell elevat de colesterol a la sang	Fer una dieta rica en fruita, verdura i peix; evitar greixos d'origen animal.
Hipertensió	Fer una dieta sense sal, evitar el sobrepès i beure molta aigua; no fumar i, en cas de beure alcohol, beure'n amb moderació.
Obesitat	Evitar el sobrepès mitjançant una dieta equilibrada.
Sedentarisme	Fer exercici físic moderat.
Estrès	Viure amb més tranquil·litat; dormir set hores cada dia com a mínim.

C L'ANÈMIA

L'anèmia consisteix en una disminució de la concentració d'hemoglobina a la sang i és un símptoma de moltes malalties.

La concentració d'hemoglobina depèn de l'edat, el sexe, les condicions ambientals i els hàbits alimentaris. L'anèmia es presenta en persones amb mancances d'alimentació (dèficit de ferro i àcid fòlic, especialment) i és molt estesa en països que no tenen prou recursos per mantenir una alimentació adequada.

Aliments rics en ferro.

E LA LEUCÈMIA

Consisteix en la proliferació incontrolada de cèl·lules sanguínies immadures, que s'infiltren en la medul·la òssia fins a impedir la producció de la resta de cèl·lules normals i que van envaint progressivament l'organisme. Es tracta d'un càncer de la sang que cada any afecta unes cinc mil persones a l'Estat espanyol.

Les cèl·lules canceroses impedeixen que es produeixin glòbuls vermells, plaquetes i glòbuls blancs madurs (leucòcits) saludables, de manera que es poden presentar situacions potencialment mortals a mesura que disminueixen les cèl·lules sanguínies normals.

El tractament de la leucèmia consisteix a destruir les cèl·lules canceroses perquè les cèl·lules normals puguin tornar a créixer a la medul·la òssia.

En general, el tractament de la leucèmia es basa en la quimioteràpia. Si les cèl·lules leucèmiques reapareixen al cap d'un temps, la millor alternativa acostuma a ser el trasplantament de medul·la òssia.

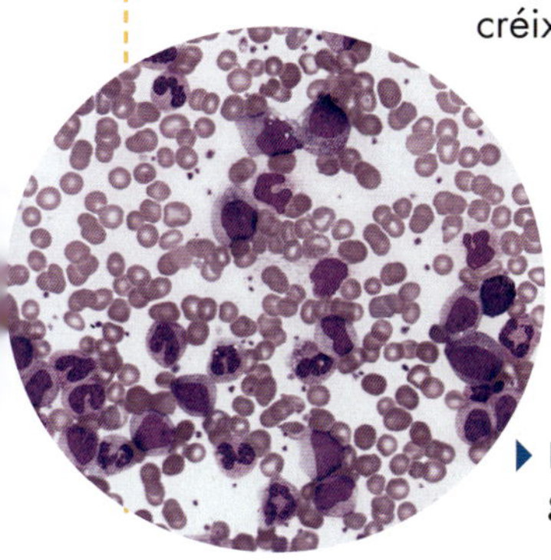

Mostra de sang amb una gran quantitat de glòbuls blancs d'una persona amb leucèmia.

D L'HEMOFÍLIA

En la coagulació de la sang hi intervé una complicada cascada de reaccions –hi participen més de deu factors– que produeix una xarxa de proteïnes, o coàgul, on queden retingudes les cèl·lules sanguínies i el plasma.

L'alteració dels factors de coagulació provoca diverses malalties, com ara **l'hemofília** –la transmeten les dones i es manifesta en els homes– i la **malaltia de Von Willebrand**, que és el trastorn hereditari de la coagulació més comú en tots dos sexes.

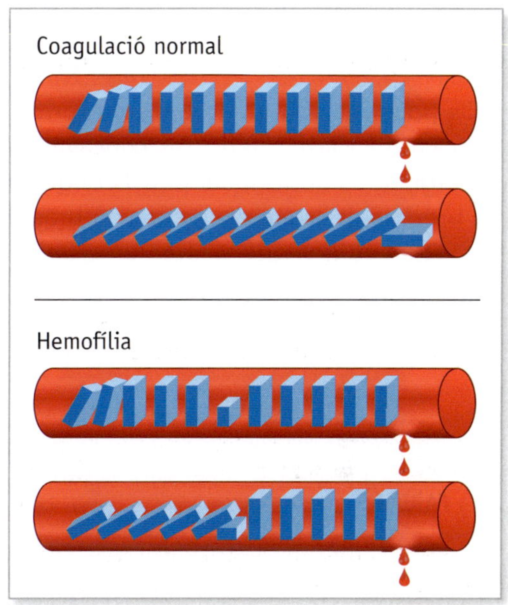

En l'hemofília s'interromp la *cascada d'activació* dels factors de coagulació.

@ Amplia a la Xarxa...

Per saber més del risc cardiovascular, entra a: www.tiching.com/732648

1. Per evitar alguns factors de risc cardiovascular s'han de canviar els hàbits alimentaris. Quins són?
2. Esmenta tres hàbits que permetin evitar la majoria de factors de risc cardiovascular.
3. Què és la hipertensió arterial? Com es pot prevenir?
4. Defineix *anèmia* i *hemofília*. De què depèn tenir-ne?
5. Quina diferència hi ha entre una angina de pit i un infart de miocardi?
6. Explica quin tipus de malaltia és la leucèmia i quin tractament s'hi aplica.

4 L'aparell respiratori

Què és la respiració?

La **respiració pulmonar** és el procés mitjançant el qual l'organisme capta oxigen de l'exterior i allibera diòxid de carboni, mentre que la **respiració cel·lular** consisteix en l'oxidació dels nutrients a l'interior de la cèl·lula per extreure'n l'energia.

LA RESPIRACIÓ PULMONAR I CEL·LULAR

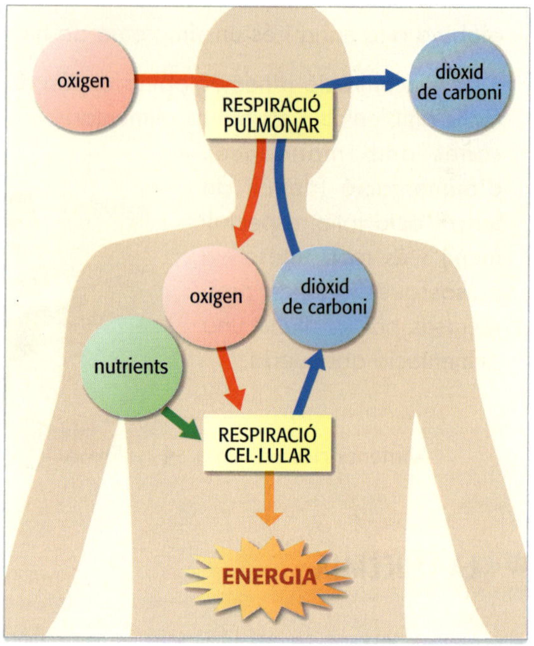

L'aparell respiratori

Per mitjà de l'aparell respiratori es porta a terme la respiració pulmonar. L'**aparell respiratori** permet obtenir oxigen de l'atmosfera i expulsar diòxid de carboni. Està molt relacionat amb l'aparell circulatori, que transporta aquests gasos entre els pulmons i les cèl·lules de l'organisme. L'aparell respiratori està format per les **vies respiratòries** i els **pulmons**.

Les vies respiratòries són les **fosses nasals**, la **faringe**, la **laringe**, la **tràquea**, els **bronquis** i els **bronquíols**. A mesura que entren en els pulmons aquestes vies es ramifiquen de manera considerable.

Els **pulmons** són dos òrgans de forma cònica allotjats a la cavitat toràcica. La paret inferior és còncava i s'adapta a la convexitat del diafragma. Estan formats pels **bronquis** i el conjunt de **bronquíols**. Els bronquíols se subdivideixen en branques microscòpiques, o **conductes alveolars**, que acaben en els **alvèols** i capil·lars, envoltats de teixit conjuntiu.

Aparell respiratori. Les vies respiratòries estan recobertes per una membrana doble, anomenada *pleura*, que serveix per unir els pulmons a l'interior de la caixa toràcica, de manera que puguin acompanyar el moviment respiratori.

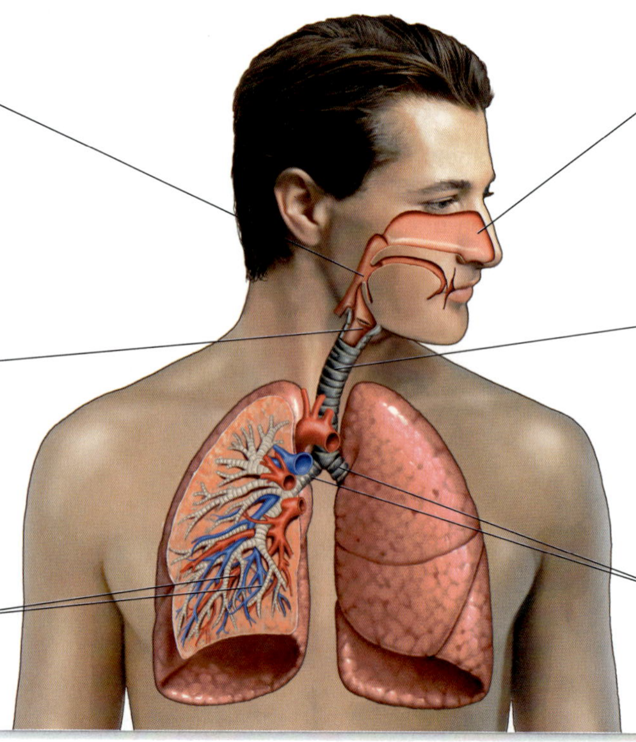

FARINGE
L'aire arriba a la faringe a través de dues obertures o coanes.

LARINGE
Té peces cartilaginoses, una de les quals, l'epiglotis, impedeix l'entrada d'aliments a les vies respiratòries.

BRONQUÍOLS
Se subdivideixen en branques microscòpiques, que acaben als alvèols.

FOSSES NASALS
En passar-hi, l'aire es filtra, s'escalfa i s'humiteja.

TRÀQUEA
És un tub amb les parets formades per anells cartilaginosos incomplets i múscul llis.

BRONQUIS
Són les dues branques en què es divideix la tràquea. Als pulmons es bifurquen en bronquis menors i en bronquíols.

LA VENTILACIÓ PULMONAR

La **ventilació pulmonar** és el procés pel qual es renova l'aire contingut en els pulmons. Consta de dues etapes successives:

- **Inspiració**. Es produeix mitjançant la contracció dels músculs respiratoris (músculs intercostals i diafragma), que augmenta el volum de la caixa toràcica. Els pulmons es dilaten, disminueix la pressió als alvèols i l'aire entra per les vies respiratòries.
- **Expiració**. Es produeix quan els músculs respiratoris es relaxen. El volum de la caixa toràcica disminueix, els pulmons tornen a la seva posició original i l'aire és expulsat a l'exterior.

ESPIROGRAMA

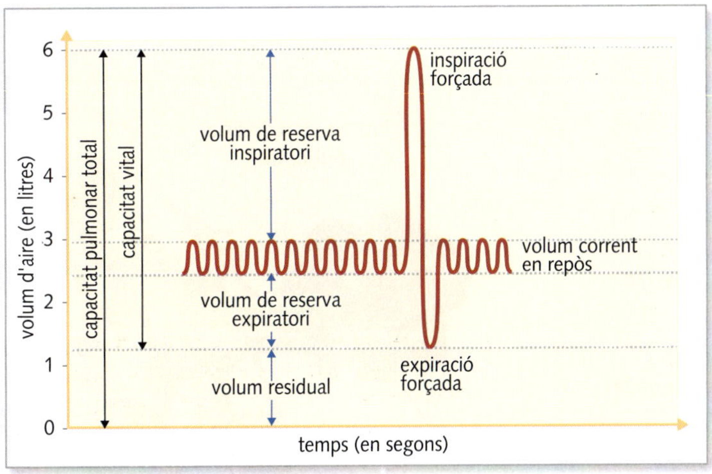

INSPIRACIÓ

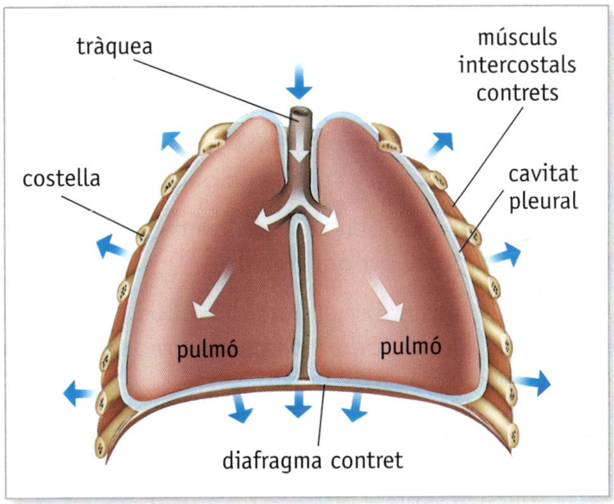

EXPIRACIÓ

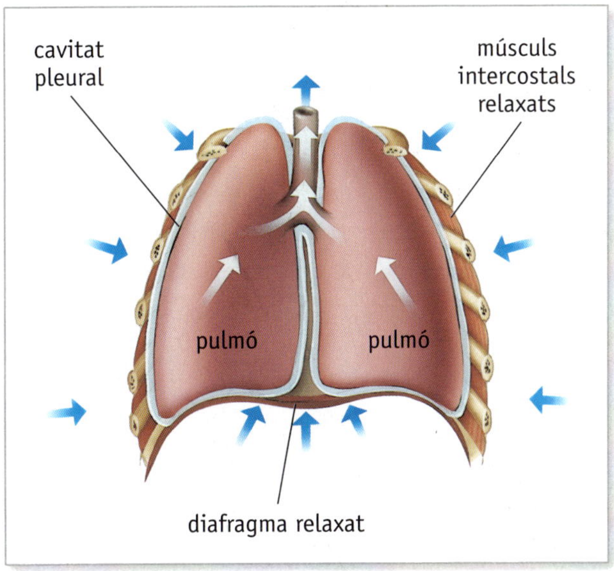

1. Quina quantitat d'aire entra als pulmons durant una inspiració, en estat de repòs?
2. Com s'anomena el volum total d'aire que es pot arribar a inspirar?
3. Quin volum d'aire es manté sempre als pulmons? Quin nom té? Si fumes, pots arribar a expulsar totalment el fum del tabac? Per què?
4. Si la freqüència respiratòria d'un adult en repòs és de 16 moviments/minut, calcula el volum d'aire que entra en els pulmons durant un minut.

@ Amplia a la Xarxa...

Per saber més de l'interior de les vies respiratòries, entra a: www.tiching.com/732649

5. Indica el camí que segueix l'aire des de les fosses nasals fins als alvèols pulmonars.
6. Quines adaptacions presenten els pulmons per augmentar la superfície d'intercanvi de gasos?
7. Explica com varia la pressió de l'interior dels pulmons al llarg del procés de ventilació pulmonar.
8. Com canvia la freqüència respiratòria quan es fa exercici físic? Què passa un cop acabat l'exercici?

5 L'intercanvi de gasos

L'intercanvi de gasos als alvèols

Cada pulmó té 150 milions d'alvèols. Les parets dels alvèols consten d'una sola capa de cèl·lules i estan coberts per una xarxa de capil·lars sanguinis, de manera que els gasos es difonen entre tots dos. Aquesta xarxa es forma a partir d'una branca de l'artèria pulmonar i d'una branca de la vena pulmonar.

L'intercanvi d'oxigen i diòxid de carboni entre la sang i l'aire dels pulmons es produeix per **difusió**.

Les molècules d'oxigen i de diòxid de carboni es mouen des d'una zona en què es troben més concentrades fins a una altra en la qual la concentració és més baixa.

La difusió és possible gràcies al petitíssim gruix de les membranes de l'alvèol i del capil·lar (0,5 μ en total) i a la gran superfície de contacte entre la sang i l'aire.

ELS ALVÈOLS PULMONARS

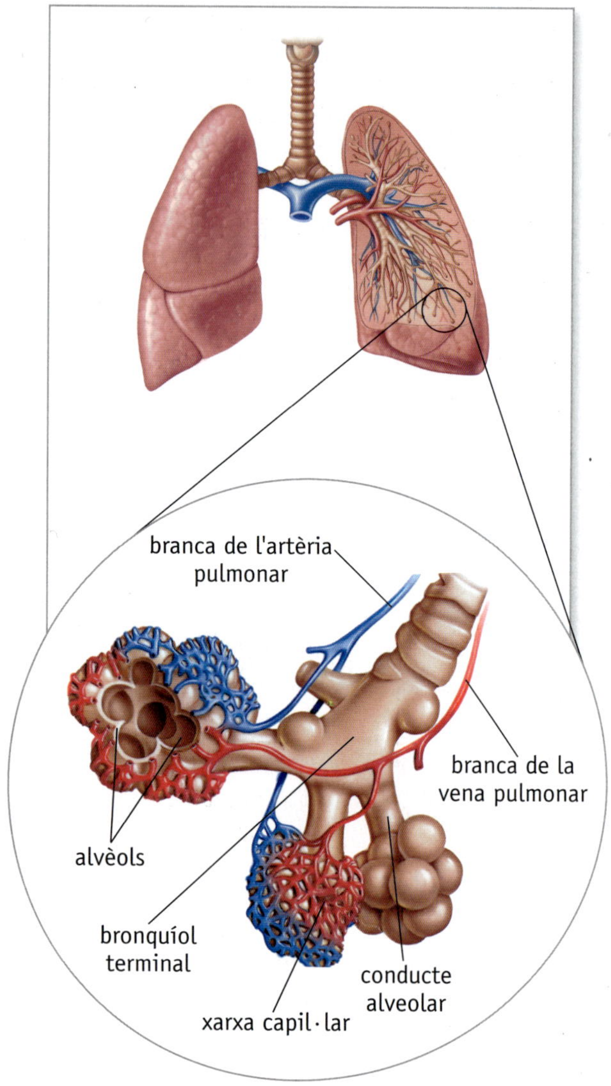

INTERCANVI DE GASOS ALS ALVÈOLS

Aire expirat		Aire inspirat	
oxigen	16 %	oxigen	21 %
diòxid de carboni	5 %	diòxid de carboni	0 %
nitrogen i altres gasos	79 %	nitrogen i altres gasos	79 %

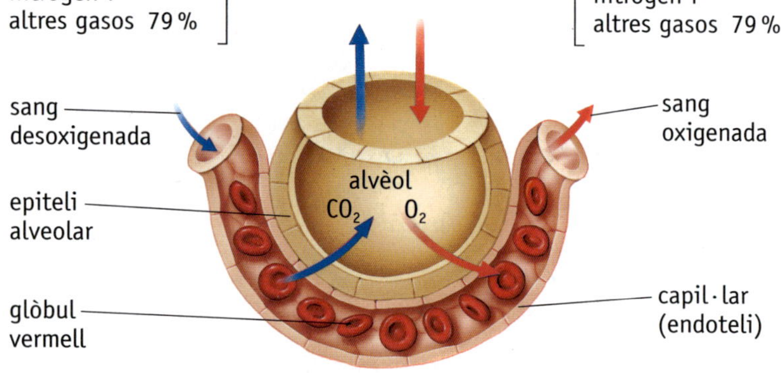

L'intercanvi de gasos als teixits

Als teixits s'hi produeix un intercanvi en el sentit contrari. L'oxigen es difon de la sang als teixits, i el diòxid de carboni passa dels teixits a la sang.

L'**oxigen** es transporta en els glòbuls vermells, en què, amb l'hemoglobina, forma oxihemoglobina. Als teixits, l'oxihemoglobina cedeix l'oxigen a les cèl·lules i es transforma novament en hemoglobina.

El **diòxid de carboni** es transporta principalment en el plasma de la sang en forma de bicarbonat.

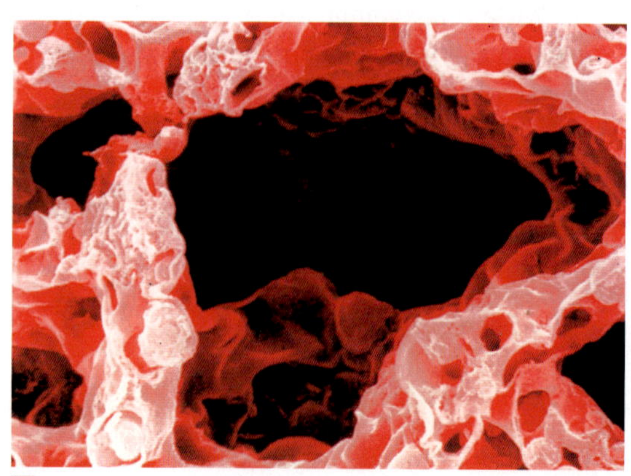

Imatge feta amb microscopi electrònic de rastreig en què s'observa la cavitat de l'alvèol i la capa de cèl·lules que l'envolta.

Amplia a la Xarxa...

Per saber més de l'intercanvi de gasos, entra a: www.tiching.com/732650

LA RESPIRACIÓ CEL·LULAR

La **respiració cel·lular** és un conjunt de reaccions químiques que es produeix a les cèl·lules. Mitjançant aquest procés, els nutrients s'oxiden i alliberen gradualment l'energia que contenen, que pot ser emprada per les cèl·lules.

La respiració cel·lular té lloc als mitocondris, per la qual cosa també s'anomena *respiració mitocondrial.*

En l'oxidació dels glúcids i dels greixos es produeix diòxid de carboni i aigua. En l'oxidació de les proteïnes es produeix, a més, amoníac, que al fetge es transforma en urea.

L'energia produïda s'allibera de manera controlada, perquè una combustió ràpida seria incompatible amb la vida cel·lular.

Els productes residuals, diòxid de carboni, urea i l'excés d'aigua, són eliminats de l'organisme.

RESPIRACIÓ CEL·LULAR

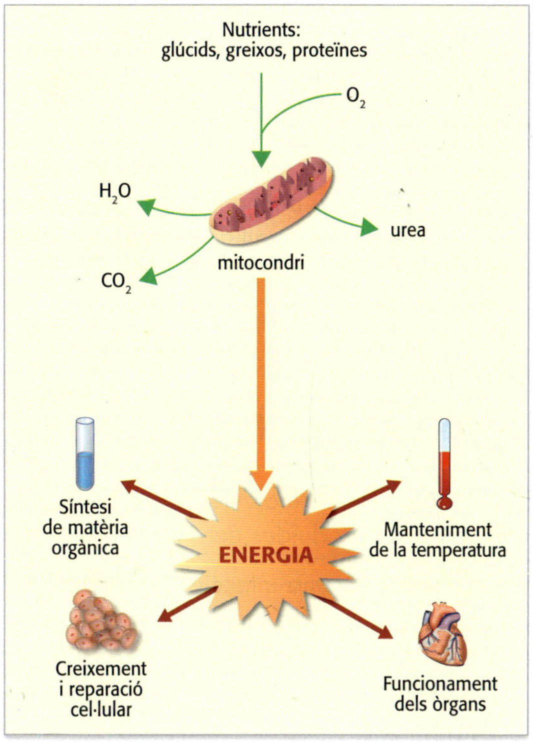

Altres maneres d'obtenir energia

Algunes cèl·lules i organismes obtenen energia de l'aliment sense utilitzar l'oxigen, a partir de l'anomenada *fermentació làctica*. En aquest procés, la degradació de la glucosa és incompleta i es produeixen compostos intermedis que encara contenen energia, de manera que se'n genera molta menys que en la respiració cel·lular.

Als músculs sotmesos a un esforç intens s'hi produeix, durant un breu període de temps, aquest tipus de fermentació, en la qual s'obté energia descomponent la glucosa en àcid làctic. L'àcid làctic s'acumula al múscul i pot impossibilitar la continuació de l'exercici.

Els exercicis intensos produeixen àcid làctic.

Durant els exercicis suaus no es produeix la fermentació làctica.

1. Com intervé el nitrogen en l'intercanvi gasós que té lloc a l'alvèol?
2. Compara l'aire inspirat amb l'aire expirat.
3. Quina diferència hi ha entre *respiració, intercanvi gasós* i *ventilació pulmonar*? Quina relació hi ha entre aquests tres processos?
4. En què consisteix la difusió de gasos?
5. Com es transporta l'oxigen des dels capil·lars pulmonars fins a les cèl·lules de tots els teixits?
6. Quantes capes de cèl·lules separen de la sang l'aire de l'interior de l'alvèol? Quin gruix tenen aquestes capes?
7. Indica el camí que segueix una molècula d'oxigen des de l'aire fins que s'uneix a l'hemoglobina.
8. Quin tipus de cèl·lules transporten l'oxigen? Quina substància transporta el diòxid de carboni?
9. Quines substàncies es consumeixen en la respiració cel·lular? Quines substàncies de rebuig s'hi alliberen?

6 Què afecta el nostre aparell respiratori?

L'aire que introduïm als nostres pulmons en respirar pot contenir substàncies nocives per a l'aparell respiratori, que poden provocar malalties. Moltes de les malalties que afecten l'aparell respiratori, especialment les causades pel tabaquisme, es poden prevenir durant les etapes inicials.

L'exercici físic, sobretot a l'aire lliure, pot contribuir a mantenir la salut dels nostres pulmons. Altres avantatges de l'activitat física són un funcionament millor de l'aparell cardiovascular, un estat d'ànim més bo i una bona salut en general.

Hàbits que poden ajudar a mantenir la salut de l'aparell respiratori

- Protegir-nos del fred i de la humitat.
- Portar roba adequada.
- Rentar-se les mans sovint i no tocar-se ni el nas ni els ulls.
- Ventilar els espais tancats.
- Practicar exercicis respiratoris o simplement respirar profundament de tant en tant.

A ELS MICROORGANISMES

Algunes de les malalties més comunes que afecten l'aparell respiratori, produïdes per microorganismes, són:

- **Refredat**. És una infecció, produïda per virus, que afecta el nas, la gola o la laringe. Els refredats provoquen una mucositat abundant, acompanyada d'esternuts i, de vegades, de febre.
- **Bronquitis**. Es tracta d'una inflamació de la mucosa dels bronquis, produïda per una infecció.
- **Pneumònia**. És una infecció aguda del teixit pulmonar, causada generalment per bacteris.

  Produeix una inflamació que dificulta la respiració, acompanyada de febre alta. Es cura amb antibiòtics, però en persones afeblides pot ser mortal.

  La *legionel·losi* és una pneumònia produïda pel bacteri *Legionella pneumophila*.

B L'ASMA

Consisteix en una respiració dificultosa, produïda per un estrenyiment dels bronquis. Aquest estrenyiment pot ser degut a una contracció de les parets, a una inflamació de la mucosa o a una producció molt elevada de mocs.

Hi ha medicaments que dilaten els bronquis dels malalts d'asma i els permeten respirar millor. Els broncodilatadors únicament s'han d'utilitzar en les dosis prescrites pel metge.

C OFECS

Els ofecs es produeixen quan la via aèria, per on passa l'aire cap als pulmons, s'obstrueix sobtadament de manera parcial o completa.

Això pot passar després d'haver ingerit aliments que baixen per la tràquea en lloc de ferho per l'esòfag i que impedeixen el pas de l'aire, o bé quan una persona perd el coneixement i la llengua li cau cap a la part posterior i tapa la via respiratòria.

En cas d'asfíxia, quan la persona no és capaç de respirar, tossir o parlar, hem d'actuar ràpidament. En aquest cas, cal agafar la víctima per darrere i col·locar-li el puny tancat entre el melic i l'estèrnum i, empenyent amb l'altra mà, comprimir amb força l'abdomen cap a dins i cap amunt. Aquesta tècnica s'anomena **maniobra de Heimlich**.

Si es tracta d'infants, cal posar-los de bocaterrosa i fer-los palmellades a l'esquena. No els podem fer la maniobra per a adults perquè es podrien fracturar les costelles.

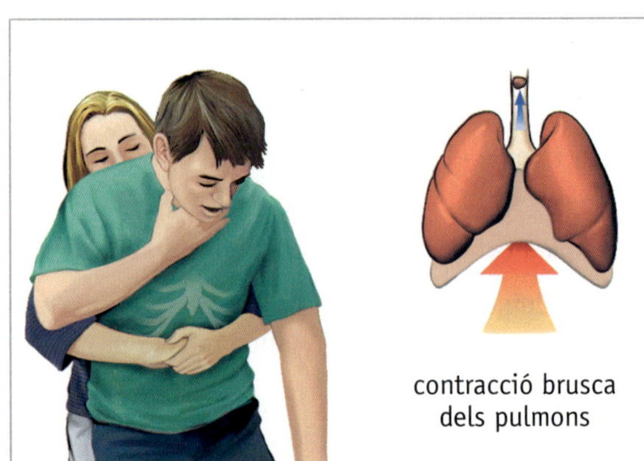

Maniobra de Heimlich per a adults.

D EL TABAC

Les substàncies que conté el fum del tabac són altament perjudicials per a l'organisme, i la nicotina, a més, provoca addicció.

1 El quitrà

Paralitza les cèl·lules ciliades. Els gèrmens no s'eliminen, juntament amb el moc, i queden atrapats. Causen infeccions, com ara la bronquitis.

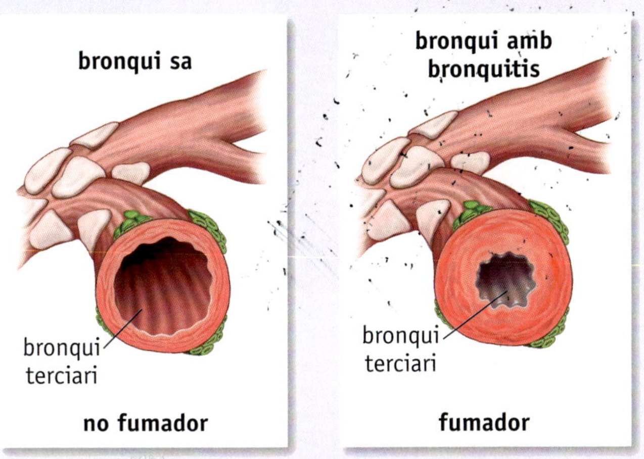

Provoca emfisema. Destrueix els alvèols i redueix la superfície d'intercanvi gasós.

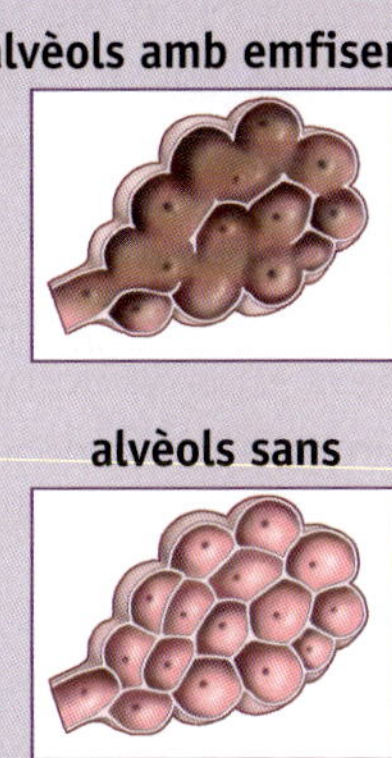

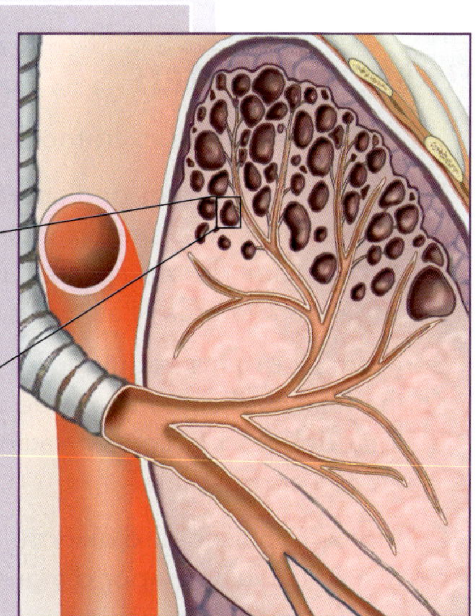

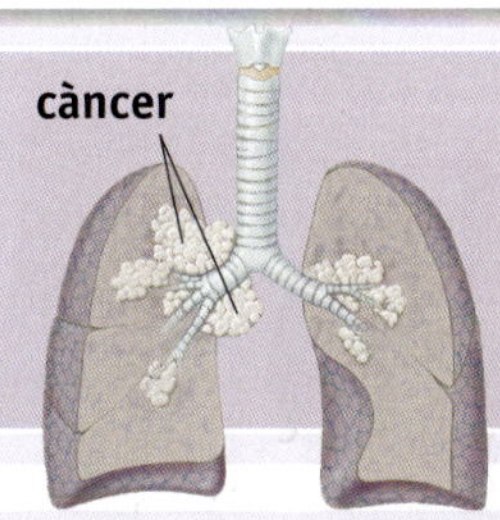

Origina càncer (de boca, gola, laringe i pulmons), que es manifesta a partir de 40 anys i provoca milers de morts prematures cada any.

Més del 90 % dels casos de càncer de pulmó es deuen al tabac. El risc de desenvolupar aquest tipus de càncer depèn més de la durada de l'hàbit de fumar que no pas del nombre de cigarrets diaris consumits.

2 La nicotina

Danya les parets de les artèries, cosa que origina arteriosclerosi. És un dels principals factors de risc que afavoreixen l'aparició de l'infart de miocardi.

També produeix addicció, de manera que comporta una despesa econòmica considerable.

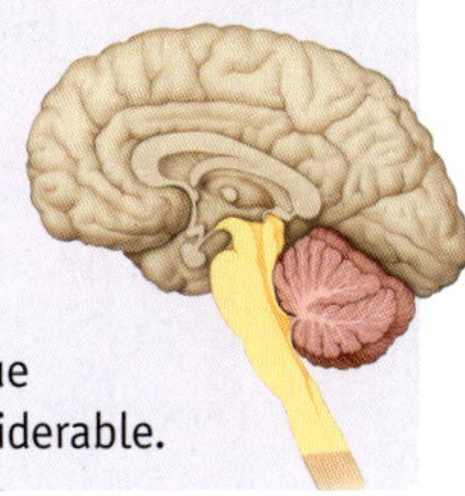

3 Oxigenació

Més del 15 % de l'hemoglobina, a causa del monòxid de carboni (CO) de la combustió del tabac, es transforma en carboxihemoglobina, incapaç de transportar oxigen. Disminueix la capacitat esportiva.

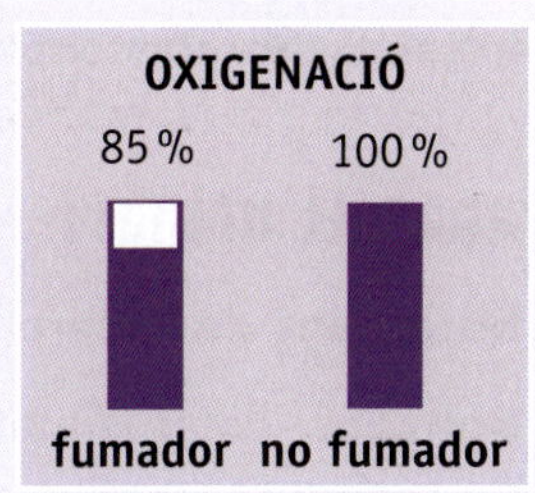

4 Tabac i embaràs

Les embarassades que fumen subministren menys oxigen al fetus.

Els nadons pesen menys, tenen més risc de morir a mesura que s'acosta el part i una probabilitat més alta de contreure pneumònia o bronquitis durant el primer any de vida.

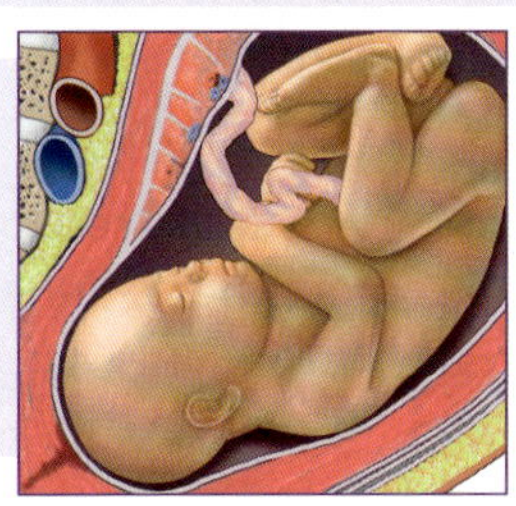

@ Amplia a la Xarxa...

Per saber més de la llei antitabac del 2011, entra a: www.tiching.com/732651

1. Quin tipus d'agent infecciós provoca l'aparició de la pneumònia? Quins són els símptomes més característics d'aquesta malaltia?
2. En què consisteix la higiene de l'aparell respiratori?
3. Explica els efectes de la nicotina, el monòxid de carboni i el quitrà, procedents del tabac, sobre l'organisme.
4. Per què és necessària la prohibició de fumar als llocs tancats en què conviuen diverses persones?

7 L'aparell excretor

L'excreció

L'**excreció** és el procés mitjançant el qual l'organisme elimina les substàncies de rebuig procedents de les reaccions químiques cel·lulars. L'acumulació d'aquestes substàncies de rebuig seria tòxica per a les cèl·lules.

Els òrgans excretors

Els principals **òrgans** excretors són els següents:

- **Ronyons**. Formen part de l'aparell urinari i són els òrgans **excretors** més importants. Eliminen de la sang les substàncies de rebuig produïdes per les cèl·lules, principalment la urea i l'àcid úric.

  Són també òrgans **reguladors**. Eliminen a través de l'orina l'excés d'aigua i sals, de manera que el volum d'aigua del cos i la concentració salina del plasma es mantenen constants.

- **Pulmons**. Expulsen el diòxid de carboni produït en la respiració cel·lular i vapor d'aigua.

- **Fetge**. Elimina els pigments biliars i altres substàncies de rebuig que es troben a la bilis i que s'expulsen amb els excrements.

També intervenen en l'excreció les **glàndules sudorípares**, que tenen per funció principal regular la temperatura corporal, encara que també excreten cap al 10% de totes les substàncies de rebuig de l'organisme. La suor conté les mateixes substàncies que l'orina, però amb una concentració molt més petita.

GLÀNDULA SUDORÍPARA

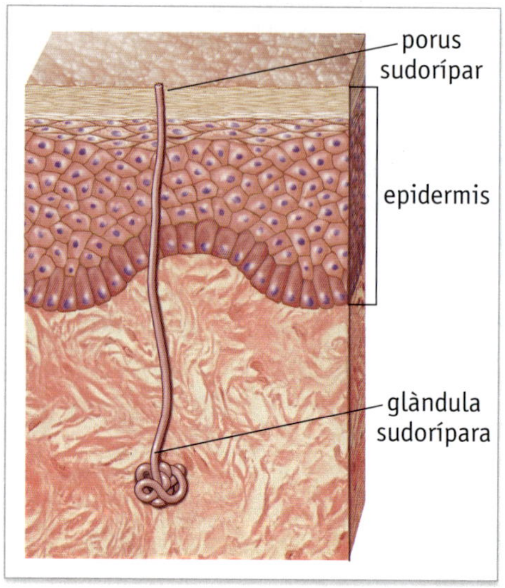

El volum de suor és molt variable: des de 0,5 litres d'un dia fred fins a 12 litres en condicions extremes de calor i exercici.

L'aparell urinari

Els **òrgans** de l'aparell urinari són:

- **Ronyons**. Estan situats a la zona dorsal, per damunt de la cintura i a prop de la columna vertebral. L'artèria renal i la vena renal connecten els ronyons amb l'aparell circulatori.

- **Urèters**. Són dos conductes prims que transporten l'orina formada als ronyons fins a la bufeta. Tenen una paret muscular que es contreu rítmicament, cosa que facilita el flux d'orina cap a la bufeta.

- **Bufeta urinària**. Òrgan buit on s'acumula l'orina fins que s'expulsa de l'organisme. Un anell muscular, o **esfínter**, envolta el coll de la bufeta i en controla l'obertura.

- **Uretra**. Conducte pel qual s'expulsa l'orina. La uretra de la dona fa uns 4 cm. En el cas de l'home, fa uns 16 cm i forma part de l'aparell reproductor.

L'APARELL URINARI

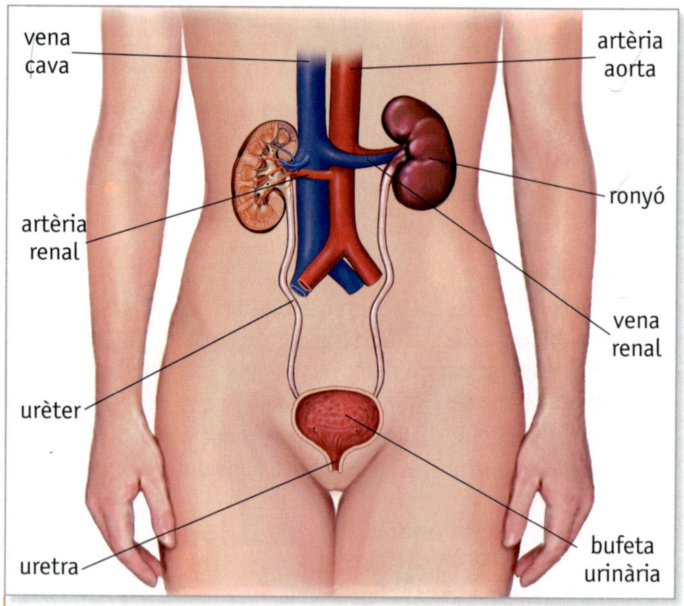

1. Quina diferència hi ha entre l'urèter i la uretra?
2. Quina és la causa que les infeccions de la bufeta urinària (cistitis) siguin molt més freqüents en les dones que no pas en els homes?

@ Amplia a la Xarxa...

Per saber més dels ronyons, entra a: www.tiching.com/732652

ESTRUCTURA DEL RONYÓ

En el tall longitudinal d'un ronyó hi podem distingir l'**escorça** i una zona més fosca, la **medul·la**, amb abundants vasos sanguinis. Al centre del ronyó hi ha la cavitat col·lectora de l'orina, anomenada **pelvis renal**.

A l'escorça de cada ronyó hi ha més d'un milió d'estructures minúscules, anomenades nefrons. La funció dels nefrons és filtrar tota la sang de l'organisme uns 300 cops al dia.

El nefró

És la unitat funcional del ronyó. Està constituït per la **càpsula de Bowman**, que envolta una acumulació de capil·lars anomenada **glomèrul**. Aquest conjunt de capil·lars es forma a partir de l'arteriola renal, que és una branca de l'artèria renal.

La càpsula de Bowman es prolonga en un conducte (**túbul renal**) envoltat de capil·lars, i desemboca en un **tub col·lector**. Els tubs col·lectors aboquen el contingut a la pelvis renal.

Els capil·lars s'uneixen i formen vènules que desemboquen a la vena renal.

Secció d'escorça renal vist amb microscopi òptic en el qual s'observen glomèruls. En el detall, glomèrul vist amb microscopi electrònic de rastreig.

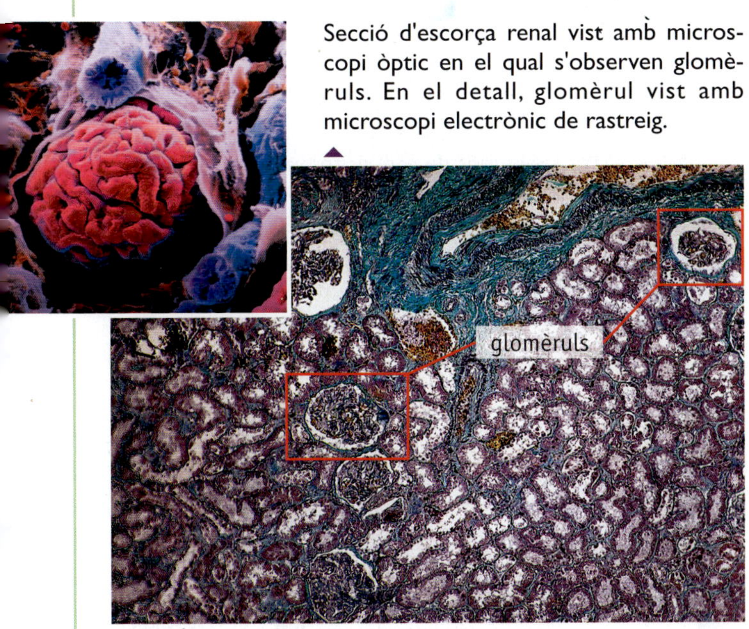

ESTRUCTURA DEL RONYÓ

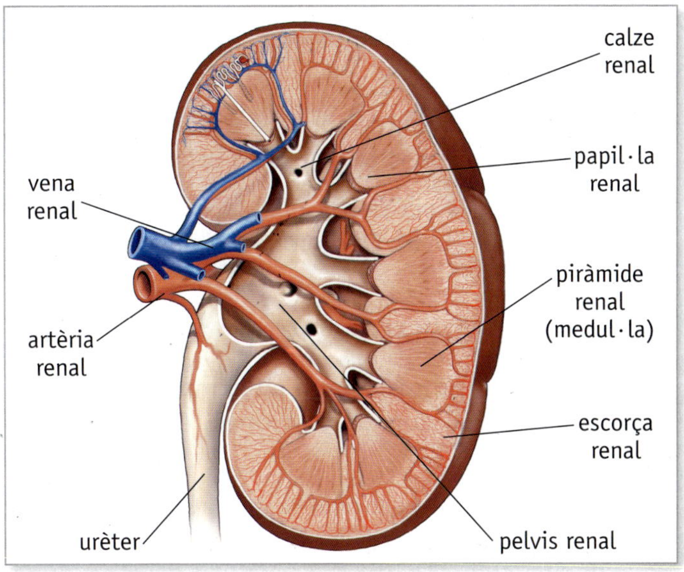

ESTRUCTURA DEL NEFRÓ

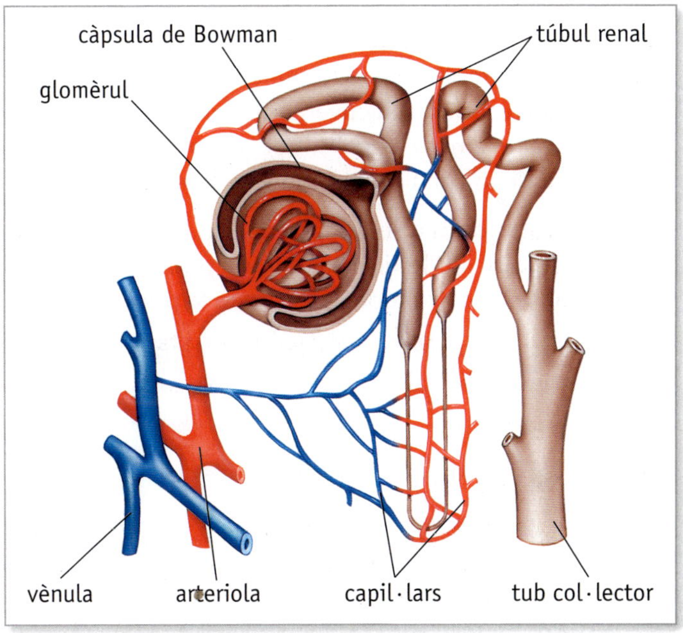

3. Quina estructura té un nefró i quina funció excretora duu a terme?

4. En què consisteix l'excreció?

5. Quina funció, a més de l'excretora, duen a terme els ronyons?

6. Diferencia *excreció* de *defecació*. L'aparell digestiu té alguna funció excretora?

7. Quina funció tenen les glàndules sudorípares?

8 L'excreció

La sang, com arriba als ronyons?

Cada ronyó està connectat amb l'aparell circulatori a través de dos vasos sanguinis:

- **Artèria renal**. És una branca de l'artèria aorta que porta sang carregada de substàncies de rebuig cap al ronyó.
- **Vena renal**. És la via per la qual la sang surt del ronyó lliure de substàncies de rebuig. Desemboca a la vena cava.

Etapes en la formació de l'orina

L'**orina** és el líquid resultant d'un complicat procés al qual se sotmet la sang arterial que entra al ronyó. Aquest procés comprèn les etapes següents:

- **Filtració**. El plasma sanguini contingut en els capil·lars del glomèrul es filtra a causa de la pressió sanguínia. El plasma filtrat passa a la càpsula de Bowman.
- **Reabsorció**. El líquid filtrat circula pel túbul renal, a la paret del qual es reabsorbeixen quantitats variables d'aigua i tots els nutrients.
- **Secreció**. Les molècules que queden al plasma després de la filtració són eliminades selectivament dels capil·lars peritubulars i secretades activament en el filtrat. La penicil·lina, per exemple, és eliminada de la circulació d'aquesta manera.

Els capil·lars formen la vena renal, que surt del ronyó amb sang lliure de residus. El líquid que circula pels túbuls constitueix l'orina que va a parar al calze renal i, d'aquí, a la pelvis renal i a l'urèter.

L'hormona antidiürètica regula el contingut d'aigua a l'organisme perquè estimula la reabsorció d'aigua als tubs col·lectors.

CONCENTRACIÓ DE SUBSTÀNCIES EXCRETADES EN L'ORINA (g/cm^3)

Substàncies	Plasma	Filtrat glomerular	Orina
Urea	0,03	0,03	2,1
Glucosa	0,10	0,10	0
Proteïnes	8	0	0
Sals	0,72	0,72	1,44
Aminoàcids	0,05	0,05	0

1. Quines substàncies es reabsorbeixen totalment?
2. Quines substàncies estan més concentrades en l'orina que en el plasma? A què es deu?
3. Si una persona produeix 180 L de filtrat glomerular en un dia, calcula el volum en mL d'aquest filtrat per minut.
4. Quina substància no es troba mai ni en el filtrat glomerular ni en l'orina?

@ Amplia a la Xarxa...

Per saber més de com es forma l'orina al ronyó, entra a: www.tiching.com/732653

PROCÉS DE FORMACIÓ DE L'ORINA

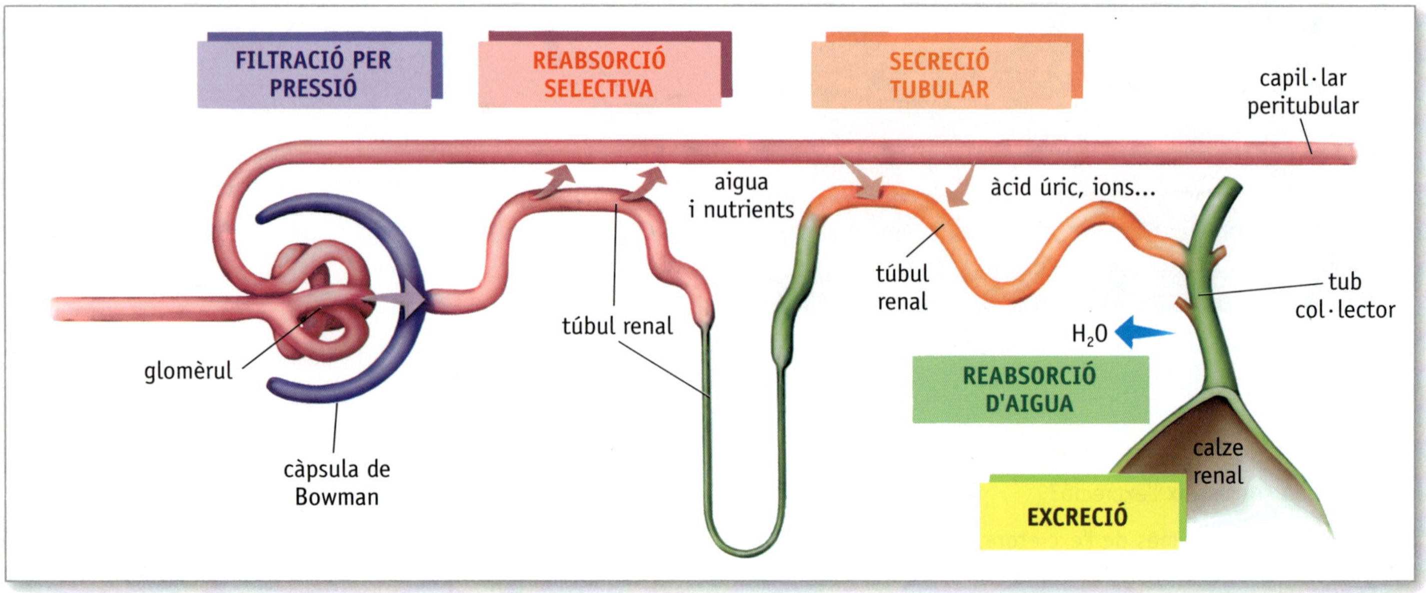

QUAN FALLEN ELS RONYONS

L'afecció més greu que afecta els ronyons és la **insuficiència renal**, que es caracteritza per la disminució o la interrupció total de la producció d'orina. Les causes més freqüents en són la diabetis, la hipertensió i els càlculs renals.

La insuficiència renal pot ser aguda (aparició ràpida) o crònica. En tots dos casos, el resultat és una intoxicació per acumulació de productes de rebuig a la sang que, si no es soluciona, origina la mort per enverinament.

La **diàlisi** és una solució a la insuficiència renal tant aguda com crònica. Si és crònica, també es pot fer un **trasplantament**.

La diàlisi

Mitjançant l'hemodiàlisi s'eliminen artificialment les substàncies de rebuig metabòliques que conté la sang.

Per fer-ho, s'extreu la sang a través d'una artèria i es fa passar per un aparell que conté una membrana filtradora en contacte amb el líquid de diàlisi.

A causa de la diferència de concentració entre la sang i el líquid de diàlisi, les substàncies de rebuig i l'excés d'aigua passen a aquest líquid; però, en canvi, la resta de components de la sang no poden travessar la membrana. La sang purificada torna a l'organisme a través d'una vena.

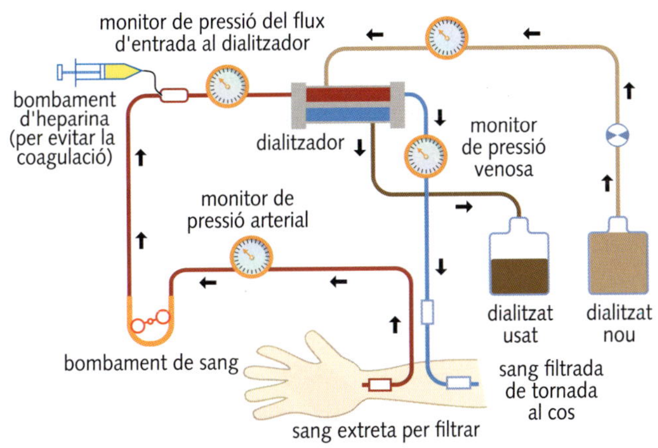

Les malalties renals

Tots els components de l'aparell urinari estan exposats a malalties, moltes de les quals són d'origen infecciós. Les més freqüents són les infeccions de la bufeta urinària, cistitis; i la de la uretra, uretritis. El tractament es fa amb antibiòtics.

Altres malalties les provoquen els càlculs o pedres, que es poden formar als ronyons a causa de les sals de calci, els fosfats i l'àcid úric, que de vegades precipiten al ronyó.

Si el càlcul bloqueja l'inici de l'urèter, es produeix retenció d'orina i inflamació. Si els càlculs es desplacen per l'urèter, provoquen un còlic nefrític, que es caracteritza per un dolor molt intens a la regió lumbar. Aquesta situació pot acabar amb l'expulsió del càlcul o es pot necessitar cirurgia.

5. Quins símptomes presenten els còlics nefrítics?
6. Tenint en compte els conceptes de *sal*, *solució* i *concentració*, intenta explicar per què el fet de beure aigua ajuda a evitar l'aparició de càlculs renals.

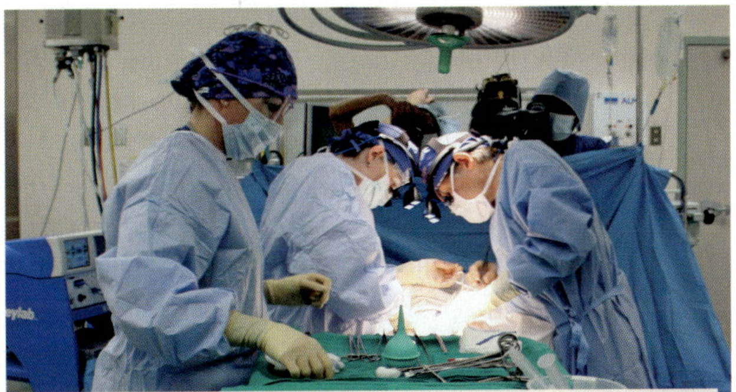

ELS TRASPLANTAMENTS

En els pacients que pateixen insuficiència renal total, un trasplantament pot resoldre el problema. Actualment tenen un elevat percentatge d'èxit, tot i que l'inconvenient principal és la disponibilitat de ronyons.

7. Per què el plasma sanguini es filtra a la càpsula de Bowman?
8. Com torna l'aigua a la sang?
9. El procés de formació de l'orina és continu?
10. Per què els esportistes prenen begudes isotòniques (riques en minerals) després d'un exercici intens?
11. En què es diferencia la sang que transporta cada un dels vasos renals? (Recorda que les cèl·lules del ronyó també respiren.)
12. Què és l'orina? On es forma?
13. Quina és la malaltia més greu que afecta els ronyons?
14. Quines conseqüències té la insuficiència renal?

APRÈN A... DISSECAR UN COR DE PORC

El cor d'un mamífer comú com el porc és molt semblant al cor de l'ésser humà.

En manipular-lo, podràs reconèixer les diferents parts del cor d'un mamífer, comprendre'n el funcionament, diferenciar-ne les venes, les artèries, les aurícules i els ventricles, i observar les vàlvules cardíaques.

1. Materials

- Cor de porc amb els grans vasos visibles
- Safata de dissecció
- Bisturí
- Tisores
- Vareta de vidre
- Tubs de goma vermells i blaus

2. Procediment

- Col·loca el cor a la safata de manera que descansi damunt la cara dorsal (la cara més plana).
- Seguint els esquemes, localitza l'artèria pulmonar. Introdueix-hi un tub blau i comprova que comunica amb el ventricle dret. Introdueix un tub vermell a l'artèria aorta i comprova que comunica amb el ventricle esquerre.
- Col·loca tubs blaus a les venes caves superior i inferior i ressegueix l'aurícula dreta. Col·loca tubs vermells a les venes pulmonars. Són difícils de veure, perquè se solen tallar en extreure el cor.
- Per a la dissecció del ventricle esquerre, enfonsa la punta arrodonida de les tisores a l'aorta i secciona la cara ventral del cor, seguint la línia de tall de color blau de l'esquema 1.
- Separa les vores de la fenedura per veure l'interior del ventricle esquerre. Fixa't en les prominències musculars que s'encreuen en tots els sentits i que donen a la paret del ventricle un aspecte reticular.
- Es poden distingir dues làmines blanques fibroses unides per filaments a la paret del ventricle, que constitueixen la vàlvula mitral.

  A l'inici de l'aorta hi ha tres vàlvules en forma de niu d'oreneta, amb la part còncava cap amunt, que impedeixen el reflux de la sang al ventricle. Són les vàlvules sigmoides o semilunars.
- Per a la dissecció del ventricle dret, enfonsa la punta arrodonida de les tisores a l'artèria pulmonar i secciona la paret del cor seguint la línia de tall vermella de l'esquema 2.

  Es pot veure que les parets d'aquest ventricle són menys gruixudes que les de l'esquerre. S'hi veu la vàlvula tricúspide, formada per tres làmines, que comunica l'aurícula amb el ventricle. Pel que fa a l'artèria pulmonar, també té vàlvules sigmoides.

3. Conclusions

- Descriu les observacions amb l'ajuda de dibuixos i explica les dificultats que hi has trobat.
- Contesta les preguntes següents al quadern:
  - Què passa quan s'introdueix aigua a les artèries aorta i pulmonar? Per què?
  - Quin ventricle té la paret més gruixuda? A què és degut?
  - Quines conclusions obtens en comparar la paret de les artèries amb la de les venes?
  - I en comparar les parets de les aurícules i les dels ventricles?
  - Per què les branques de l'artèria pulmonar porten tubs blaus i les venes pulmonars tenen tubs vermells?

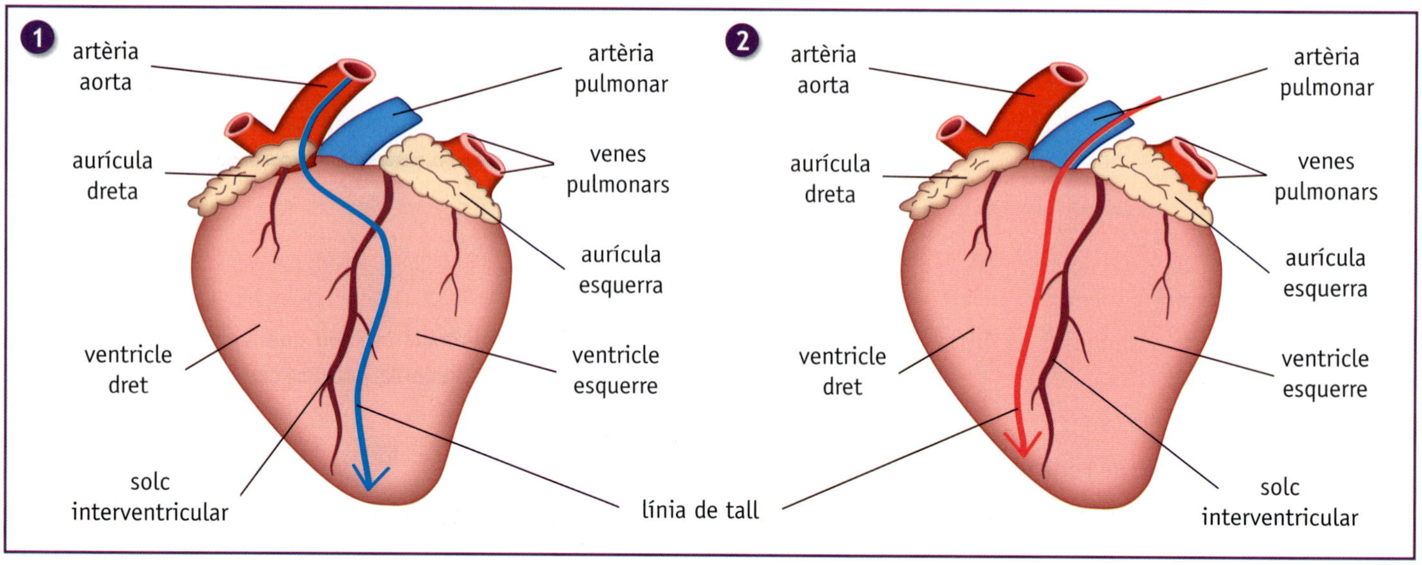

1 Treu-ne conclusions. **L'eliminació de l'alcohol**

L'alcohol s'absorbeix ràpidament per difusió, i assoleix el màxim nivell sanguini entre 60 i 90 minuts després de ser ingerit. Així que l'alcohol arriba a la sang, se n'inicia el procés d'eliminació a través del fetge. En menor mesura, també s'elimina etanol a través dels teixits i només el 10% de l'etanol absorbit s'excreta per l'alè, la saliva, la femta, l'orina, la suor o la llet materna.

Un grup de científics fa un estudi per determinar quins factors influeixen en el temps d'excreció de l'alcohol pels ronyons. Amb aquest objectiu, demana a 25 voluntaris que ingereixin lentament un got de 50 mL de rom. Després, i amb intervals de 30 minuts, es determina la quantitat d'alcohol present a l'orina. Els resultats es representen al gràfic.

QUANTITAT D'ALCOHOL PRESENT A L'ORINA

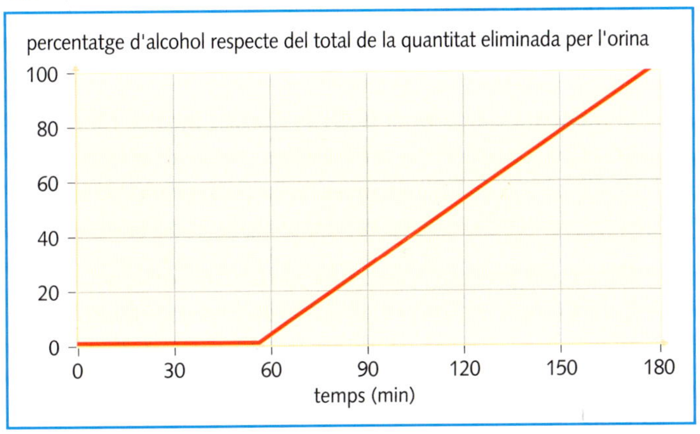

Al cap d'uns quants dies, es repeteix l'experiment, però ara es combina la mateixa quantitat de rom amb una beguda carbònica (cubalibre). Els resultats es recullen a la taula següent:

Temps (min)	0	40	70	90	120	150
% alcohol respecte al total de la quantitat eliminada per l'orina	0	10	20	40	70	100

a) Quina conclusió pots obtenir d'aquest estudi?

Les begudes carbòniques solen contenir sucre, que, en els combinats, s'afegeix a la ingestió d'alcohol.

2 Identifica preguntes científiques. **El perill dels texans gastats**

La moda dels texans gastats costa la vida als treballadors de les indústries tèxtils de Turquia, la Xina, Bangla Desh i l'Índia, on s'elabora la major part de la roba que portem.

L'aparença de desgast s'aconsegueix amb una tècnica prohibida a Europa que consisteix a aplicar sorra directament damunt el teixit (*sandblasting*). Els cristalls de sílice diminuts que conté la sorra provoquen inflamació i fibrosi pulmonar, dificultat respiratòria i, en molts casos, la mort. S'estima que ja ha provocat més de 5000 malalts i gairebé 50 morts.

Indica quines de les afirmacions següents es poden resoldre científicament:

1. Les administracions públiques han de prohibir el comerç de texans gastats amb el mètode del *sandblasting*.
2. És necessari buscar un mètode per desgastar el teixit que sigui innocu per al treballador.
3. La gravetat de la malaltia depèn de la granulometria de la sorra: com més gran és el diàmetre del grànul, més grans en són els efectes nocius.
4. Caldria indicar a l'etiqueta dels texans que el desgast no s'ha obtingut amb *sandblasting*.
5. No hauríem d'adquirir pantalons gastats amb aquest sistema.

4 PERCEPCIÓ I COORDINACIÓ

Quins sistemes coordinen les respostes de l'organisme, i com actuen?

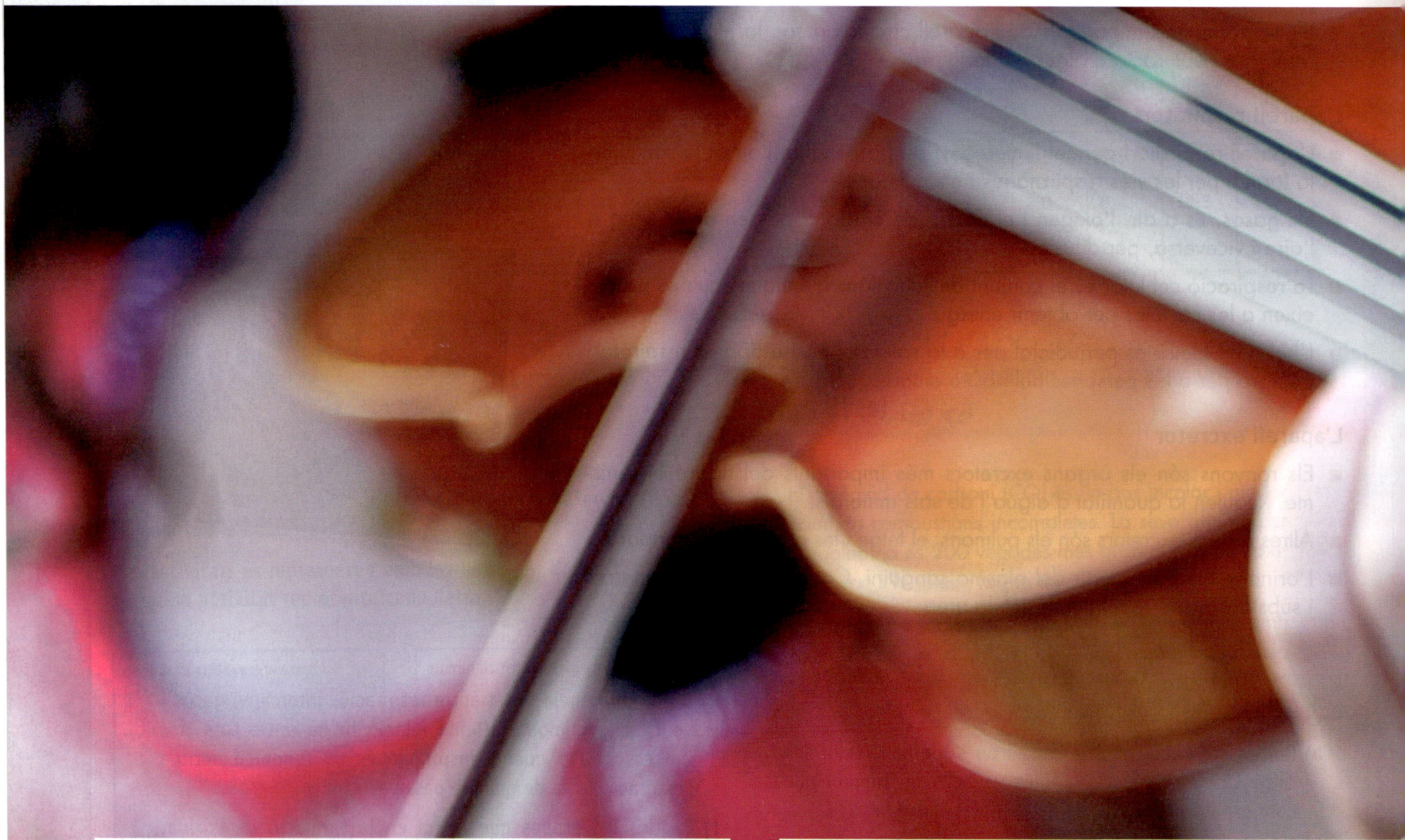

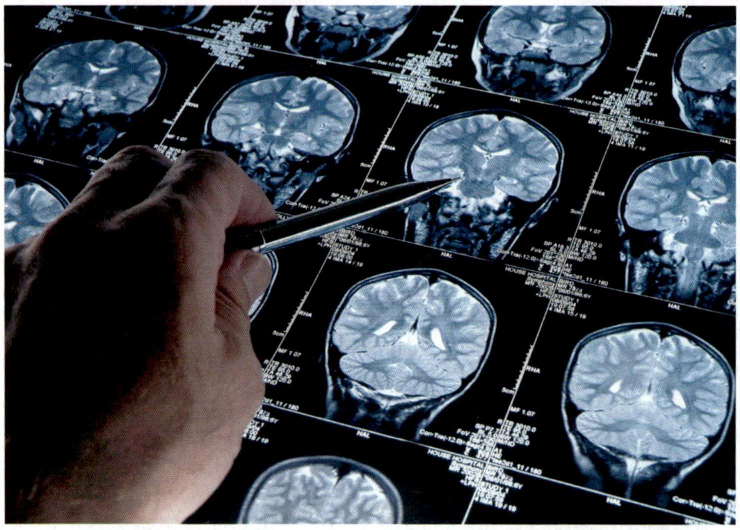

Prova diagnòstica per detectar la malaltia d'Alzheimer. Les persones afectades perden la memòria i pateixen trastorns que provoquen invalidesa.

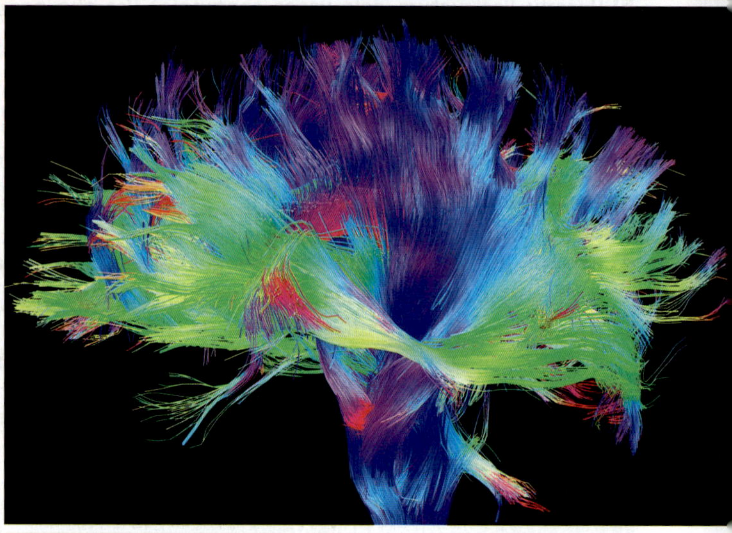

Representació en 3D de les connexions neuronals. Els científics estudien les connexions entre les neurones per obtenir un mapa del funcionament del cervell humà.

Tocar un instrument musical o jugar amb una consola són exemples de la capacitat de l'organisme de respondre d'una manera ràpida i coordinada a **estímuls**, en aquest cas externs. Aquestes accions són possibles gràcies al **sistema nerviós**.

Si considerem l'activitat que es desenvolupa a la fotografia gran, podem observar que no tan sols cal moure la mà amb agilitat i precisió, sinó que també hi cal la contribució de milers de **nervis** microscòpics i **òrgans dels sentits**, com ara l'oïda i el tacte. Tots aquests elements funcionen d'una manera coordinada.

Les **hormones** també constitueixen un sistema de coordinació entre els òrgans i els aparells del nostre cos, encara que actuïn de manera molt més lenta.

Què sabem?

- Com és possible que una persona escolti la ràdio mentre prepara el dinar i té cura d'un nen que juga?
- Quina diferència hi ha entre una resposta ràpida, com ara apartar la mà en sentir escalfor, i respostes més lentes, com ara decidir llevar-se per posar-se a estudiar?
- Quin paper fa el sistema hormonal en la teva vida diària?
- Què saps de les drogues i les addiccions?

Què aprendrem?

- Com treballa el sistema neuroendocrí.
- Com són el sistema nerviós central i el sistema perifèric, i com actuen.
- Quines són les malalties més freqüents del sistema nerviós.
- Les drogues, com afecten el sistema nerviós.
- Com funciona el sistema endocrí i quines en són les alteracions principals.

El consum de drogues modifica el funcionament normal del nostre cervell i provoca desequilibris mentals i trastorns greus del caràcter.

1 Coordinació: el sistema nerviós i el sistema hormonal

Coordinació: treball en equip

El funcionament d'un organisme és semblant al d'una orquestra, en la qual els instruments han de sonar compassats.

Totes les cèl·lules d'un ésser viu han de funcionar d'una manera coordinada, fent funcions diverses en moments determinats i adaptant la intensitat de la seva activitat a les necessitats puntuals de l'organisme.

En els mamífers, els encarregats de la coordinació són dos sistemes amb una funció específica i un funcionament molt diferent. El sistema **nerviós** elabora respostes als estímuls, ràpides i poc duradores. El sistema **hormonal** regula respostes molt més lentes, però més duradores.

TAULA COMPARATIVA

Característiques	Sistema nerviós	Sistema hormonal
Transmissió	Nervis	Medi intern
Velocitat de la resposta	Ràpida	Lenta
Durada de la resposta	Curta	Prolongada
Especificitat de la resposta	Molt específica	Poc específica
Funcions (exemples)	Situacions de perill i locomoció	Metabolisme i creixement

El sistema nerviós

Una de les característiques més importants dels éssers vius consisteix a percebre **sensacions** i respondre als **estímuls** tant interns com externs. Sentir-hi, veure-hi, somiar, notar l'escalfor, córrer davant d'un perill o la percepció de nosaltres mateixos són producte del funcionament del nostre **sistema nerviós**.

El sistema nerviós és molt complex. Està format per diversos tipus de cèl·lules, per les substàncies químiques que aquestes cèl·lules secreten i per altres estructures.

No obstant això, el seu funcionament bàsic és senzill. Consisteix en la percepció d'estímuls i en l'elaboració de respostes a aquests estímuls.

De les neurones als nervis

Els àxons de moltes neurones s'apleguen i formen feixos de fibres nervioses unides i embolcallades de teixit conjuntiu, que constitueixen els **nervis.** Alguns àxons, com els que formen el nervi ciàtic, poden arribar a fer un metre de llargada.

Les neurones sensorials i motrius s'agrupen per formar nervis *sensitius* i *motors*, respectivament. Els nervis cranials són *mixtos*, perquè estan formats per tots dos tipus d'àxons.

LES CÈL·LULES DEL SISTEMA NERVIÓS: LES NEURONES

Les cèl·lules més característiques i nombroses del sistema nerviós són les neurones, unes cèl·lules especialitzades a transmetre impulsos nerviosos. La seva forma característica els permet transmetre missatges ràpidament i a distància.

(1) Neurones sensorials
Transmeten l'impuls nerviós des dels receptors fins al sistema nerviós central.

(2) Neurones motrius
Condueixen l'impuls nerviós des del sistema nerviós central als músculs i a les glàndules (efectors).

(3) Interneurones
Connecten les neurones sensorials amb les neurones motrius. Es troben al sistema nerviós central.

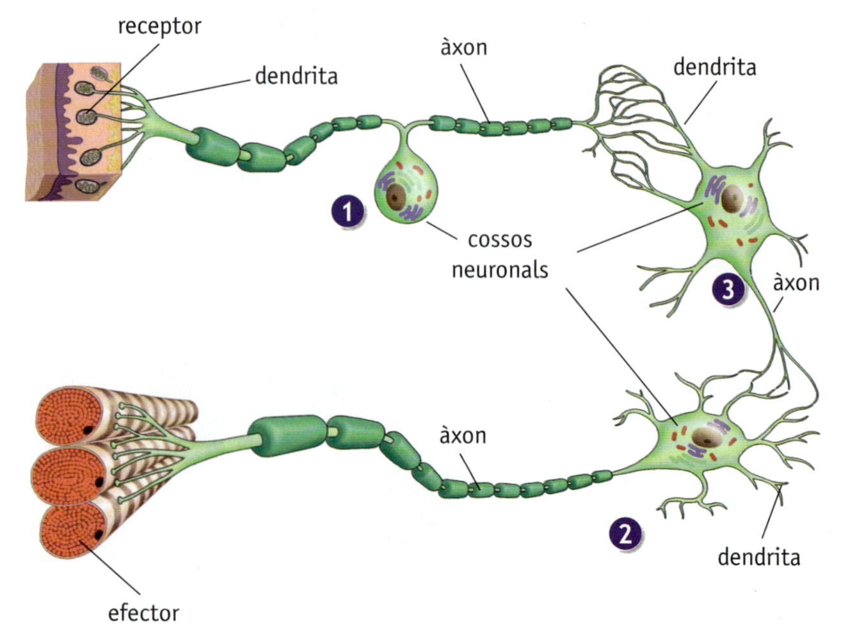

COM ES PROPAGA L'IMPULS NERVIÓS?

L'impuls nerviós només es propaga en un sentit. Entra per les dendrites, travessa el cos cel·lular i surt per l'àxon. La velocitat de propagació de l'impuls nerviós depèn de si l'àxon està envoltat o no d'unes cèl·lules especials anomenades **cèl·lules de Schwann**.

El citoplasma de les cèl·lules de Schwann és allargat i s'embolica al voltant de la membrana de l'àxon. Té una substància anomenada **mielina** que impedeix el pas de l'impuls nerviós i provoca que es propagui només per les zones entre les cèl·lules de Schwann. Aquesta mena de transmissió de l'impuls nerviós s'anomena **conducció saltatòria.**

Les neurones que tenen mielina s'anomenen neurones **mielíniques**. Els seus àxons són més gruixuts i l'impuls nerviós es propaga més de pressa gràcies a la conducció saltatòria.

Les neurones sense mielina, les **amielíniques**, condueixen l'impuls nerviós més a poc a poc.

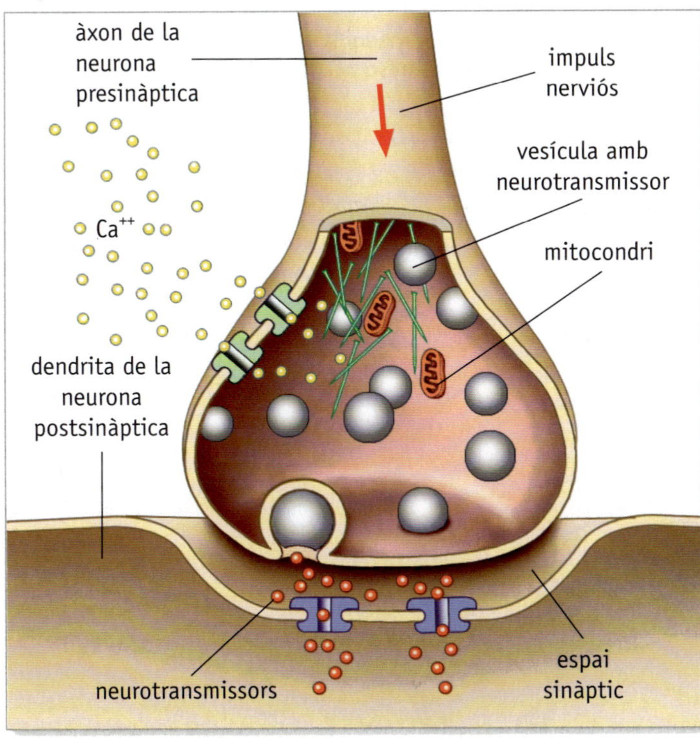

DIRECCIÓ DE TRANSMISSIÓ DE L'IMPULS NERVIÓS

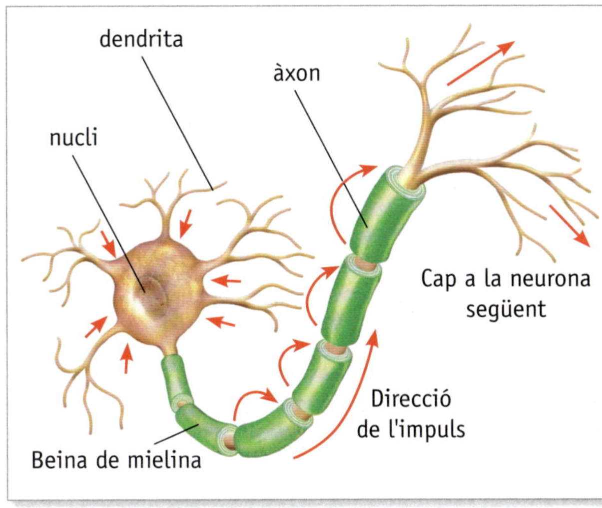

@ Amplia a la Xarxa...

Per saber més de la generació i transmissió de l'impuls nerviós, entra a: www.tiching.com/732660

Com es comuniquen les neurones?

Les neurones no formen xarxes contínues. Entre les neurones hi ha un espai microscòpic que l'impuls nerviós ha de travessar per passar a una altra. Aquest pas s'anomena **sinapsi**.

Una sinapsi consta de tres elements: la neurona **presinàptica**, que és l'**anterior** a la sinapsi, l'**espai sinàptic** i la neurona **postsinàptica**, que és la **posterior** a la sinapsi.

Perquè l'impuls nerviós travessi l'espai sinàptic calen unes substàncies químiques, secretades per la neurona presinàptica, anomenades **neurotransmissors.** Tan bon punt els neurotransmissors arriben a la membrana de la neurona postsinàptica, hi provoquen uns canvis químics que permeten que l'impuls nerviós es continuï propagant.

1. Què és la sinapsi? Entre quins elements de dues neurones consecutives s'estableix?
2. Què és un neurotransmissor? Quin efecte té en la membrana postsinàptica?
3. Quines són les funcions del sistema nerviós? Com s'anomenen les cèl·lules que transmeten els impulsos?
4. Quin efecte té la presència o l'absència de mielina en la velocitat de propagació de l'impuls nerviós?
5. Quin seria el recorregut de l'impuls nerviós en presència d'un animal perillós?
6. Quin nom reben les neurones que tenen els àxons recoberts per mielina?

2 El sistema nerviós central

El sistema nerviós està integrat pel **sistema nerviós central** i el **sistema nerviós perifèric**.

El sistema nerviós central

El **sistema nerviós central** constitueix el centre de control i coordinació nerviosa de tot l'organisme. És capaç de percebre estímuls i d'elaborar respostes. Està format per l'**encèfal**, que és on s'elaboren les respostes conscients i voluntàries, i per la **medul·la espinal**, d'on parteixen les respostes dels actes involuntaris.

L'**encèfal** està protegit pel crani i recobert per tres membranes o **meninges**, que, de dins a fora, són: la piamàter, l'aracnoide i la duramàter. Entre les dues últimes hi circula el **líquid cefaloraquidi**. L'encèfal es compon de tres regions diferenciades: **cervell**, **cerebel** i **bulb raquidi**.

La **medul·la espinal** és un cordó de teixit nerviós situat a la regió dorsal, recobert per les meninges i protegit per la columna vertebral. De la medul·la en surten els **nervis motors** i hi arriben els **nervis sensitius**.

Substància blanca, substància grisa

En el sistema nerviós central, els àxons de les neurones s'associen en feixos, d'aspecte blanquinós a causa de la mielina. Aquestes zones són el que anomenem *substància blanca*, que es localitza a l'interior de l'encèfal i a l'exterior de la medul·la espinal.

Els cossos de les neurones, que no tenen mielina, constitueixen l'anomenada *substància grisa*. Es troba a l'escorça de l'encèfal i a l'interior de la medul·la espinal.

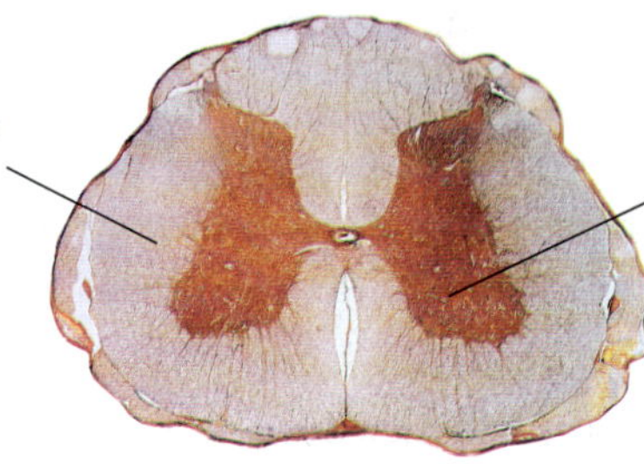

Tall transversal d'una medul·la espinal tenyida amb la substància grisa, a l'interior, i la substància blanca al voltant de la grisa.

PARTS DE L'ENCÈFAL

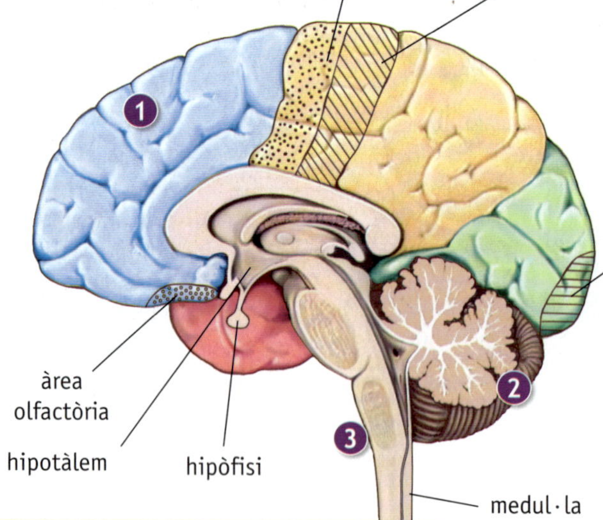

① El cervell

És la part més voluminosa de l'encèfal. Està format per dues meitats, o **hemisferis**, separats i connectats per la part inferior. Cada hemisferi controla l'activitat de la part oposada del cos i està dividit en quatre lòbuls.

Al cervell hi ha les àrees que controlen les funcions superiors, el moviment muscular i els sentits. Algunes funcions cerebrals estan localitzades en àrees concretes, mentre que d'altres es troben disperses.

② El cerebel

És sota el cervell. També està dividit en dos hemisferis, connectats per una part estreta.

Controla els moviments del cos i la posició. Al cerebel, les respostes cerebrals s'ajusten i es modifiquen de manera adient per poder dur a terme moviments suaus i precisos.

③ El bulb raquidi

És al tronc cerebral. Format per àxons de neurones i nuclis de cossos neuronals, està unit a la medul·la espinal.

Controla les funcions vitals involuntàries, com ara el ritme cardíac, el ritme respiratori, la deglució i el calibre dels vasos sanguinis. També intervé en actes reflexos de protecció, com la tos, el vòmit, l'esternut i el singlot.

LESIONS MEDULARS I CEREBRALS

Les **lesions** al **cervell** o a la **medul·la espinal** poden ser degudes a malformacions, tumors, accidents vasculars o accidents de trànsit, esportius o laborals, i a moltes altres causes.

Tipus de lesions

Els **traumatismes** a la **medul·la espinal** poden afectar només una zona o, en casos més greus, poden arribar a seccionar-la parcialment o del tot:

- En el cas de lesions parcials, a partir de la zona afectada es pot mantenir, en part, la sensibilitat i la mobilitat.
- En les lesions completes, es produeix la pèrdua de sensibilitat i una paràlisi muscular total per sota del nivell de la lesió.

Un altre tipus de lesions són els **traumatismes cranioencefàlics**, o el dany que pateix el cervell després d'haver rebut un cop. Aquestes lesions provoquen danys físics en la percepció sensorial i poden ocasionar trastorns psíquics, canvis de caràcter i impulsivitat.

L'**ictus** o **accident vascular cerebral** és una alteració brusca i greu del flux de sang que arriba al cervell.

L'ictus afecta, especialment, persones d'edat avançada. Els símptomes més habituals són la pèrdua sobtada de força a tot un costat del cos, dificultats per parlar, alteracions de la vista, inestabilitat a l'hora de caminar i d'altres.

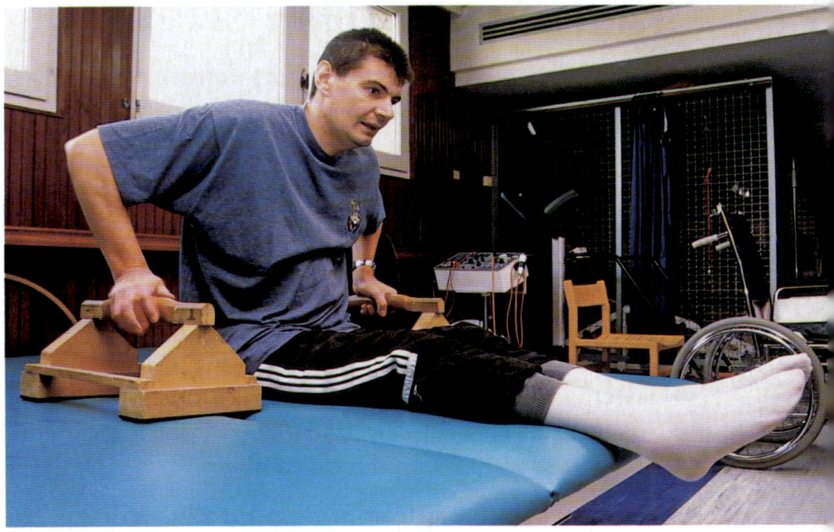

El personal mèdic especialista en lesions medul·lars ha d'indicar el tipus d'exercicis de rehabilitació més adequat per a cada pacient.

La robòtica i les cèl·lules mare obren la porta a la regeneració neuronal

La investigació en robòtica i en cèl·lules mare ha obert les portes a la neuroregeneració: regenerar les neurones per curar lesions del sistema nerviós central.

Segons un estudi de l'Organització Mundial de la Salut, les lesions neurològiques són una de les sis causes principals de malaltia originades per accidents cerebrovasculars i pels trastorns neurodegeneratius. La capacitat limitada del sistema nerviós central per a l'autoreparació, després d'una lesió, és la causa principal de la cronicitat en totes aquestes afeccions.

Durant els anys noranta i la primera dècada d'aquest segle, es parlava de la irreversibilitat d'aquesta mena de lesions; però, actualment, la neuroregeneració –la creació o la reparació de les neurones– obre la porta a l'esperança.

Els descobriments científics dels últims anys han elevat tant les expectatives que la pregunta ja no és si serà o no serà possible, sinó quan estaran disponibles i com es restabliran les funcionalitats perdudes després d'una lesió neurològica.

www.larazon.es, 22 d'octubre del 2013 (traducció i adaptació).

@ Amplia a la Xarxa...

Per saber més de les lesions medulars, entra a: www.tiching.com/732663

1. Relaciona l'estructura de les neurones amb la distribució de la substància blanca i la substància grisa a la medul·la espinal.
2. Esmenta algun nervi que surti de la medul·la o que hi arribi. Esbrina quina funció fa.
3. Un motorista que té un accident es fa mal a la medul·la, de manera incompleta, a la regió dorsal. A quines zones del cos tindrà pèrdua de sensibilitat?
4. Per què la part externa de la medul·la s'anomena *substància blanca?* axons de la neurona i com els rodeja la mielina de un color blanquinós

3 El sistema nerviós perifèric

El sistema nerviós perifèric

El **sistema nerviós perifèric** està format pels **nervis**, tant els sensitius com els motors.

Segons el lloc de procedència, els nervis són: **cranials**, els que provenen de l'encèfal, com els nervis òptic, acústic o facial; o **raquidis**, els que provenen de la medul·la, com el nervi ciàtic.

Segons la funció, el sistema nerviós perifèric es divideix en:

- Sistema nerviós **somàtic**. Innerva (hi porta els impulsos) els músculs esquelètics i s'ocupa dels moviments voluntaris, com ara l'acció de caminar.
- Sistema nerviós **autònom** o **vegetatiu**. S'ocupa de l'activitat involuntària dels òrgans interns, com ara els moviments de l'intestí, del cor i de l'aparell respiratori.

El sistema nerviós autònom està integrat pel sistema nerviós **simpàtic**, que activa els òrgans; el **parasimpàtic**, que els relaxa, i el sistema **entèric**, que controla el tracte digestiu.

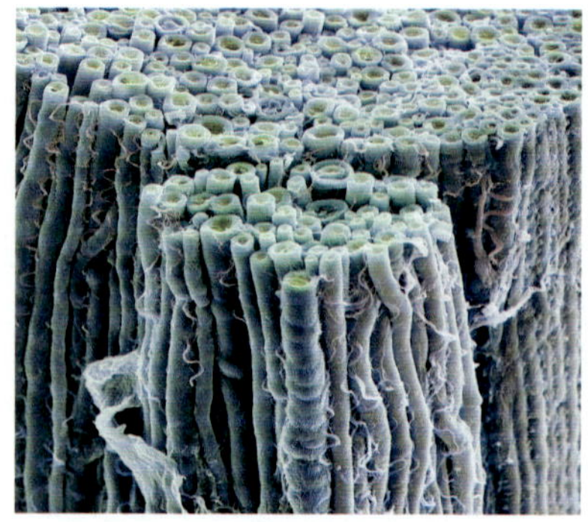

Nervi format per un gran nombre d'àxons, vistos amb un microscopi electrònic de rastreig.

@ Amplia a la Xarxa...

Per saber més del sistema nerviós autònom, una part de l'escorça cerebral, entra a: www.tiching.com/732664

NO ENTRA AL EXAMEN

Jerarquització del sistema nerviós

El nostre sistema nerviós és una estructura **complexa** i **jeràrquica** organitzada en nivells diferents. Hi ha petits circuits de neurones que fan una funció concreta, com ara un acte reflex.

Per controlar tota la quantitat inimaginable de circuits neuronals del nostre cos, hi ha altres neurones que els regulen i que, al seu torn, són regulades per altres neurones d'un nivell superior. El nivell de rang jeràrquic superior l'integren estructures com l'**escorça cerebral**.

Això explica, per exemple, que els moviments respiratoris de la caixa toràcica, que normalment es produeixen de manera automàtica i estan controlats pel bulb raquidi, puguin ser aturats per una ordre directa de l'escorça cerebral.

D'aquesta manera podem deixar de respirar durant una estona mentre nedem o en altres circumstàncies semblants, però no fins al punt que el resultat pugui ser fatal.

EL SISTEMA NERVIÓS CENTRAL I EL PERIFÈRIC

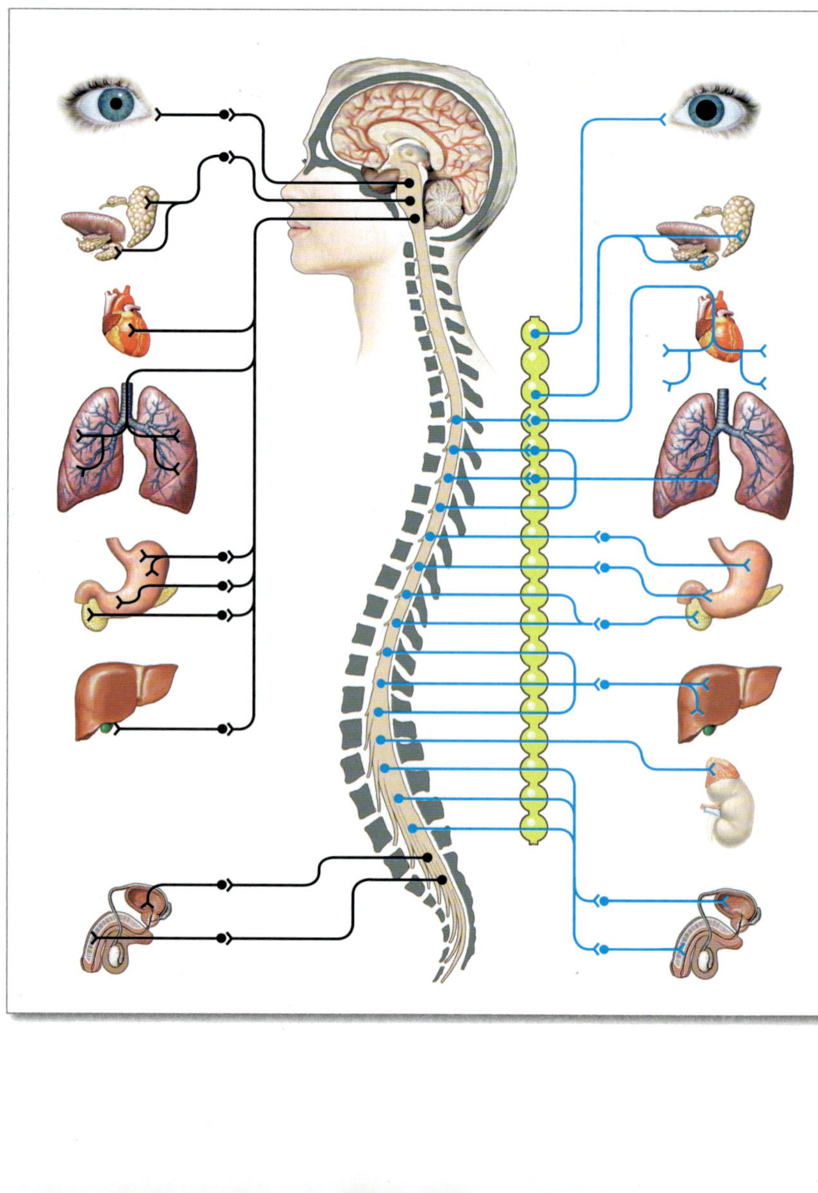

TIPUS DE RESPOSTES: ACTE INVOLUNTARI, ACTE VOLUNTARI

L'acte involuntari

La manera més ràpida de respondre a un estímul és una resposta reflexa o **involuntària**, que no requereix la percepció conscient de l'estímul. Això s'anomena **acte reflex**.

Aquestes respostes s'elaboren a la medul·la i recorren el camí més curt del receptor a l'efector.

La cadena de neurones que intervenen en aquesta acció està formada per la neurona sensorial que porta l'impuls des del receptor fins a la medul·la espinal, la interneurona i la neurona motriu encarregada de dur la resposta de la medul·la a l'efector.

La cadena de neurones constitueix el que s'anomena **arc reflex**.

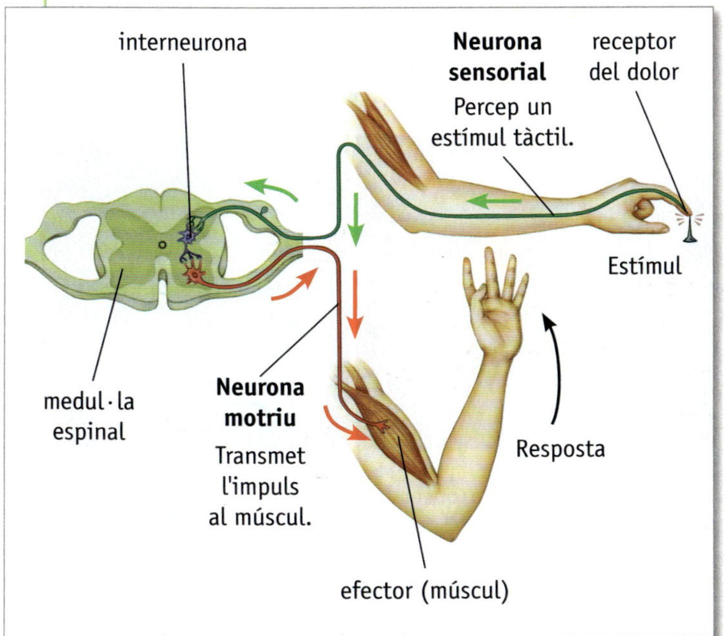

L'acte reflex és una resposta automàtica a un estímul, produïda per la medul·la espinal. Els elements que la integren formen l'arc reflex.

L'acte voluntari

En els actes voluntaris, l'ordre procedeix del cervell i, a través dels nervis cranials o medul·lars, arriba als efectors.

Les neurones efectores que hi participen formen els nervis que surten de l'encèfal. A vegades, la resposta passa de l'encèfal a la medul·la i de la medul·la als efectors.

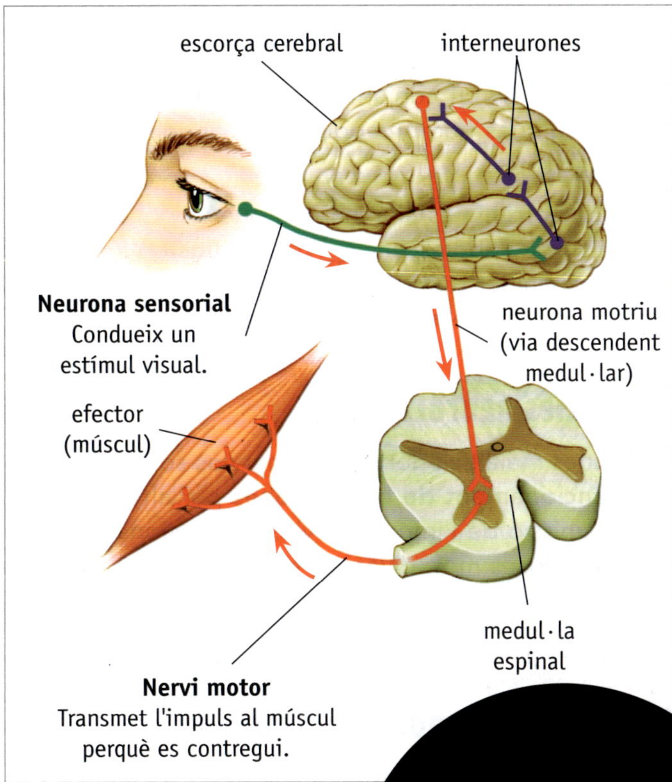

En molts actes nerviosos, com el de tocar el piano, hi intervé l'escorça cerebral. És un acte voluntari. La resposta viatja de l'encèfal a l'efector a través de la medul·la espinal.

1. [illegible] neurones i de quin tipus són les que intervenen en l'acte reflex d'enretirar la mà d'un objecte punxant? *(NEURONA SENSITIVA, INTERNEURONES, NEURONA MOTORA)*
2. On es localitzen les interneurones? Per què serveixen? *(Al cervell, per analitzar la informació sensorial)*
3. Quins avantatges tenen les respostes reflexes respecte a les voluntàries? Quines són més útils en situació de perill?
4. En què es diferencien un acte reflex i un arc reflex. A quina part del sistema nerviós es genera un acte reflex?
5. Ordena els elements d'un arc reflex: efector, neurona sensorial, neurona motriu, receptor, interneurona.
6. L'esternut és un acte voluntari o un acte reflex? Raona la resposta.
7. Quin dels sistemes nerviosos perifèrics controla el gest de tancar els ulls davant d'un objecte que s'acosta inesperadament?

5 El sistema nerviós i les drogues

Les drogues són substàncies químiques, d'origen divers, que actuen sobre el sistema nerviós. El cervell és la zona més sensible a l'efecte de les drogues.

Se n'han consumit en diferents civilitzacions per modificar l'estat d'ànim. En medicina, les drogues tenen moltes aplicacions, sobretot en psiquiatria i en el tractament de processos molt dolorosos, perquè inhibeixen la funció dels receptors del dolor.

Tot i això, el consum de drogues planteja problemes seriosos. Milions de persones han mort a conseqüència de les drogues, i moltes més han destruït la seva vida i la de les persones que els envolten.

A COM ACTUEN LES DROGUES

Les drogues actuen sobre el sistema límbic, una zona cerebral responsable del control de la vida instintiva i emocional. Les primeres dosis de droga provoquen una sensació artificial de plaer, un estímul que el cervell no està preparat per rebre. El consum repetit afecta el funcionament del sistema límbic, on comença el procés d'addicció.

Les conseqüències dels efectes també repercuteixen en l'escorça cerebral o *còrtex*, responsable del control de la conducta i de la vida racional.

L'activitat del còrtex baixa de manera progressiva durant el consum repetit de drogues, fins al punt que es produeix una pèrdua del control racional que aquesta estructura exerceix sobre la conducta de les persones.

@ Amplia a la Xarxa...

Per saber més de les drogues, entra a: www.tiching.com/732666

Durant l'adolescència és molt important triar bé els amics i saber dir que no a les temptacions que ens ofereixin.

B TIPUS DE DEPENDÈNCIA

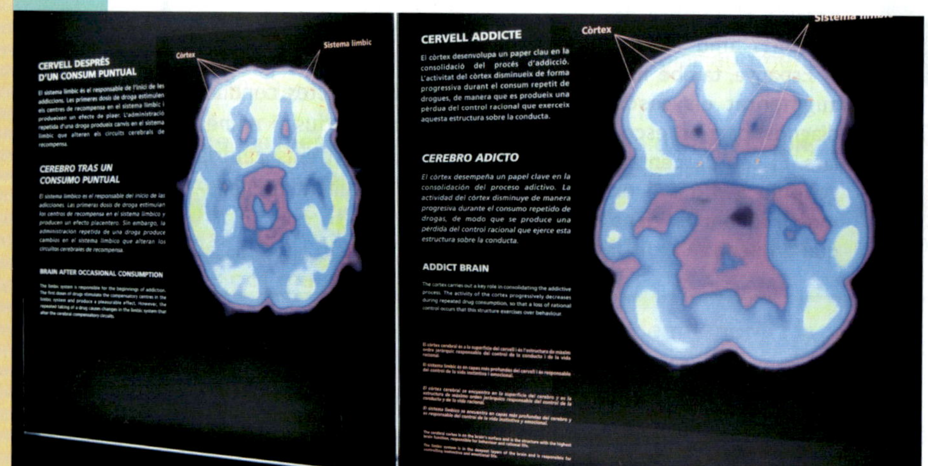

En un cervell amb addicció, la dopamina (substància química relacionada amb el plaer) disminueix de manera substancial.

Es considera que una persona és **addicta** quan té dependència **física**, a més de **psíquica**, que és l'estat o la situació en la qual algú necessita drogues per viure amb normalitat o per sentir-se més feliç.

La dependència **física** es produeix quan l'organisme s'habitua a la presència constant d'una substància i necessita mantenir-ne un cert nivell per poder funcionar amb normalitat. Quan el nivell de la substància baixa per sota d'un límit determinat, es produeix la síndrome d'abstinència.

La dependència **psíquica** és la necessitat de consumir una droga per mantenir un estat afectiu agradable o per desfer-se d'un estat desagradable. Costa més de superar que la física.

C LES DROGUES LEGALS TAMBÉ PERJUDIQUEN

Hi ha substàncies d'ús comú, la venda de les quals no està penalitzada, que també són drogues.

LA CAFEÏNA

La **cafeïna** es troba en el cafè, el te, el cacau i les begudes amb cola.

Algunes medecines, com les pastilles per aprimar-se o per combatre el refredat, també contenen cafeïna.

La cafeïna té una acció estimulant, fa augmentar el ritme cardíac i impedeix la somnolència. El seu ús continuat també produeix dependència.

EL TABAC

El **tabac** conté nicotina, que accelera el ritme cardíac, eleva la pressió arterial i provoca dependència. També provoca arteriosclerosi perquè causa lesions a les parets dels vasos sanguinis i molts accidents cardíacs. Els altres components del tabac, com el quitrà, provoquen càncer de pulmó, de boca i de bufeta, entre d'altres.

Els gasos que es desprenen en fumar causen alteracions en les persones properes al fumador (fumadors passius), que poden arribar a patir les mateixes malalties.

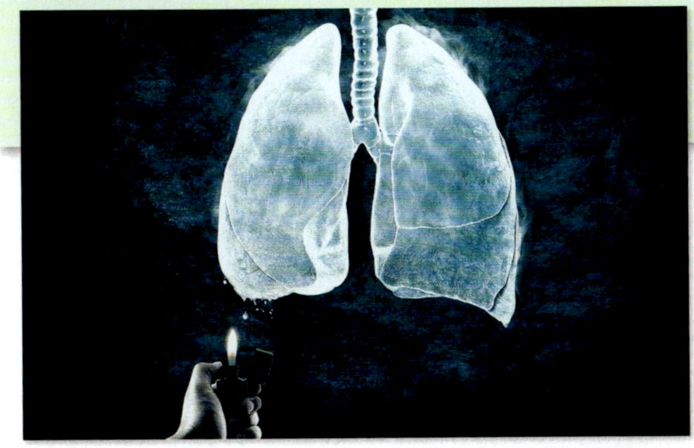

L'efecte de la cafeïna

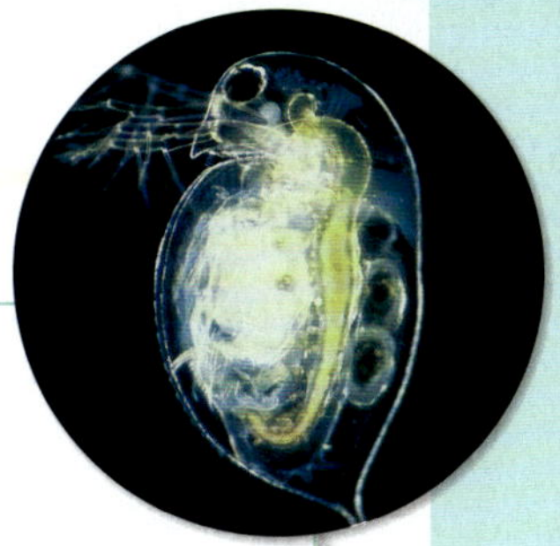

La **dàfnia** és un crustaci aquàtic molt petit en el qual és molt fàcil observar el batec cardíac amb l'ajuda d'un microscopi.

La taula de dades mostra l'efecte de diverses quantitats de cafeïna sobre el batec cardíac de la dàfnia.

EFECTE DE LA CAFEÏNA SOBRE LA DÀFNIA

Gotes de cafeïna a l'aigua	Batecs/minut
0	40
2	56
3	70
4	78

1. Representa les dades en un gràfic.
2. Quin és l'efecte de la cafeïna sobre el batec cardíac de la dàfnia? Pot ser igual en els humans?

L'ALCOHOL

Beure **alcohol** sense moderació produeix danys greus en molts òrgans:

- Malalties del sistema digestiu com gastritis, úlcera, cirrosi hepàtica i alguns tipus de càncer.
- Obesitat, a causa de les calories que aporta. També causa desnutrició per la mala alimentació que sovint acompanya l'alcoholisme.
- Lesions en el sistema nerviós, amb deteriorament intel·lectual, pèrdua de memòria i dependència.
- Trastorns en l'aparell reproductor, com ara impotència i esterilitat.

Durant l'embaràs, l'alcohol pot provocar un creixement fetal deficient i lesions al cor i al cervell. També és la causa de molts accidents de trànsit i laborals, de violència domèstica, de conductes antisocials i de criminalitat.

3. Quan es considera que una persona és addicta a les drogues?
4. Explica la diferència entre dependència física i dependència psíquica. Quina et sembla que pot ser més nociva en l'adolescència, que és una edat molt influenciable?
5. Cerca a Internet quines d'aquestes drogues són estimulants i quines són depressores del sistema nerviós: cafeïna, nicotina, amfetamina, cocaïna, heroïna i morfina.
6. Busca informació sobre el grau d'alcohol d'aquestes begudes: vi, ginebra, cervesa, rom, conyac i whisky.

6 El sistema endocrí

Com és el sistema endocrí

El **sistema endocrí** o **hormonal** està constituït per cèl·lules que secreten substàncies directament a la sang. Quan aquestes cèl·lules queden agrupades, formen les **glàndules endocrines**.

Les substàncies secretades s'anomenen **hormones**. Es distribueixen per tot l'organisme, però només actuen sobre determinades cèl·lules que les reconeixen, anomenades **cèl·lules diana**. La funció d'una hormona depèn del teixit o de l'òrgan sobre el qual actua, de manera que una mateixa substància pot tenir efectes diferents.

En la pubertat i en l'adolescència es produeixen canvis físics provocats per la presència de les hormones sexuals.

Funcionament del sistema endocrí

El funcionament del sistema endocrí depèn, en gran manera, del sistema nerviós. L'**hipotàlem**, la zona del cervell connectada a la glàndula **hipòfisi**, controla l'activitat hormonal de l'organisme i actua com a enllaç entre el sistema nerviós i l'hormonal.

L'hipotàlem rep informació d'altres zones del cervell i detecta el nivell d'hormones a la sang. Com a resposta a aquests estímuls, les cèl·lules anomenades **neurosecretores** de l'hipotàlem secreten hormones, que actuen sobre la glàndula hipòfisi. Aquesta glàndula, al seu torn, secreta hormones que controlen directament l'activitat d'altres glàndules. Aquesta interacció és la que es produeix, entre molts altres casos, en la secreció de llet materna.

També està acceptat que el sistema endocrí actua com a regulador de les funcions cerebrals, com ara la set, la son, la ingestió d'aliments o les actituds agressives.

@ Amplia a la Xarxa...

Per saber més del funcionament del sistema endocrí, entra a: www.tiching.com/732667

Regulació de la secreció mamària

Un exemple de la interacció entre l'hipotàlem i la hipòfisi és la regulació de la secreció de llet efectuada per la glàndula mamària.

Els nervis sensitius de la mamella s'estimulen amb la succió del nadó i transmeten la sensació, a través de la medul·la espinal, a l'hipotàlem.

Les cèl·lules neurosecretores de l'hipotàlem secreten l'hormona oxitocina, que arriba a la hipòfisi, on s'acumula. Des de la hipòfisi, a través de la sang, arriba a la glàndula mamària i l'estimula perquè secreti prolactina, que activa la secreció de llet. Aquest mecanisme de *feed-back* s'anomena **retroalimentació positiva**.

Si la succió queda interrompuda, cessen els estímuls a l'hipotàlem, que deixa de secretar oxitocina i, en conseqüència, també s'interromp l'estimulació de la hipòfisi i la mamella no secreta més llet. Aquest mecanisme s'anomena **retroalimentació negativa**.

ALLIBERAMENT D'OXITOCINA

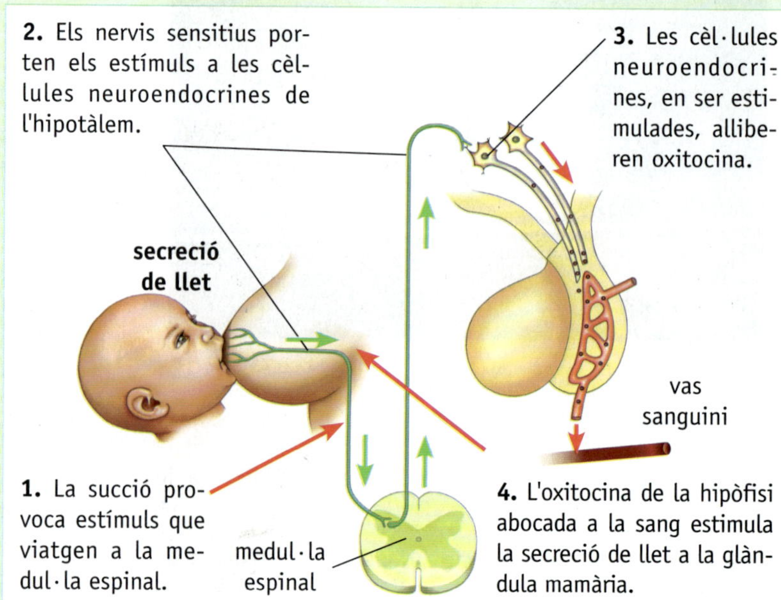

GLÀNDULES I HORMONES PRINCIPALS

① La hipòfisi

Produeix un gran nombre d'hormones que activen el creixement i molts altres processos metabòlics.

Controla el sistema endocrí i actua sobre el creixement, la maduració de les gònades i la concentració de l'orina, per mitjà d'hormones que actuen sobre altres glàndules.

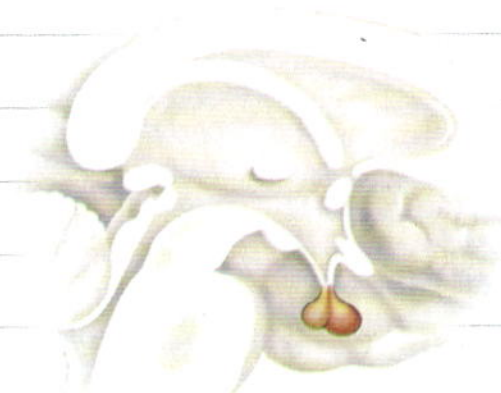

② La tiroide

Produeix dues hormones.

La **tiroxina**, que regula els processos metabòlics.

La **calcitonina**, que regula la concentració de sals minerals a la sang.

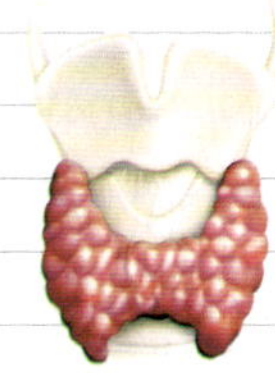

③ El pàncrees

Produeix **insulina** i **glucagó**, que regulen la concentració de glucosa a la sang.

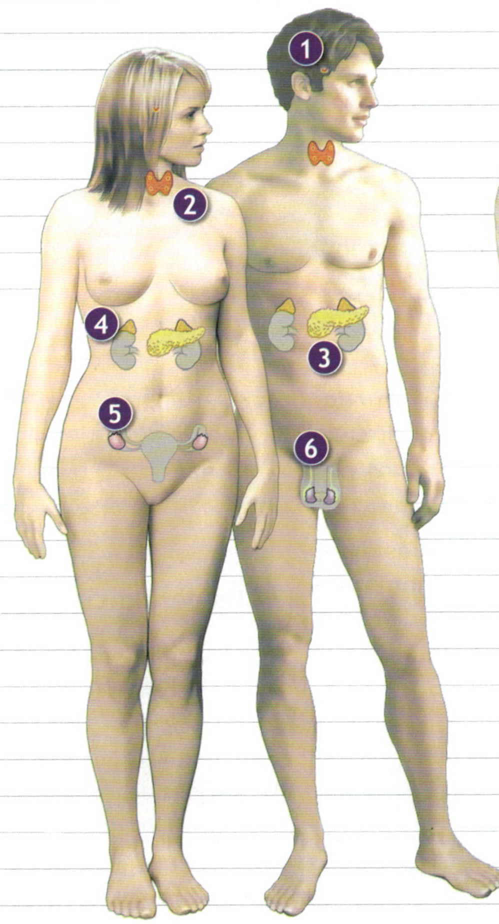

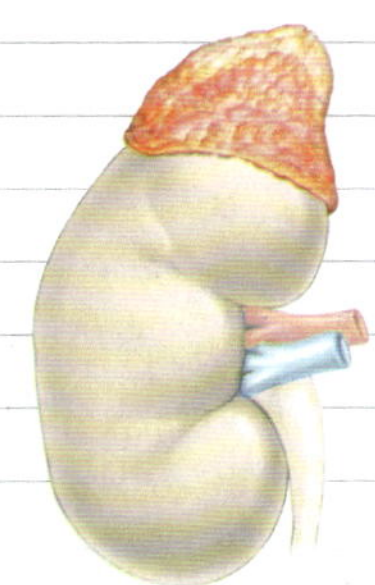

④ Les càpsules suprarenals

Els **corticoides** produïts per l'escorça acceleren el metabolisme i ajuden a mantenir la concentració de sals a la sang.

L'**adrenalina** i la **noradrenalina** produïdes per la medul·la suprarenal ajuden a controlar la resposta a l'estrès.

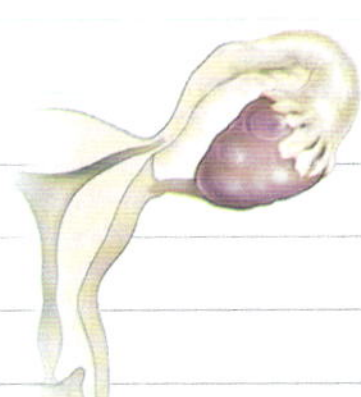

⑤ Els ovaris

Produeixen **estrògens** que regulen el desenvolupament dels caràcters sexuals secundaris femenins i el cicle menstrual.

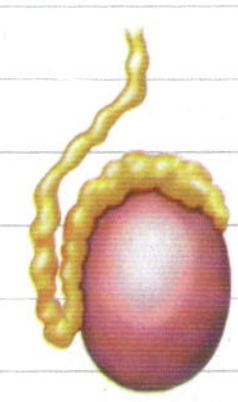

⑥ Els testicles

Produeixen **testosterona**, que regula el desenvolupament dels caràcters sexuals secundaris masculins.

1. Quina diferència hi ha entre el sistema endocrí dels homes i de les dones?
2. Les alteracions del cicle menstrual poden ser causades per trastorns hormonals. Quines glàndules i hormones hi estan implicades?
3. En què difereixen les maneres d'actuar d'un missatge nerviós i d'un d'hormonal?
4. Quin és el vehicle pel qual es transporten les hormones?
5. Què són les cèl·lules diana?
6. Indica amb quina zona del cervell està relacionada la glàndula hipòfisi i quina relació s'estableix entre aquesta glàndula i les altres.
7. Quines hormones alliberen les càpsules suprarenals? Quins efectes tenen?
8. Quin és l'efecte del glucagó i de la insulina? Busca informació sobre la manera com actuen aquestes hormones i explica per què s'afirma que tenen efectes antagònics.
9. Què és el que anomenem cèl·lules neurosecretores?

7 Funcions i alteracions del sistema hormonal

Funcions del sistema hormonal

Les funcions de **coordinació** i **regulació** que exerceix el sistema hormonal es poden resumir en quatre:

- Manté l'**homeòstasi** (l'equilibri del medi intern). Regula la concentració de moltes substàncies als fluids orgànics, com la de l'aigua, sals i glucosa a la sang, el pH i d'altres.
- Juntament amb el sistema nerviós, ajuda l'organisme a mantenir el nivell d'estrès.
- Controla el creixement i el desenvolupament.
- Controla el desenvolupament sexual i la reproducció.

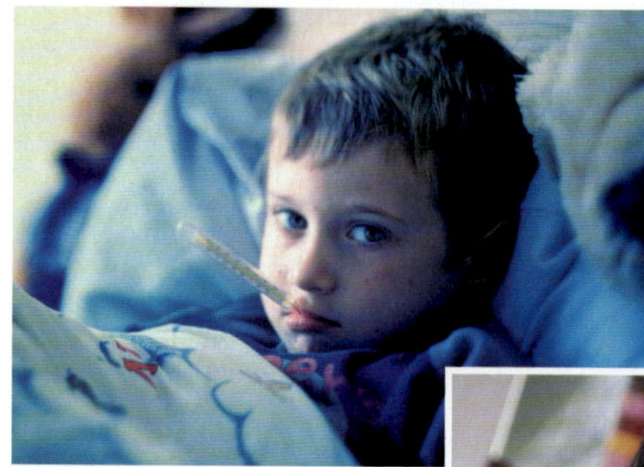

L'augment de la temperatura corporal, en cas de malaltia, està controlat per l'hipotàlem.

Les persones diabètiques han de controlar el nivell de glucosa a la sang.

Alteracions hormonals

Quan una alteració o una malaltia afecta el sistema endocrí, el nivell d'hormones a la sang s'altera. A més, els nivells de les diverses hormones sovint són interdependents.

Les alteracions principals són conseqüència d'un augment d'hormones excessiu, a causa de la hiperfunció de la glàndula; o d'una disminució d'hormones, a causa de la hipofunció.

En cas d'hiperfunció d'una glàndula, les cèl·lules diana estan sobreexcitades a causa de l'augment d'hormones a la sang. Quan hi ha hipofunció, les cèl·lules diana no s'activen i deixen de fer la seva funció.

Aquestes alteracions tenen com a resultat la pèrdua de l'homeòstasi i les conseqüents alteracions metabòliques acompanyades de símptomes clínics. Amb una molècula hormonal n'hi pot haver prou per alterar tot el metabolisme cel·lular, fet que provoca una greu anomalia en la quantitat d'enzims produïts i de les reaccions que controlen.

MALALTIES HORMONALS

Hormona	Malaltia
Hormona del creixement	Gegantisme (excés), nanisme (defecte)
Tiroxina	Goll (defecte), cretinisme, mixedema (defecte)
Insulina	Diabetis sacarina (defecte)
Hormona antidiürètica	Diabetis insípida (defecte)
Hormona de l'escorça suprarenal	Malaltia d'Addison, disminueix la resposta a l'estrès (defecte)
Hormones sexuals	Esterilitat i retard en l'aparició dels caràcters sexuals secundaris (defecte)

Ús perjudicial de les hormones

Algunes hormones són utilitzades pels esportistes amb la finalitat d'augmentar el seu rendiment o guanyar les competicions.

Entre les hormones que es poden fer servir destaquen l'hormona del creixement (GH), ara menys usada, i l'eritropoetina, coneguda també amb l'acrònim EPO.

L'EPO es produeix als ronyons i permet mantenir la concentració de glòbuls vermells. La sang que arriba al ronyó conté un nombre molt baix de glòbuls vermells, per la qual cosa aquest òrgan allibera EPO a la sang, que quan arriba a la medul·la òssia fa augmentar la producció de glòbuls vermells.

Alguns esportistes de resistència recorren a aquesta substància per augmentar la quantitat de glòbuls vermells i, en conseqüència, la capacitat de transport d'oxigen a la sang.

La utilització de l'EPO i de qualsevol substància dopant comporta un risc elevat per a la salut de l'esportista i constitueix un frau esportiu.

1. Què s'obté augmentant la capacitat de transport d'oxigen a la sang?
2. En quins esports s'han conegut més casos d'aquest tipus de dopatge?

EL CONTROL DE L'ESTRÈS

Algunes situacions de la vida quotidiana, com ara un examen important, una trobada inesperada o el fet de parlar en públic, poden alterar el nostre organisme. Pot passar que el cor ens bategui més de pressa, que comencem a suar o que se'ns humitegin els palmells de les mans. Són les reaccions de l'organisme a una situació d'estrès.

L'estrès està regulat per les glàndules suprarenals, que preparen l'organisme davant una situació de por o d'emergencia.

Una descàrrega d'adrenalina

Les glàndules suprarenals, anomenades d'aquesta manera pel seu emplaçament sobre els ronyons, tenen dues zones diferenciades, una regió externa i una altra d'interna.

En la porció interna s'hi secreten dues hormones: l'epinefrina, també anomenada *adrenalina*, i la norepinefrina. Aquestes hormones acceleren el ritme cardíac i pulmonar, i fan augmentar la pressió sanguínia, l'eficàcia de la contracció muscular, el nivell de glucosa a la sang i l'intercanvi gasós als pulmons.

Tots aquestes canvis de l'organisme són adaptacions que prepararan l'organisme per enfrontar-se amb més possibilitats d'èxit a situacions que li provoquen estrès.

Les situacions de perill provoquen l'increment de la producció d'adrenalina.

@ Amplia a la Xarxa...

Per saber més de l'estrès, entra a: www.tiching.com/732668

L'estrès *beneficiós*

En general, associem l'estrès a una sensació irritant que ens produeix angoixa i malestar, i que pot arribar a ser molt perjudicial. Malgrat això, una petita dosi d'estrès ens permet estar més alerta i respondre més bé als estímuls.

Investigadors de la Universitat de Califòrnia han demostrat que l'estrès de curta durada, no crònic, prepara el cervell per millorar el seu rendiment, la qual cosa es tradueix en un augment del rendiment cognitiu o aprenentatge, i en una millora de la conducta. En estudis amb rates, s'ha comprovat que les situacions estressants breus provoquen la multiplicació de cèl·lules mare cerebrals que originen noves cèl·lules nervioses, que són finalment les responsables de l'augment del rendiment mental.

Aquests descobriments reforcen la idea que les hormones de l'estrès són beneficioses en certs aspectes i contribueixen a l'adaptació.

SISTEMA DE RESPOSTA A L'ESTRÈS

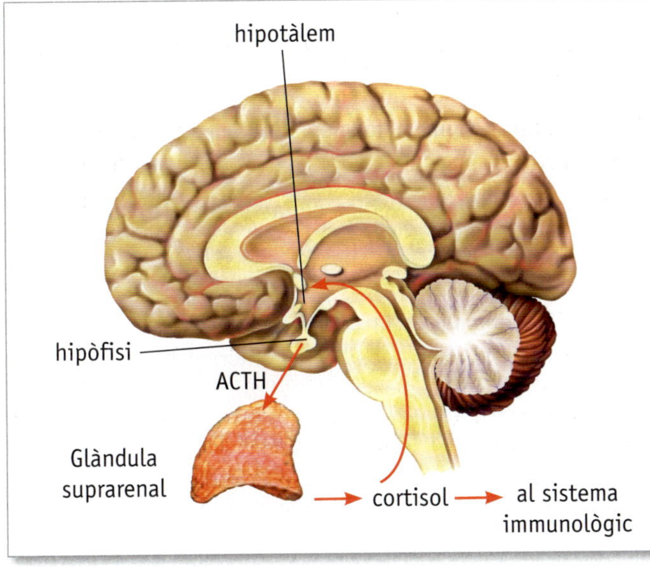

3. Indica dos exemples de control de l'homeòstasi que tinguin lloc en el nostre organisme.
4. On s'aboquen les hormones? Quin creus que en pot ser el motiu?
5. Quines reaccions es produeixen al cos quan la temperatura és inferior a l'adequada?
6. Quina hormona està relacionada amb l'aparició de la diabetis sacarina?
7. Quin tractament requereixen les persones amb diabetis sacarina?
8. Quins factors poden influir en l'aparició de malalties hormonals?
9. Què passaria a les cèl·lules del nostre cos si el sistema hormonal no mantingués l'homeòstasi?
10. Quins hàbits de vida poc saludables poden influir en l'aparició d'una malaltia hormonal?

APRÈN A... MESURAR EL TEMPS DE REACCIÓ

S'anomena *temps de reacció* el que tarda un impuls nerviós a viatjar al llarg de les vies nervioses, des d'un receptor fins a un efector.

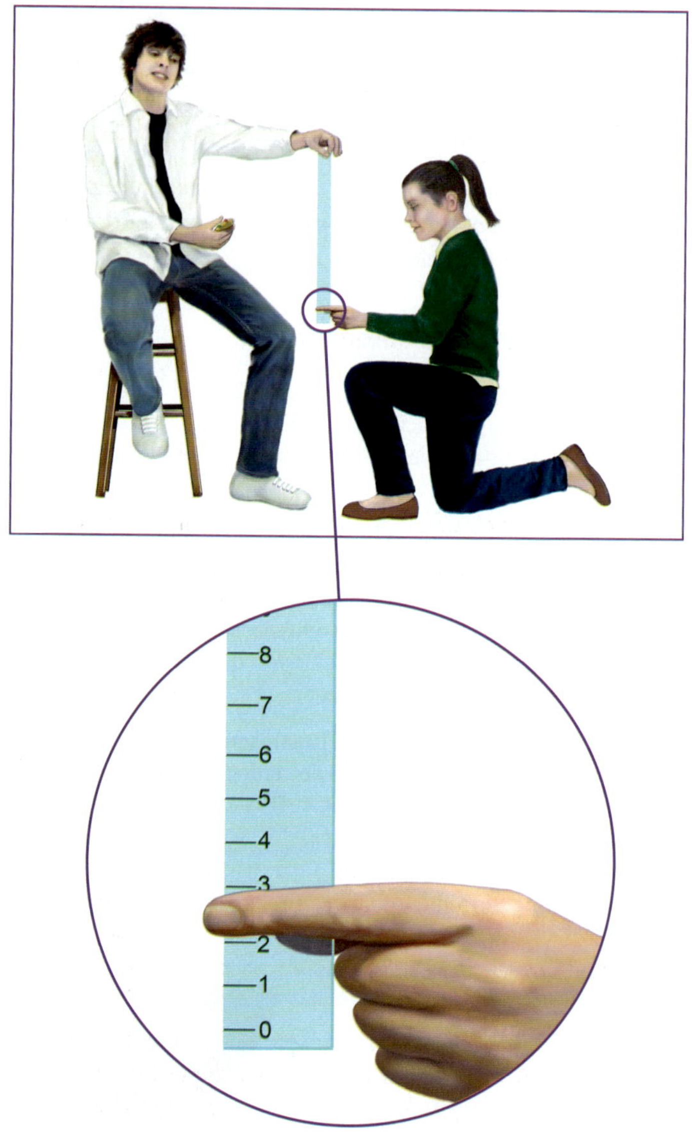

1. Objectiu

Amb aquesta experiència podràs comprovar la velocitat de resposta a un estímul. L'objectiu de l'experiment és esbrinar la rapidesa amb què pots atrapar un regle que aguanta un company o una companya.

2. Hipòtesi

Formula una hipòtesi sobre la velocitat amb què pots fer aquest exercici, tenint-hi en compte tant la mà dreta com l'esquerra.

3. Material

Un regle graduat llarg i un cronòmetre.

4. Procediment

- Fes que el company o la companya aguanti, en posició vertical (penjant), un regle graduat agafant-lo per l'extrem amb la numeració més alta. A l'altra mà, hi ha de tenir un cronòmetre.
- Posa els dits índex i polze de la mà dreta a banda i banda de l'altre extrem del regle, sense arribar a tocar-lo, al nivell del zero.
- Quan el company o la companya deixi anar el regle, al mateix temps que engega el cronòmetre, agafa'l al vol amb els dits.
- Copia una taula com la d'aquesta pàgina al quadern i anota-hi el nombre de l'escala del regle per on l'has agafat i, a l'altra columna, el temps que hi has tardat.
- Repeteix l'experiència quatre o cinc vegades més, i anota'n els resultats.
- Repeteix l'experiència, però ara agafant el regle amb la mà esquerra.

	MÀ DRETA		MÀ ESQUERRA	
	distància en cm a la qual s'agafa el regle	temps en segons	distància en cm a la qual s'agafa el regle	temps en segons
1	...	...	...	...
2	...	...	...	...
3	...	...	...	...
4	...	...	...	...
5	...	...	...	...
Mitjana	...	...	...	...

5. Anàlisi i conclusions

- Què passa a mesura que repeteixes l'experiència?
- Amb quina mà fas l'exercici més de pressa?
- S'ha confirmat la teva hipòtesi amb les dades obtingudes? Coincideixen les teves dades amb les dels altres?
- Quina experiència hauries de fer per descobrir la influència d'altres factors com ara el sexe, l'edat, etc., sobre la velocitat de reacció?

1 Identifica preguntes científiques. Frenologia

Cap a l'any 1800, el neuroanatomista alemany Franz Joseph Gall va desenvolupar la frenologia, l'estudi de la forma del crani per determinar els trets del caràcter i de la personalitat. Avui la frenologia es considera una pseudociència: no disposem de dades que permetin corroborar-la. Però en la seva època va fer una aportació valuosa: la idea que la ment és al cervell.

Segons aquesta idea, ens podríem fer moltes preguntes. Identifica quines de les següents podrien ser objecte d'estudis científics i quines no. Argumenta la resposta en cada cas:

1. La grandària del cervell es correspon amb la intel·ligència de l'individu?
2. Les persones amb un crani més ample són més felices?
3. Té res a veure la forma del crani amb la del cervell?
4. Seria acceptable seleccionar els aspirants a un lloc de treball segons la forma del crani?

2 Dissenya un experiment. Desenvolupament cerebral

Santiago Ramón y Cajal (1852-1934) va ser el primer científic a demostrar la individualitat cel·lular de la neurona i va proposar que es comuniquen mitjançant sinapsi.

Santiago Ramón y Cajal.

El 1894 Cajal va enunciar una hipòtesi: "L'exercici mental facilita un desenvolupament superior de les estructures nervioses en les parts del cervell que es fan servir. Així, la multiplicació de les terminacions nervioses podria reforçar les connexions preexistents entre grups de cèl·lules. El desenvolupament més gran d'unes àrees de l'encèfal es relaciona amb la forma de vida i l'activitat de les espècies d'animals per sobreviure.

a) Dissenya un experiment que demostri la hipòtesi que la forma de vida i l'activitat determinen el desenvolupament cerebral.

3 Pensa i respon. Nivell de sucre a la sang

Per funcionar correctament, el nostre cos ha de tenir una quantitat de sucre constant a la sang. La insulina i el glucagó són dues hormones amb efectes antagònics (contraris) en la regulació de la glucèmia (la quantitat de sucre lliure a la sang).

La insulina s'allibera a la sang quan augmenta la glucèmia. S'encarrega que el sucre sigui recollit per les cèl·lules i d'aquesta manera s'evita un excés de sucre a la sang.

El glucagó, per contra, s'allibera a la sang quan la glucèmia és molt baixa. La seva funció és aconseguir que les cèl·lules del cos alliberin sucre a la sang perquè estigui disponible per al bon funcionament del cos. Això fa que, en situacions normals, la insulina augmenti amb el sucre, i que el glucagó augmenti quan el sucre baixa.

Les persones diabètiques tenen nivells baixos d'insulina, o la insulina té poc efecte en la glucèmia, per la qual cosa el nivell de sucre es manté alt durant més temps.

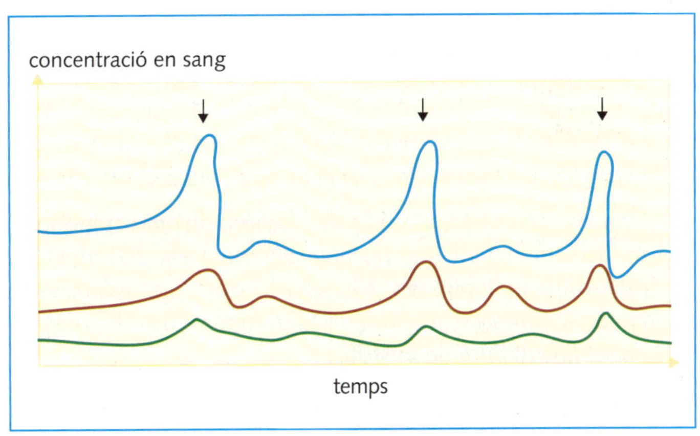

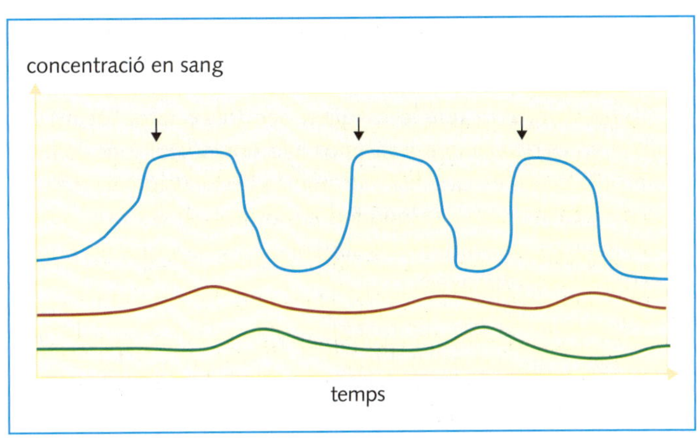

a) Als gràfics següents, a quin concepte correspon cada línia (insulina, glucagó, glucèmia)?

b) Quin gràfic correspon a una persona sana i quin a una de diabètica?

c) Identifica els moments del dia a què corresponen les fletxes. Argumenta les respostes.

4 Analitza un gràfic. Quantitat d'alcohol a la sang

El gràfic mostra la concentració d'alcohol a la sang en relació amb el tipus i la quantitat de begudes.

a) Sabent que un conductor novell no pot depassar els 0,3 g/L d'alcohol a la sang (0,15 mg/L en l'aire expirat), quantes cerveses pot prendre per poder conduir sense que el sancionin? Quantes en podria prendre un conductor del mateix pes, però que tingui el carnet de ja fa alguns anys i, per tant, amb un límit de 0,5 g/L d'alcohol a la sang?

b) Un conductor novell beu tres cerveses i un whisky; creus que actuarà correctament si, malgrat això, decideix portar el cotxe?

c) Esbrina quins són els efectes perjudicials de l'alcohol sobre el sistema nerviós.

d) Quina quantitat d'alcohol és necessària perquè una persona adulta tingui un grau d'embriaguesa notable i superi tres vegades el màxim nivell d'alcohol a la sang permès per conduir?

CONCENTRACIÓ D'ALCOHOL A LA SANG

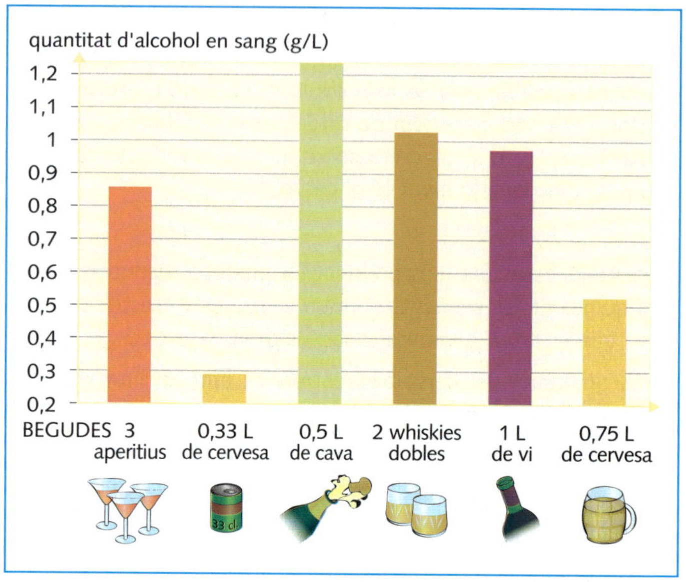

5 Analitza un text. L'aprenentatge estimula el desenvolupament cerebral

El neuròleg i professor de la Universitat Pompeu Fabra de Barcelona Nolasc Acarín ha remarcat que, malgrat que "tots els humans tenim el mateix cervell i el mateix origen", hi ha diferències notables entre uns i altres.

"La massa cerebral creix de manera ininterrompuda des del naixement fins aproximadament els 20 anys". Posteriorment, "entre els 30 i els 40 anys", el volum es manté, "i comença a minvar, lleugerament, des d'aquesta edat fins al final de la vida".

A més, el cervell també es pot desenvolupar internament. En aquest sentit, el doctor Acarín va assenyalar que les dendrites (les ramificacions de les neurones) "es desenvoupen segons allò que aprenem i allò que les estimula".

S'ha demostrat que la longitud dendrítica total "és més gran en persones que han anat a la universitat, per comparació amb les que han fet només l'educació secundària", i, al seu torn, la longitud dendrítica de les que han fet només la secundària és superior a la dels que no han arribat a aquest nivell.

"Per tant, es pot dir que el saber sí que ocupa lloc, perquè, com més estimulació hi ha, més creixen les dendrites i més gran és el desenvolupament cerebral."

a) Expressa amb paraules teves el missatge que transmet aquesta lectura.

b) Després de llegir el text, explica per què les persones que estudien i llegeixen al llarg de tota la vida, poden tenir, en general, més capacitat intel·lectual.

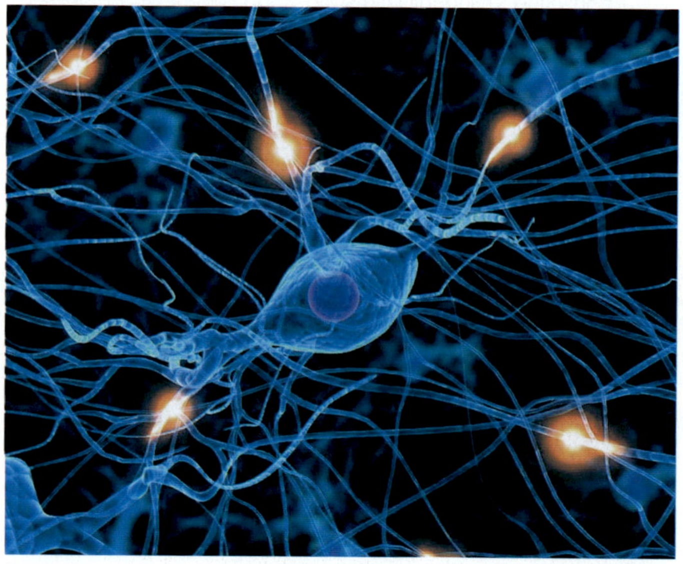

Detall d'una xarxa neuronal i de la transmissió d'impulsos nerviosos.

Síntesi. Percepció i coordinació

El sistema nerviós

- El sistema nerviós percep sensacions i respon a estímuls. També contribueix a mantenir l'homeòstasi del nostre cos.
- Les neurones, o cèl·lules nervioses, transmeten impulsos nerviosos. Tenen ramificacions curtes, o dendrites, i una prolongació llarga, o àxon.
- El sistema nerviós central és el centre de control i de coordinació de l'organisme. Es divideix en encèfal i medul·la espinal. L'encèfal es subdivideix en cervell, cerebel i bulb raquidi.
- El cervell controla les activitats superiors; el cerebel, els moviments del cos i la positura; i el bulb, les funcions vitals.
- El sistema nerviós perifèric es divideix en el sistema nerviós somàtic, responsable dels moviments voluntaris, i el sistema nerviós autònom, responsable de les activitats involuntàries de l'organisme.
- Les malalties principals del sistema nerviós són trastorns psíquics, com ara la depressió, i malalties neurodegeneratives, com ara la malaltia de Parkinson i la malaltia d'Alzheimer.

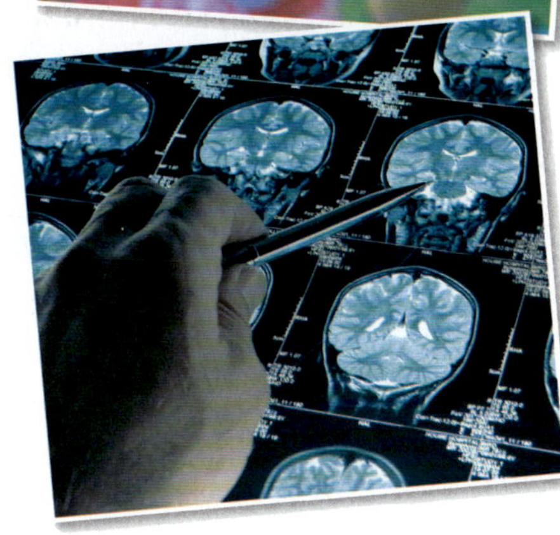

El sistema endocrí

- El sistema endocrí coordina i regula el nostre cos per mitjà de la secreció de les hormones.
- El sistema endocrí està format per glàndules endocrines com la hipòfisi, la tiroide o el pàncrees.
- Les alteracions hormonals principals poden ser causades per un excés d'hormones, com el gegantisme, o per una disminució hormonal, com la diabetis sacarina o el goll.

1 CONSOLIDA EL QUE HAS APRÈS

a) Com s'anomenen les neurones que transmeten els impulsos des dels diferents òrgans al cervell?

b) Quina és la funció de les dendrites? I la de l'àxon?

c) De quin sistema superior formen part el sistema nerviós somàtic i el sistema nerviós autònom? Quina funció tenen aquests dos sistemes?

d) En què es basa la diferenciació entre la substància *blanca* i la substància *grisa*? Justifica la resposta.

e) Quines conseqüències creus que tindria una lesió del bulb raquidi?

f) Quin significat té el mot *etiologia*? Quina és l'etiologia de les malalties neurodegeneratives?

g) Classifica les drogues il·legals que coneguis i enumera els problemes que causa cadascuna.

h) Esmenta les tres drogues legals més freqüents i enumera'n les conseqüències adverses.

i) Quin efecte tenen alguns tipus de drogues sobre els receptors? Sobre quin tipus de receptors solen actuar?

j) Defineix *hipotàlem* i *hipòfisi* i explica la relació que hi ha entre tots dos.

k) Quines són les causes de les disfuncions hormonals principals?

2 DEFINEIX CONCEPTES CLAU

- Neurona
- Encèfal
- Nervis
- Acte reflex
- Glàndula
- Medul·la espinal
- Sistema nerviós central
- Sistema nerviós perifèric
- Sistema endocrí
- Hormona

CONTESTA LA PREGUNTA INICIAL

Com actuen els nostres sistemes de coordinació?

TÈCNIQUES D'ESTUDI: www.tiching.com/727426

Practica una tècnica d'estudi a partir de la síntesi.

5 PERCEPCIÓ I MOVIMENT

Què són els receptors sensorials i com interactuen els músculs i els ossos?

Escoltar música exigeix el funcionament d'un receptor molt especialitzat, l'orella. Aquest òrgan ens permet apreciar diverses característiques del so.

Els treballs de precisió, com ara la rellotgeria, necessiten un grau de coordinació sensorial molt alt. El control muscular permet fer moviments molt precisos.

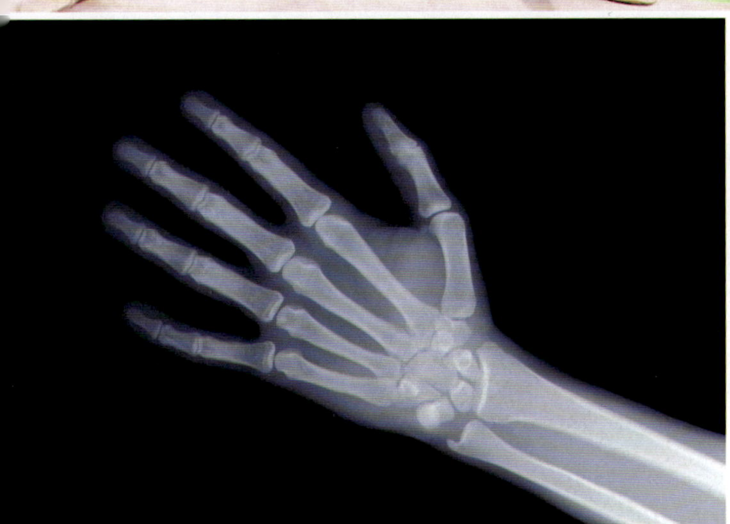

L'esquelet proporciona suport als òrgans interns i permet el moviment. Encara que no ho sembli, l'estructura dels ossos es renova contínuament.

Els **òrgans dels sentits** són la finestra a través de la qual percebem informació del medi que ens envolta. També som capaços de sentir calor i fred, dolor, pressió i altres sensacions. Hi ha diversos tipus de **receptors**, molt especialitzats, per copsar les diferents classes d'**estímuls**, com ara la llum, el so, les variacions de temperatura i d'altres.

Els **músculs**, un tipus d'efectors, serveixen per executar algunes de les respostes que envia el sistema nerviós central. La contracció dels músculs és la força que fa possible el **moviment** de l'esquelet. L'**esquelet** està format pel conjunt dels ossos, que són la carcassa que suporta la nostra estructura.

L'**exercici físic** és fonamental per mantenir en bon estat els sistemes muscular i esquelètic. Ens proporciona força i flexibilitat i redueix la tensió física i també la psíquica.

Què sabem?

- Quins elements del sistema locomotor utilitzen les esportistes de la foto?
- Tenint en compte que un ull és ben petit, com pot ser que ens permeti veure una pantalla de cinema o un elefant?
- Per què has de prendre calci per enfortir l'estructura dels ossos?
- Per què es produeix el cruiximent muscular?

Què aprendrem?

- Quins són els receptors principals i els òrgans dels sentits.
- Com és l'estructura dels ulls i de les orelles.
- Com hem de tenir cura dels òrgans de la vista i de l'oïda.
- Com s'estructura l'aparell locomotor.
- Com és el sistema muscular.
- Els beneficis de l'exercici físic regular.

1 Els receptors i els òrgans dels sentits

Els organismes detecten canvis

Perquè el **sistema nerviós** detecti els estímuls i hi respongui d'una manera adequada són necessaris els **receptors sensorials**, que són unes neurones especialitzades a detectar estímuls, i els **efectors**, és a dir, els músculs i les glàndules, que executen les ordres del sistema nerviós.

Els receptors sensorials

Els **receptors** generen un impuls nerviós que es propaga a través d'un nervi fins a l'escorça cerebral. L'impuls arriba a l'escorça, l'organisme el percep com a **sensació** i el transforma en **percepció**.

La majoria dels receptors tenen dendrites lliures, com les que detecten el dolor, o envoltades d'una càpsula protectora, com les del tacte profund. En alguns **òrgans dels sentits** hi ha receptors complexos, que són neurones modificades i allotjades en teixits i estructures especialitzades, com ara la retina.

Els diferents tipus de receptors s'especialitzen en la percepció d'estímuls diferents, com la llum, el so o la calor.

L'olfacte

Al **nas** i a la **boca** hi ha receptors olfactoris capaços de detectar estímuls químics, com ara substàncies dissoltes en l'aire i en els aliments.

Els **receptors olfactoris** es troben a la mucosa olfactòria (pituïtària), situada al sostre de les fosses nasals. N'hi ha de tipus diferents, capaços de detectar olors determinades, com ara menta, càmfora, mesc, èter, vinagre o podrit.

El gust

A la **llengua**, al **paladar** i a la **faringe** hi ha els **receptors del gust**, agrupats en papil·les gustatòries. Cada papil·la està especialitzada en un dels quatre gustos bàsics tradicionals, amarg, àcid, dolç i salat, tot i que no fa gaire temps se'n va descobrir un altre, l'umami. Les papil·les estan distribuïdes en zones diferents de la llengua.

Els sentits de l'olfacte i del gust actuen conjuntament. Quan mengem podem percebre molts gustos perquè, en realitat, notem el gust i l'olor alhora. D'aquesta sensació, en diem **sabor**.

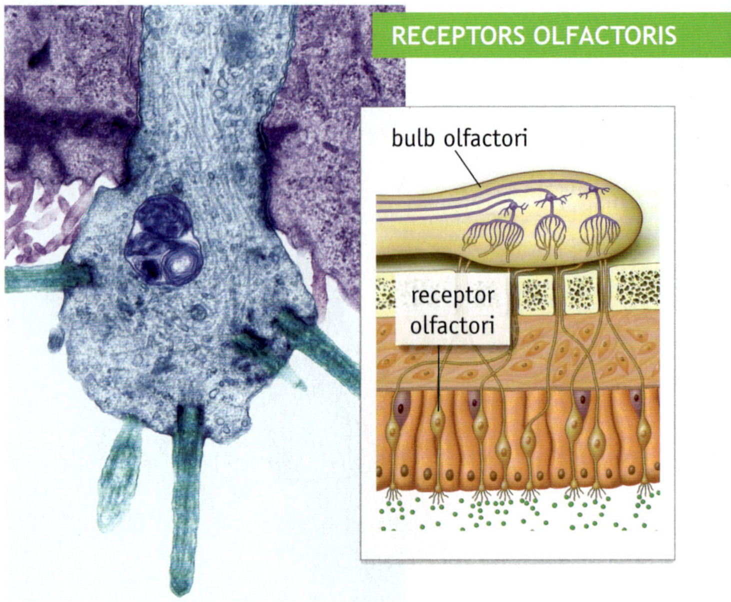

Receptor olfactori vist amb microscopi electrònic. Les seves prolongacions detecten les molècules de les diferents olors.

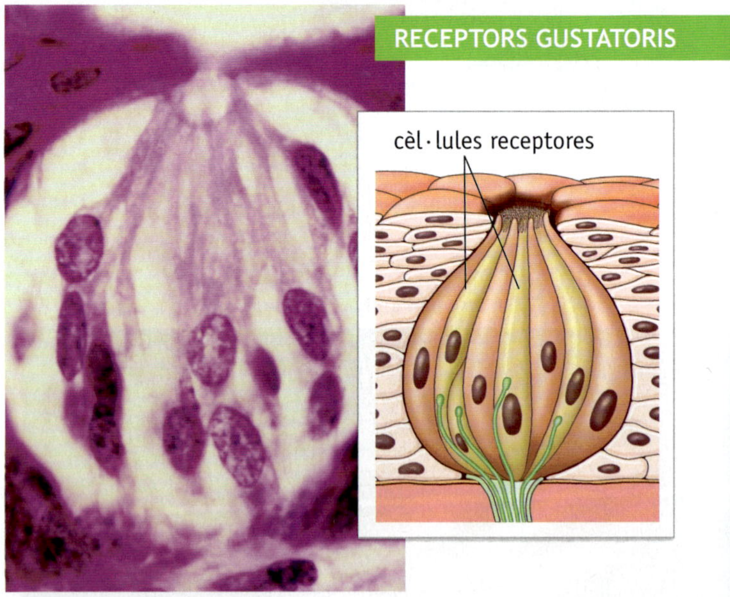

Botó gustatori vist amb microscopi òptic. Els botons gustatoris es troben a les papil·les i contenen les cèl·lules receptores del gust.

@ Amplia a la Xarxa...

Per saber més dels receptors sensorials, entra a: www.tiching.com/732669

LA PELL, UN ÒRGAN SENSORIAL

La **pell** respon a estímuls **tàctils**, tant de superficials com de profunds, de **pressió**, **tèrmics** i del **dolor**. Els receptors tàctils són dendrites modificades, envoltades de teixit conjuntiu. Els receptors del dolor, a la pell, són terminacions nervioses lliures.

Cada tipus de receptor de la pell és sensible a un sol tipus d'estímul i no estan distribuïts de manera uniforme.

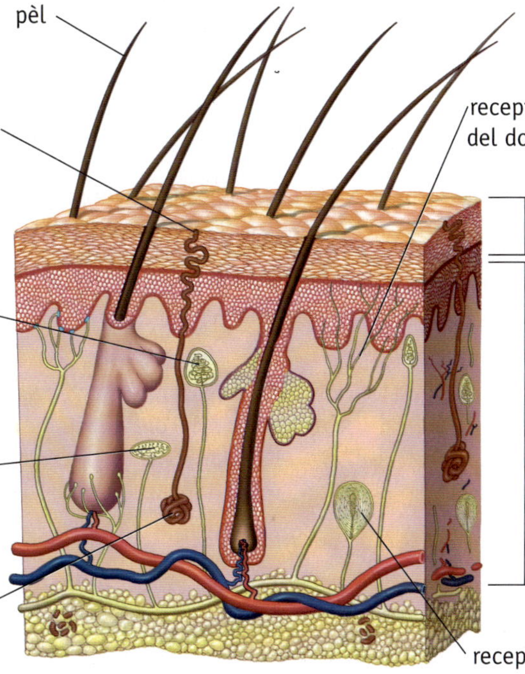

Les empremtes digitals

Les **empremtes digitals** o **dactilars**, formades per les crestes i els solcs papil·lars, són un identificador únic de cada ésser humà, fins i tot entre germans bessons.

La formació de les empremtes comença en l'etapa fetal a partir del segon mes de gestació, i el seu origen no és només genètic. Són el resultat d'un procés en el qual participen forces elàstiques que s'acumulen entre el derma i l'epidermis durant el desenvolupament del fetus a l'úter.

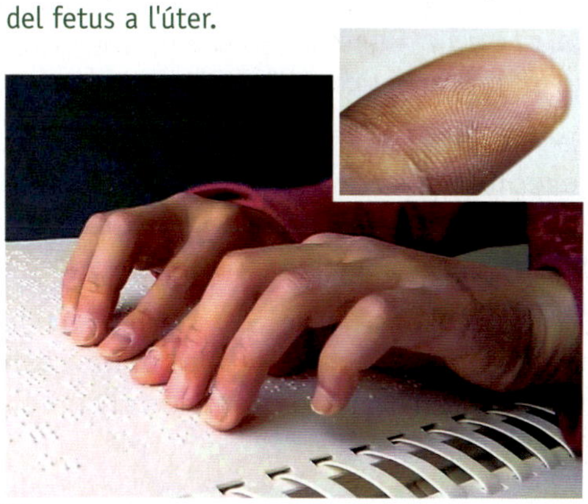

El tou dels dits té una gran concentració de receptors del tacte i, per tant, també té una gran sensibilitat.

El Sol i el càncer de pell

Els tipus més freqüents de càncer de pell són: els **melanomes** i els **carcinomes cutanis**. En tots dos casos, el factor de risc principal, responsable de l'aparició de la malaltia, són les radiacions solars, sobretot les ultraviolades, capaces de produir mutacions en el material genètic (ADN) de les cèl·lules de l'epidermis i impedir-ne la reparació.

Els darrers anys, s'ha observat un augment d'aquestes malalties, sobretot en persones de cinquanta anys en amunt. Les persones amb els ulls clars i la pell blanca que s'exposen al sol de manera crònica, com ara els treballadors a l'aire lliure, en són les més afectades.

L'exposició prolongada al sol malmet la pell.

1. Esmenta els factors que es relacionen amb l'aparició i el desenvolupament del càncer de pell.
2. Quines diferències hi ha entre receptors sensorials i òrgans dels sentits?
3. Quins tipus d'estímuls pot detectar la pell? Quina zona és més sensible, els llavis o el colze?
4. Quins tipus de receptors tenim a la planta del peu? Indica alguna altra zona on el nombre dels receptors sigui menor.
5. On es troben els fotoreceptors?
6. A quins tipus d'estímuls responen el nas i la boca? Quina condició han de complir les substàncies per poder ser detectades en aquestes cavitats?

2 Els òrgans dels sentits: els ulls

Un òrgan que percep llum i color

Els **ulls** estan allotjats en dues cavitats del crani que anomenem **conques orbitàries**. L'ull té forma esfèrica, perquè conté líquids a l'interior, l'**humor vitri** i l'**humor aquós**, que contribueixen a mantenir aquesta forma característica.

L'ull el formen tres membranes:

- L'**escleròtica**. És la capa externa i la més dura. És fibrosa, blanca i opaca. Les glàndules lacrimals secreten un líquid que, a més de protegir l'exterior d'aquesta capa, conté una substància bactericida (que elimina els bacteris) anomenada lisozim.
- La **coroide**. És una membrana fina, amb molts vasos sanguinis. La seva part anterior es transforma i forma l'iris.
- La **retina**. És la membrana interna de l'ull, que conté dos tipus de receptors: els **cons** i els **bastons**. Els bastons són molt sensibles a la llum, però només permeten veure-hi en blanc i negre. Els cons permeten veure els colors, però necessiten més intensitat lluminosa per activar-se.

Quan la llum incideix en la retina i estimula els receptors, s'exciten i envien un impuls nerviós al cervell a través del nervi òptic.

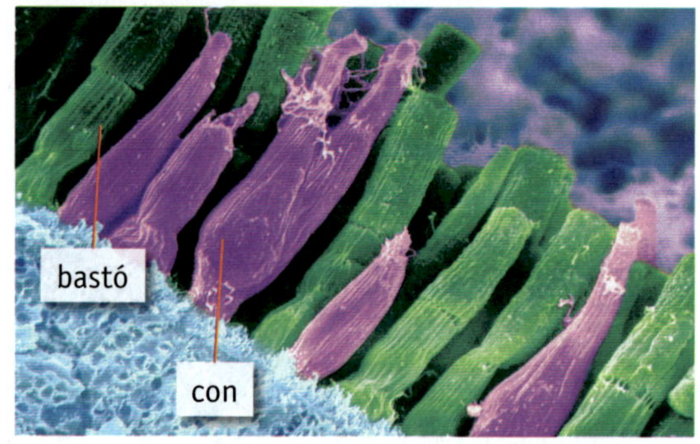

Els bastons són els receptors més abundants. Els cons són diferents segons el color al qual són sensibles: verd, vermell o blau.

@ Amplia a la Xarxa...

Per saber més del sentit de la vista, entra a: www.tiching.com/732670

L'ESTRUCTURA DE L'ULL

El nervi òptic
Format per milions d'àxons dels cons i dels bastons.

El cristal·lí
Lent formada per un teixit transparent i elàstic. Serveix per enfocar la imatge sobre la retina.

La còrnia
Part anterior de l'escleròtica. És transparent i és la lent més potent de l'ull.

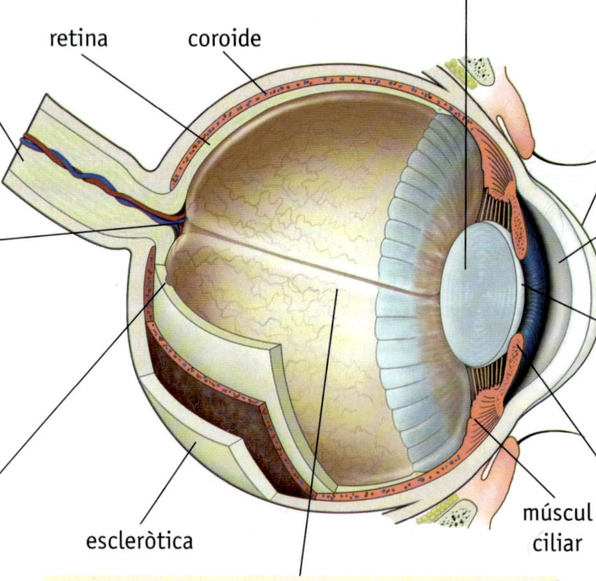

El punt cec
Zona per on surt el nervi òptic; per tant, no té receptors. Per això en diem punt cec.

L'humor aquós
Líquid transparent que ocupa l'espai entre la còrnia i el cristal·lí.

La pupil·la
Orifici central de l'iris. El diàmetre es regula segons la quantitat de llum.

La fòvea
Part de la retina en la qual es concentra un nombre més gran de cons i no hi ha bastons.

L'humor vitri
Substància gelatinosa que ocupa la major part del globus ocular, entre el cristal·lí i la retina.

L'iris
Té moltes fibres musculars que li permeten regular la grandària de la pupil·la. Cada persona el té d'un color característic.

L'ENFOCAMENT DE L'ULL I L'ACOMODACIÓ

La capacitat del cristal·lí per canviar de forma i veure amb nitidesa objectes que es troben a distàncies diferents s'anomena **acomodació**.

L'acomodació és possible gràcies al múscul ciliar, que té forma d'anell. Quan l'ull enfoca un objecte proper, el múscul ciliar es contreu i fa que el cristal·lí es torni més esfèric. En canvi, quan l'objecte és lluny, el múscul ciliar es relaxa i el cristal·lí adopta una forma ovoide. D'aquesta manera, l'ull aconsegueix que la imatge es formi sobre el mateix lloc de la retina (enfocament), amb independència de la distància a què es trobi l'objecte.

Amb l'edat, la capacitat d'acomodació de l'ull va minvant.

Tenir cura de la vista

Per conservar la visió és necessari seguir unes normes o precaucions determinades.

Un hàbit fonamental és l'ús d'ulleres de sol amb un bon filtre solar per impedir que les radiacions solars danyin les estructures oculars.

És convenient fer revisions mèdiques periòdiques sempre que sentim que perdem capacitat visual.

És imprescindible mantenir netes les lentilles i les ulleres.

No s'ha d'abusar de les hores d'exposició a pantalles de televisor, d'ordinador, a tauletes o a d'altres dispositius electrònics.

Les anomalies oculars

Les anomalies oculars principals, la miopia, la hipermetropia i l'astigmatisme, estan relacionades amb l'enfocament de la imatge, però no són degudes a un problema de l'acomodació, sinó a una forma anòmala del globus ocular i de la curvatura de la còrnia.

Fins no fa gaire temps, només es corregien per mitjà de lents convencionals o de lents de contacte. Actualment, s'hi fan servir tècniques quirúrgiques, d'una manera simple i ràpida. La més coneguda és la cirurgia amb **raig làser**, que modifica la forma de la còrnia i corregeix així el defecte visual.

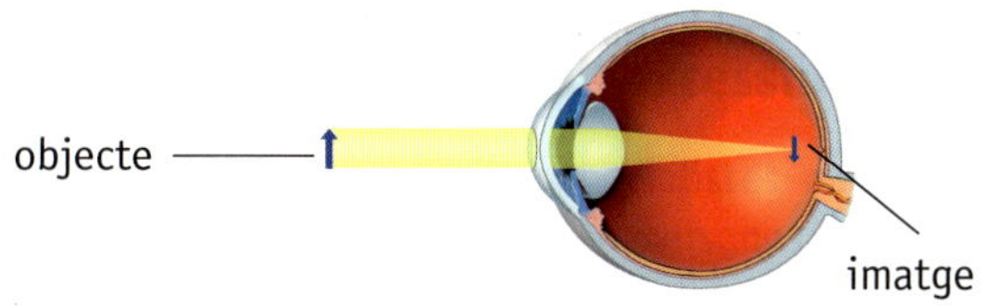

MIOPIA. Els objectes llunyans es veuen borrosos i els propers es veuen clarament. Es produeix quan l'ull és més llarg del normal o la còrnia és massa corba.

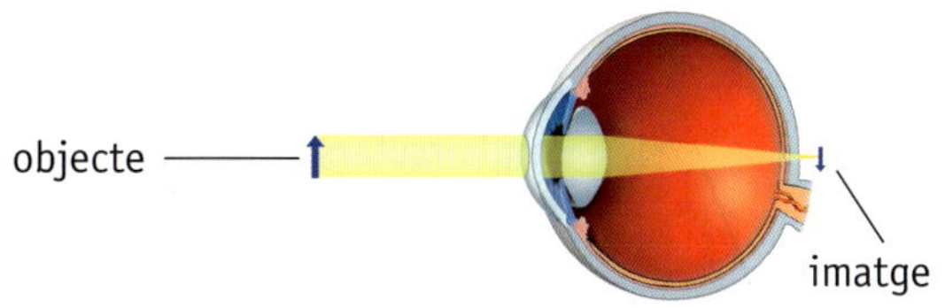

HIPERMETROPIA. La visió llunyana és normal i es veuen borrosos els objectes propers. Es produeix quan l'ull és més curt del normal o la còrnia és molt plana.

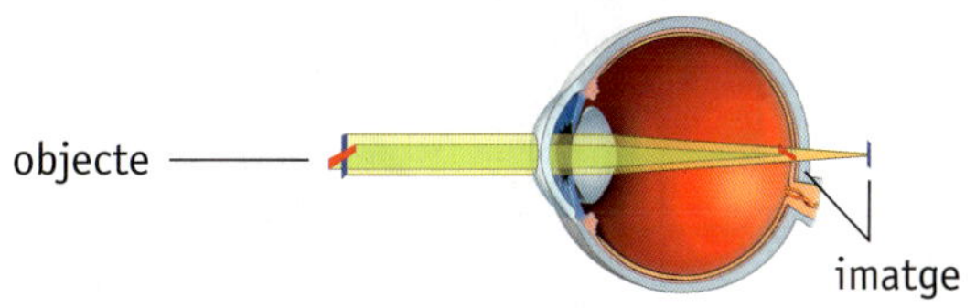

ASTIGMATISME. Totes les imatges es veuen distorsionades. És degut al fet que la curvatura de la còrnia no és igual en totes les direccions.

1. Digues el nom de les capes que formen l'ull, de la més externa a la més interna, i després dibuixa-les.
2. Enumera les parts de l'ull que ha de travessar la llum per arribar a la retina.
3. Quina relació hi ha entre acomodació i enfocament?
4. Explica quina funció fan a l'ull l'humor vitri i l'humor aquós.
5. Què és el punt cec i per què en diem així?
6. La pupil·la canvia de grandària segons la quantitat de llum. Esbrina quan és més oberta o més tancada.
7. Quina és la funció dels cons i els bastons? Saps per què reben aquests noms?
8. Quina tècnica quirúrgica es fa servir per corregir anomalies oculars? Sobre quina part de l'ull actua?

4 L'aparell locomotor. Els músculs

Com funciona l'aparell locomotor

L'aparell locomotor és el responsable del moviment del cos humà. Està format pels **ossos**, els **músculs esquelètics** que els envolten, els **lligaments** i els **tendons**.

L'aparell locomotor funciona de manera coordinada amb el sistema nerviós, que controla el moviment a través d'impulsos que es transmeten pels àxons de les neurones motores fins als músculs, i en provoquen la contracció. Pel fet d'executar o fer efectives les ordres del sistema nerviós central, els músculs reben el nom d'**efectors**.

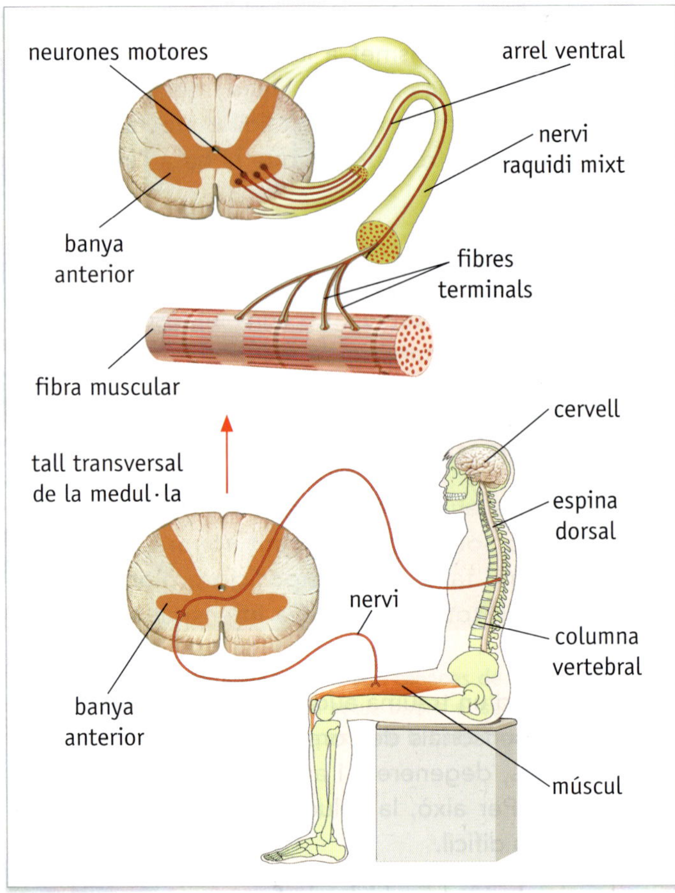

L'impuls nerviós que arriba als músculs esquelètics surt del sistema nerviós central i es propaga a través de neurones motores. La unió de l'àxon a una fibra muscular és la *placa neuromotora*.

La contracció muscular

La **contracció muscular** consisteix en l'escurçament i la relaxació posterior de les fibres dels músculs esquelètics, gràcies a un impuls nerviós que arriba a través de l'àxon d'una neurona.

A l'interior de les cèl·lules musculars hi ha unes proteïnes contràctils capaces d'estirar-se i de contreure's. La distribució d'aquestes proteïnes és la responsable de l'aspecte estriat, en bandes, dels músculs esquelètics.

Els músculs que fan moviments més precisos, com ara els de la mà, tenen una quantitat més gran de terminacions nervioses que altres de menys precisos, com els del tòrax o les cames.

CONTRACCIÓ I RELAXACIÓ MUSCULAR

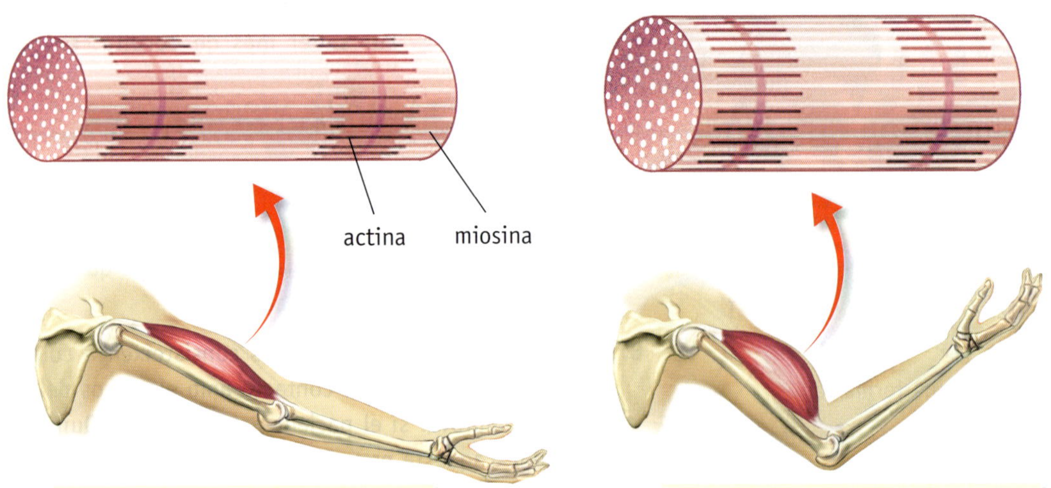

Les proteïnes contràctils són l'**actina** i la **miosina**, que s'enganxen entre si i tiben l'una de l'altra fins a superposar-se. La zona de superposició té una coloració més intensa.

Relaxació. La zona del múscul relaxat on es superposen l'actina i la miosina és petita.

Contracció. Quan l'actina i la miosina s'enganxen i es superposen, el múscul es contreu.

Les cèl·lules musculars, anomenades fibres per la forma allargada, s'escurcen i s'allarguen.

ELS MÚSCULS FAN MOURE ELS OSSOS I LES ARTICULACIONS

El moviment dels ossos i les articulacions és possible perquè els músculs estan units fortament als ossos per mitjà dels **tendons**.

Els tendons estan formats per fibres grosses de col·lagen, que consisteix en un material molt resistent, però no elàstic.

Quan un múscul esquelètic es contreu, se'n redueix la longitud i això provoca el moviment d'alguna part del cos. La contracció dels músculs és deguda a l'escurçament de les fibres musculars.

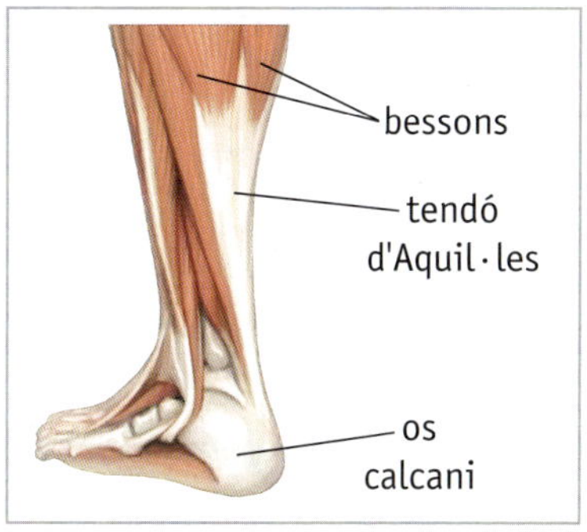

Alguns tendons són molt llargs, com ara el d'Aquil·les, que uneix els músculs bessons a l'os del taló.

Com es produeix el moviment de músculs antagònics?

Un sol múscul pot moure un os o una part del cos, com ara l'avantbraç, però no pot fer que recuperi la posició anterior al moviment. Per això són necessaris dos músculs que actuin conjuntament, anomenats **antagònics**.

En la flexió i l'extensió del braç hi intervenen el **bíceps** i el **tríceps**. El moviment es fa en dues etapes:

- **Contracció del bíceps**. Com que està unit a l'omòplat i al radi, el bíceps estira aquests dos ossos i el braç es doblega pel colze. Per això, el bíceps és un **múscul flexor**.

  Per poder tornar a estirar el braç, el bíceps ha de relaxar-se i un altre múscul ha d'estirar el braç en el sentit oposat.
- **Contracció del tríceps**. Com que està unit al cúbit, el tríceps l'estira i provoca l'extensió del braç. El tríceps, doncs, és un **múscul extensor**.

Altres parells de músculs antagonistes són els flexors i els extensors dels dits, el quàdriceps i el bíceps femoral.

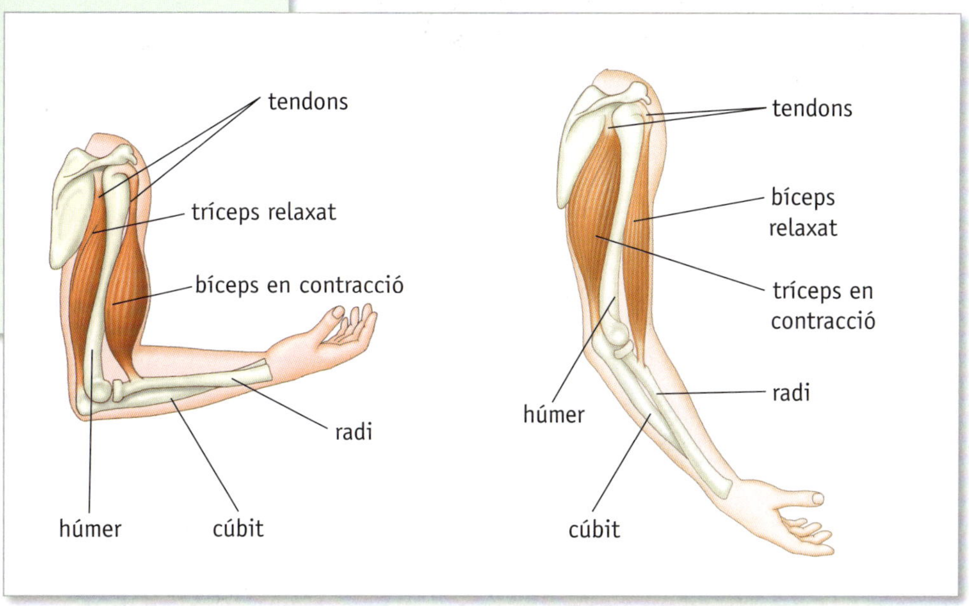

@ Amplia a la Xarxa...

Per saber més com funciona l'aparell locomotor, entra a:
www.tiching.com/732672

1. Per quina raó les lesions a la medul·la espinal provoquen pèrdua del moviment en una zona del cos, per exemple, les cames, si no hi ha cap lesió dels músculs o dels ossos?

2. Fixa't en el dibuix de la contracció de les cèl·lules musculars i comenta quins canvis hi veus pel que fa a la longitud i al gruix de les fibres musculars.

3. Defineix *músculs flexors* i *extensors* i esmenta'n alguns.

5

DESCOBREIX

Tipus de músculs

L'estructura dels músculs i la distribució de les fibres o les cèl·lules que els formen són diferents.

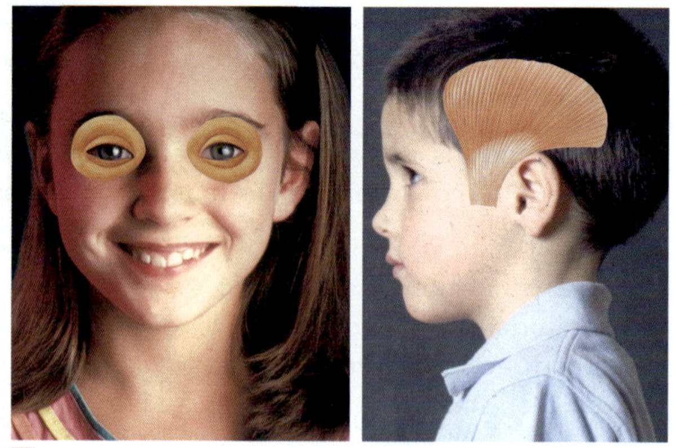

Múscul orbicular i múscul en ventall.

A SEGONS LA FORMA

Els músculs tenen formes molt diferents. Poden ser **llargs**, com el bíceps, que té forma de fus; **curts**, com el dorsal ample de l'esquena; **plans**, com els abdominals; **en ventall**, com els pectorals; **circulars**, com tots els esfínters, i **orbiculars**, com els dels llavis i els de les parpelles.

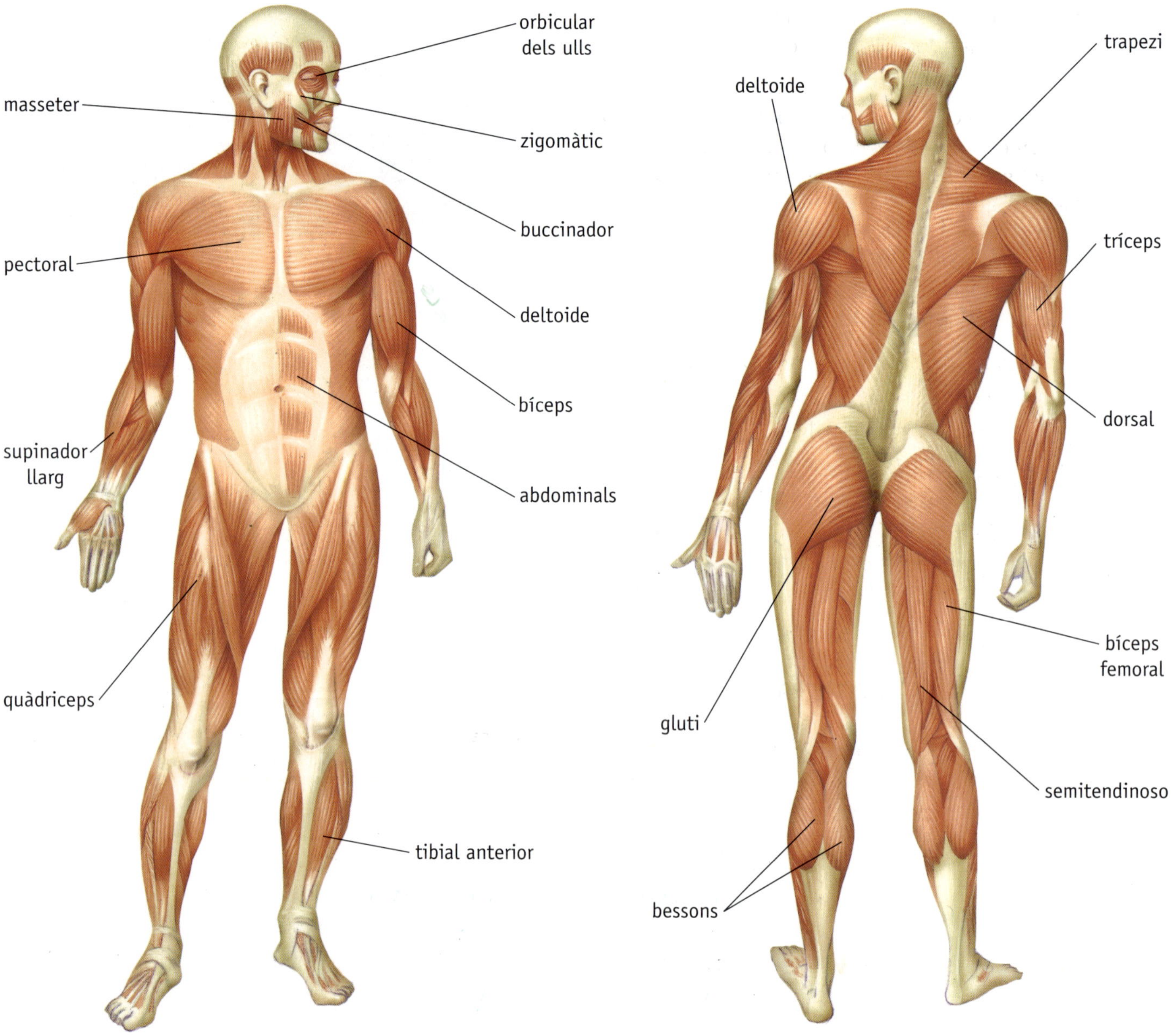

B SEGONS EL TIPUS DE CONTRACCIÓ

Hi ha quatre tipus de músculs segons la manera com els controlem:

- **Músculs voluntaris**: són els que es controlen voluntàriament, com els músculs esquelètics, formats per teixit muscular esquelètic.
- **Músculs involuntaris**: el seu funcionament no depèn de la voluntat de l'individu. Són els músculs viscerals, com ara el tub digestiu, format per teixit muscular llis.
- **Músculs autònoms**: funcionen de manera autònoma i involuntària, com ho fa el múscul cardíac, que genera el propi impuls nerviós.
- **Músculs mixtos**: solen tenir moviments involuntaris, però a més a més també es poden moure de manera voluntària.

  Per exemple, el diafragma es mou de manera involuntària en el cicle de la respiració pulmonar, però també pot ser controlat de manera voluntària, tot i que limitada.

C SEGONS EL MOVIMENT

Hi ha tres parells de tipus de músculs, si es té en compte els moviments que fan:

- **Flexors** i **extensors**: permeten flexionar i estirar una articulació com ara el bíceps i el tríceps, o el quàdriceps i el bíceps femoral.
- **Pronadors** i **supinadors**: produeixen un moviment de rotació cap endins i cap enfora, respectivament, com ara el pronador rodó i el supinador llarg de l'avantbraç.
- **Abductors** i **adductors**: fan moviments d'allunyament i d'acostament de l'extremitat en relació amb l'eix del cos, respectivament, com ara aixecar i abaixar el braç lateralment des de l'espatlla o allunyar i apropar l'extremitat inferior.

L'exercici muscular intens i el cruiximent

Durant l'exercici físic és necessària una quantitat molt gran d'energia, que s'obté mitjançant la degradació de la glucosa en presència d'oxigen. Durant l'exercici intens, el cor no pot bombar la quantitat necessària d'oxigen. En aquest cas, la glucosa produeix àcid làctic, en lloc de trencar-se completament per produir diòxid de carboni i aigua.

Fins no fa gaire temps, es tenia la idea que el cruiximent muscular era resultat de l'acumulació d'àcid làctic, que cristal·litzava a l'interior del múscul i causava la sensació dolorosa característica del *cruiximent*.

Actualment sabem que persones amb una malaltia que els impedeix produir àcid làctic també tenen aquest tipus de dolor muscular d'origen retardat (DMR), de manera que aquesta teoria s'ha descartat completament.

Els estudis més recents relacionen el cruiximent amb una reacció inflamatòria com a resposta a microtrencaments musculars de resultes d'una activitat física intensa.

L'entrenament i l'exercici habitual no impedeixen patir dolor muscular d'origen retardat (cruiximent).

@ Amplia a la Xarxa...

Per saber més dels diferents tipus de músculs, entra a: www.tiching.com/732673

1. Per què és necessari que la majoria dels músculs funcionin per parelles?
2. Esmenta algun múscul circular, un altre de llarg, un de pla i un altre en forma de ventall que observis en el dibuix i que no s'hagi anomenat.
3. Quina es creu que és la causa de la sensació de cruiximent que se sent després de l'exercici intens?
4. Quins avantatges ens proporciona tenir esfínters? Anomena alguna característica dels nadons que ens fa pensar que, en néixer, alguns esfínters no estan controlats.

6 Els ossos, més que una carcassa

L'esquelet humà

Els éssers humans, com tots els vertebrats, posseïm una estructura interna anomenada **esquelet**.

L'estructura està formada pels **ossos** i els elements que permeten que s'acoblin, funció que fan les **articulacions** i els **lligaments**.

L'esquelet humà està integrat per 206 ossos i es divideix en dues parts:

- L'**esquelet axial**, que inclou els ossos del cap, la columna vertebral, l'estèrnum i les costelles.
- L'**esquelet apendicular**, que comprèn els ossos de les extremitats superiors i inferiors, i els que uneixen les extremitats a l'esquelet axial: la cintura escapular, o espatlla, i la cintura pelviana, o maluc.

Les funcions de l'esquelet

L'esquelet fa funcions molt diverses:

- Aguanta el pes del cos.
- Protegeix els òrgans i les parts toves de l'organisme: el cervell, la medul·la espinal, els pulmons i el cor.
- A les epífisis, que són els extrems dels ossos llargs, s'hi produeixen cèl·lules sanguínies: glòbuls vermells, leucòcits o glòbuls blancs i plaquetes. D'aquesta funció en diem **hematopoesi**.
- Emmagatzema calci, un mineral que també és necessari per a la transmissió de l'impuls nerviós, la contracció muscular i la coagulació de la sang.

FORMACIÓ DE LES CÈL·LULES SANGUÍNIES

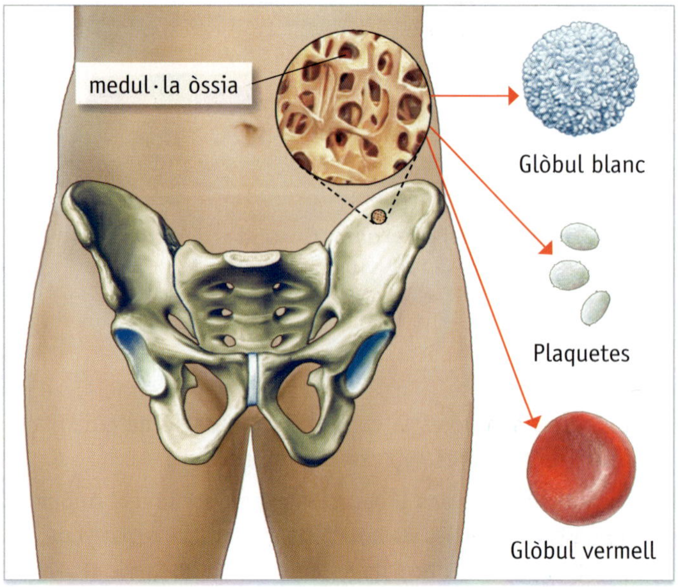

ESTRUCTURA DE L'ESQUELET

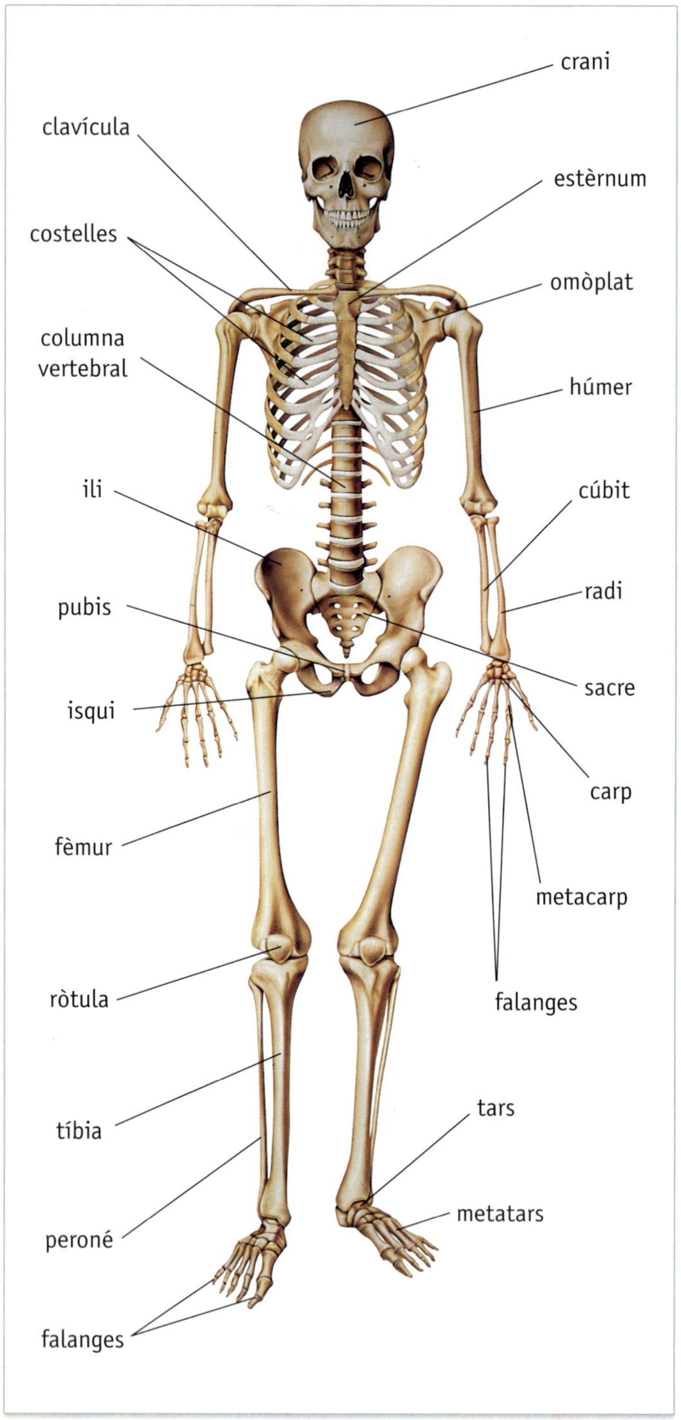

@ Amplia a la Xarxa...

Para saber més de l'estructura de l'esquelet, entra a: www.tiching.com/732674

L'ESTRUCTURA INTERNA DE L'OS

Els ossos són estructures vivents, formades per:

- **Cèl·lules**, anomenades **osteòcits**, organitzades en cercles al voltant d'un eix central, pel qual passen vasos sanguinis i nervis.
- **Matriu extracel·lular**, que és la substància que envolta les cèl·lules i en la qual es dipositen sals minerals, que confereixen duresa a l'os. Les sals minerals són necessàries en diferents processos vitals i són reemplaçades de manera contínua juntament amb d'altres compostos orgànics. D'aquest intercanvi en diem **remodelació òssia**.
- **Fibres de col·lagen**, una proteïna que proporciona a l'os elasticitat i resistència. (Les persones grans, a causa de la pèrdua de col·lagen, tenen els ossos més fràgils.)
- **Cartílag**, un teixit més tou i elàstic que l'os, perquè conté menys sals de calci, però és més abundant en col·lagen.

  El cartílag es localitza als extrems dels ossos per evitar-ne la fricció i facilitar-ne el moviment. També tenim cartílag a l'envà nasal, a la tràquea i al pavelló auricular.

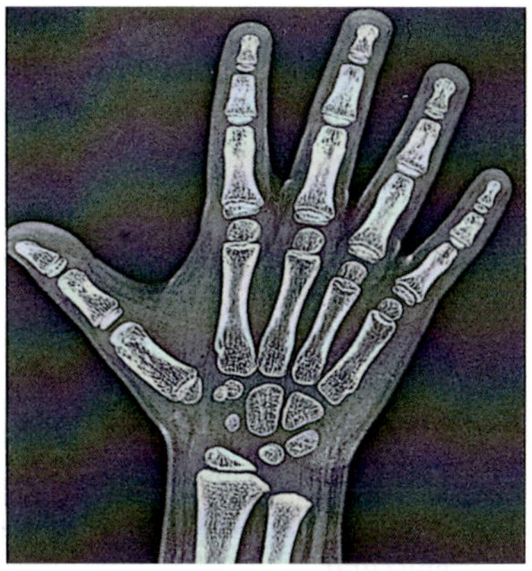

Radiografia de la mà d'un nadó amb el carp sense ossificar. El cartílag és abundant en els nadons i, a mesura que s'enriqueix en sals minerals, dóna lloc a l'os.

L'ESTRUCTURA D'UN OS LLARG

Os compacte

Està format per teixit ossi compacte. És la part més dura que embolcalla l'os. Conté sals de calci. Està recobert per una membrana, el **periosti**, amb abundància de nervis i de vasos sanguinis que alimenten l'os.

Os esponjós

Està format per teixit ossi esponjós. Reomple els extrems de l'os. També té calci, però és més lleuger que l'os compacte perquè presenta nombroses cavitats buides.

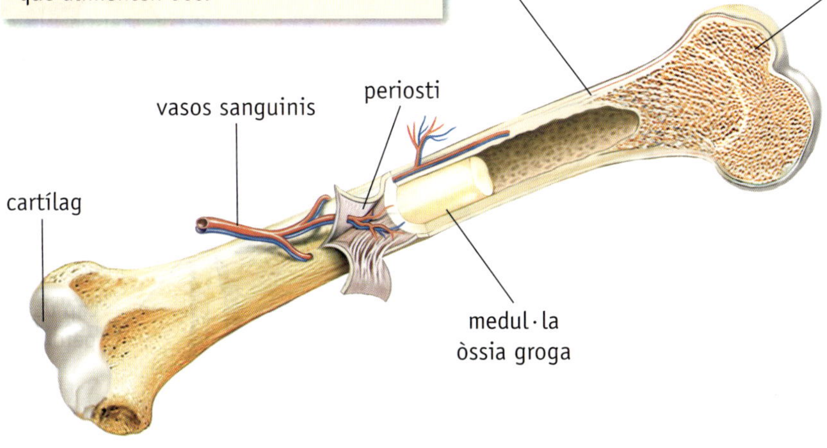

Medul·la o moll de l'os

És un teixit tou que omple les cavitats dels ossos. Pot ser de dos tipus:

- **Medul·la òssia vermella**, en la qual es formen les cèl·lules sanguínies.
- **Medul·la òssia groga**, en la qual s'acumula el greix.

La **medul·la vermella** es localitza només en l'os esponjós dels extrems dels ossos llargs, la pelvis, l'estèrnum, el crani i les vèrtebres.

La **medul·la groga** omple la part central dels ossos llargs.

1. Quins ossos formen l'esquelet axial i quins formen l'esquelet apendicular?
2. En cas que el cartílag no s'ossifiqui normalmet, com passa a algunes persones que tenen malalties poc freqüents, com pot afectar el creixement corporal?
3. Quines són les diferències entre la medul·la òssia vermella i la groga? En quin dels dos tipus de medul·la es realitza l'hematopoesi?
4. Quan pesen més els ossos d'una persona, a la joventut o a la vellesa?

8 Els beneficis de l'exercici físic

Per què cal practicar exercici físic

L'**exercici físic regular** és una pràctica saludable que millora la forma i la resistència física i proporciona benestar. És recomanable practicar algun esport almenys tres cops per setmana.

L'activitat física millora el funcionament de molts òrgans del cos. També té altres avantatges:

- Les fibres musculars del **cor** es fan més grosses i les contraccions, més potents, de manera que el cor bomba una quantitat més gran de sang cap als teixits.
- Augmenta la capacitat **pulmonar** i la quantitat d'oxigen subministrada als músculs.
- Les **articulacions** es mantenen més flexibles i es redueix el risc de lesions i de dolors articulars.
- Augmenta la **força muscular**, i això és bo per prevenir les lesions i reduir el cansament.
- Augmenta el dipòsit de minerals a l'**ós**, i s'evita així el risc de patir osteoporosi.

L'exercici físic en grup fomenta valors com la companyonia, l'esforç o l'amistat.

@ Amplia a la Xarxa...

Per saber més dels avantatges de l'activitat física, entra a: www.tiching.com/732676

ELS TIPUS D'EXERCICI FÍSIC

L'exercici aeròbic

El tipus d'exercici físic més saludable és l'**aeròbic**, perquè els músculs reben l'oxigen necessari. Són activitats recomanables per a qualsevol. La majoria dels esports, com ara la natació, el futbol, el tennis, el ciclisme, l'atletisme, etc., són exercicis aeròbics.

Per aprimar-se cal fer exercici aeròbic, perquè per *cremar* greixos és necessària l'aportació d'oxigen.

Aquest tipus d'exercici desenvolupa els músculs i millora la capacitat per combatre la fatiga. Fa que el cor treballi més, i més bé, de manera que millora l'estat cardiorespiratori.

L'exercici anaeròbic

Alguns esports, com ara l'halterofília o les curses de velocitat, són exercicis **anaeròbics**. Durant aquests exercicis molt breus, però molt intensos, el múscul no rep tot l'oxigen que necessita, de manera que la fatiga es produeix fàcilment.

Aquests exercicis desenvolupen molt la força muscular, però no es poden fer durant molt de temps seguit. No són recomanables per a tothom.

L'exercici anaeròbic és útil per guanyar potència i desenvolupar la massa muscular, i enforteix, per tant, el sistema muscoloesquelètic.

LESIONS FREQÜENTS I PREVENCIÓ

Les lesions de l'aparell locomotor solen provocar, normalment, els cops i els moviments sobtats o bé inesperats.

Les lesions més freqüents són:

- **Esquinç**. És l'estirament dels lligaments que subjecten les articulacions. Provoquen una inflamació, i es pot arribar al trencament del lligament. Són freqüents als turmells i als genolls.
- **Luxació**. És un desplaçament de l'os de la posició que ocupa normalment en l'articulació. És molt dolorosa i es resol tornant a posar l'os a lloc i immobilitzant l'articulació.
- **Fractura**. És el trencament de l'os a conseqüència, generalment, d'un cop fort. Si la fractura és simple, es resol amb la immobilització de l'os. Si hi ha un desplaçament de l'os, una ferida oberta o si la fractura és múltiple, cal una intervenció quirúrgica.
- **Estrebades**, **esquinçades** i **trencaments musculars**. Són estiraments excessius de les fibres musculars, que poden arribar a trencar-se. Es produeixen després d'un esforç important, sobretot en persones poc entrenades.
- **Rampes**. Es produeixen quan, després d'una contracció intensa, el múscul no es pot relaxar. Generalment són degudes a la fatiga muscular i a una aportació d'oxigen insuficient.
- **Escoliosi**. Desviació lateral de la columna que afecta les espatlles, l'esquena i la pelvis.

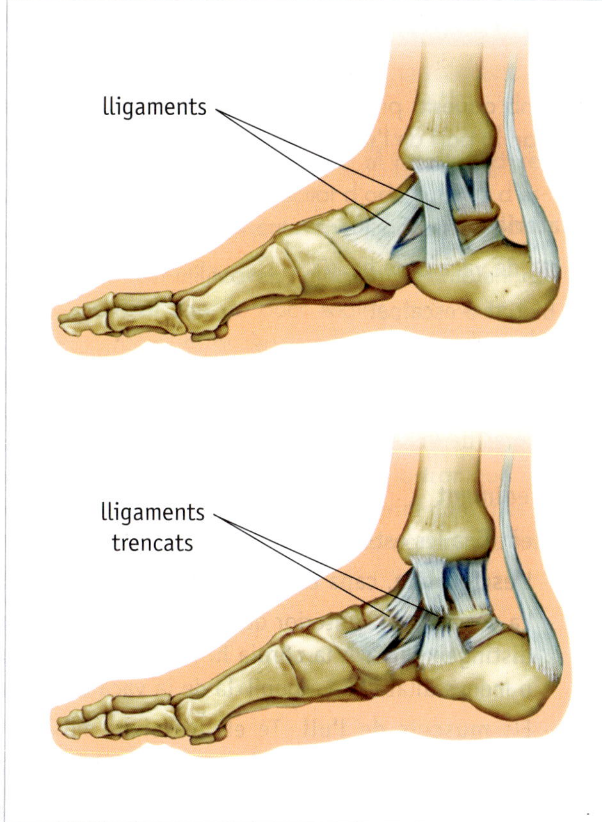

El 80 % de les lesions esportives afecten tendons, lligaments i músculs; només un 20 % produeixen fractures.

Practica esport de manera segura

La millor manera de prevenir lesions de l'aparell locomotor consisteix a practicar regularment exercici físic adequat a cada edat i a la condició física de la persona.

És útil fer un escalfament adequat abans de la pràctica física i uns estiraments musculars en acabar-la.

L'ús d'un equipament adequat, sobretot pel que fa al calçat, també és una garantia de seguretat.

Beure aigua durant l'exercici evita la deshidratació, un rendiment muscular baix, lesions, rodaments de cap i desmais. A més, les begudes isotòniques aporten sals minerals.

Els estiraments són fonamentals perquè els músculs recuperin la forma i es relaxin després de l'exercici.

1. Per quina raó els esportistes d'alt nivell han de combinar adequadament l'exercici aeròbic i l'anaeròbic en els entrenaments?
2. Quina és la lesió més freqüent de turmell?
3. Tots els exercicis físics són adequats a qualsevol edat? Raona la resposta.
4. Quin tipus d'esport és aconsellable per a algú que ha superat un infart?

3 Interpreta uns dibuixos. Anomalies oculars

Els esquemes següents mostren tres localitzacions diferents de formació de la imatge, dins de la cavitat ocular. Associa'n cadascun amb un tipus de defecte ocular:

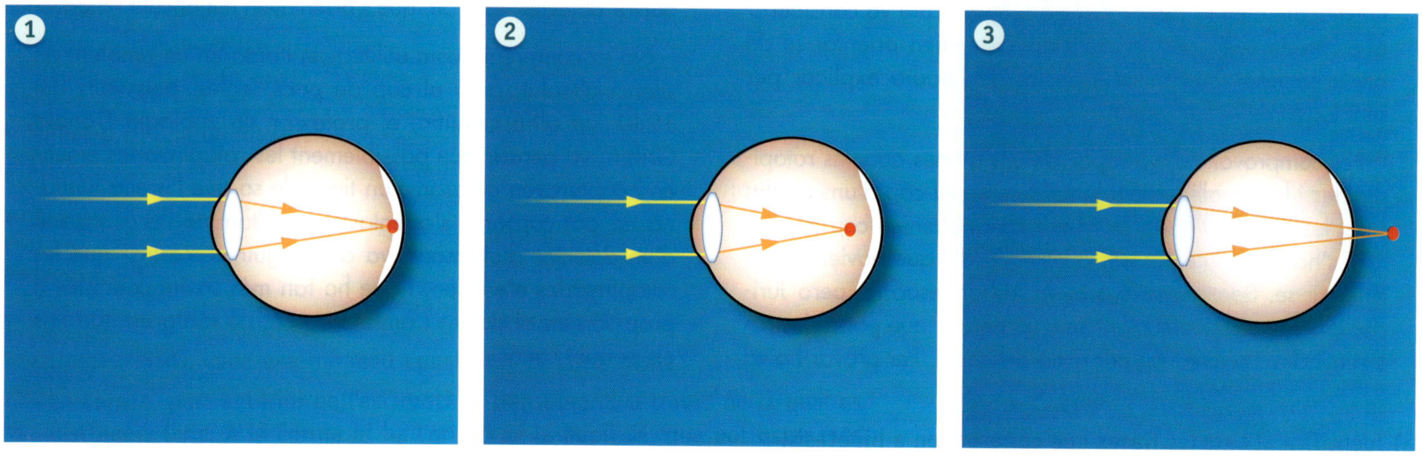

4 Analitza un gràfic. La taxa de flux sanguini

Observa el gràfic següent i contesta les preguntes:

TAXA DE FLUX SANGUINI EN DIFERENTS ÒRGANS

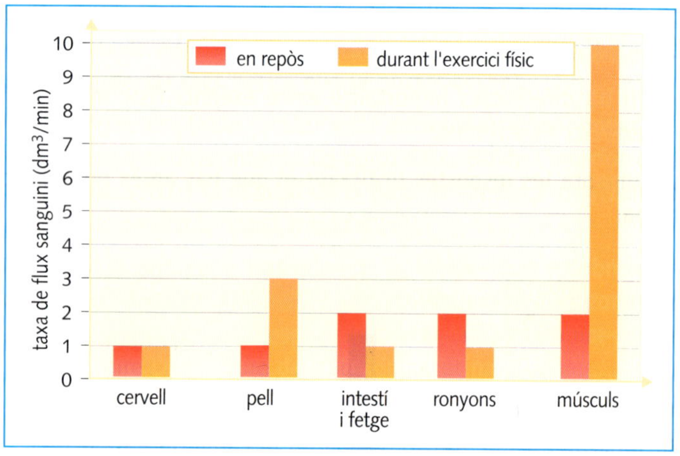

a) Quin és el volum de sang que reben els músculs en estat de repòs i durant l'exercici físic?

b) Quin és el volum total de sang bombada pel cor a cadascun dels òrgans indicats al gràfic durant l'exercici físic?

c) Quin és el percentatge d'augment del flux de sang als òrgans esmentats durant l'exercici?

d) A quins òrgans el flux disminueix? Quina et sembla que en pot ser la causa? Emet una hipòtesi.

5 Pensa i respon. Disminució de la massa òssia

La quantitat de massa òssia varia al llarg de la vida i comença a baixar amb l'edat i la manca d'exercici físic. Aquesta pèrdua comporta un risc més alt de patir fractures, com passa a moltes persones d'edat avançada. Estudia el gràfic i contesta:

LA MASSA ÒSSIA AL LLARG DE LA VIDA

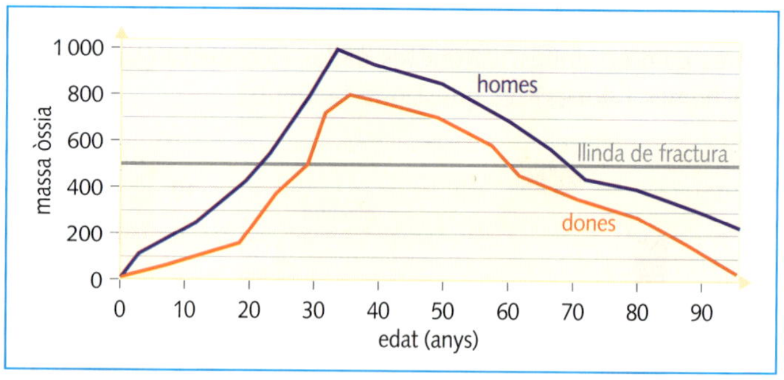

a) És semblant la quantitat de massa òssia d'un adult per comparació amb la d'un infant? Amb quin fet biològic associes l'increment de massa òssia des del naixement fins a l'edat adulta?

b) A quines edats són més freqüents les fractures i quines conseqüències tenen en les diferents etapes de la vida?

c) Per què les dones grans són més propenses que els homes a les fractures de maluc i d'altres zones? Passa el mateix a d'altres edats?

Els sentits

- A l'interior de l'organisme tenim nombrosos receptors per al dolor, la pressió i d'altres sensacions. La pell també disposa d'un gran nombre de terminacions nervioses encarregades de percebre sensacions tèrmiques, com també de pressió, tacte i dolor.
- Els sentits del gust i de l'olfacte es localitzen a la llengua i al nas, respectivament.
- L'ull té una membrana anomenada retina, en la qual es localitzen els receptors de la llum. Les altres estructures de l'ull contribueixen a donar-li forma i a enfocar la imatge a la retina.
- L'orella està formada per tres parts: l'externa, la mitjana i la interna. A l'orella interna hi ha l'òrgan de l'audició i el de l'equilibri.

L'aparell locomotor

- L'esquelet està format per ossos, articulacions i lligaments. Dóna forma al cos i n'aguanta el pes.
- La medul·la òssia vermella dels ossos és un teixit en el qual es formen les cèl·lules sanguínies.
- Els músculs s'uneixen als ossos per mitjà dels tendons. En contreure's i relaxar-se, els músculs produeixen moviment. Alguns músculs són de moviment voluntari, i d'altres, involuntari.
- L'exercici físic enforteix els músculs, millora la forma física i proporciona benestar.

1 CONSOLIDA EL QUE HAS APRÈS

a) Quins són els sabors bàsics que es poden percebre a través del gust?

b) Per què s'utilitzen les empremtes dactilars per identificar les persones?

c) Quins són els receptors sensorials de la retina que ens permeten veure-hi de nit?

d) En quina part de l'orella es troba la cadena d'ossets?

e) Quina unitat s'utilitza per mesurar la intensitat del so?

f) Com s'anomenen les proteïnes que hi ha en les cèl·lules musculars?

g) Què són els músculs antagònics?

h) En quina part del cos hi ha el múscul trapezi?

i) Quants ossos hi ha al cos humà?

j) Digues alguna part del cos que contingui teixit cartilaginós.

k) Quina forma tenen els ossos del carp?

l) Enumera, almenys, els dos beneficis més destacats que produeix en la nostra salut la pràctica de l'exercici físic.

m) Quina diferència hi ha entre un esquinç i una fractura?

2 DEFINEIX CONCEPTES CLAU

- Receptor
- Òrgan sensorial
- Visió
- Audició
- Locomoció
- Musculatura
- Esquelet
- Teixit ossi
- Articulació
- Lligament
- Exercici físic
- Lesió

CONTESTA LA PREGUNTA INICIAL

Què són els receptors sensorials i com interactuen músculs i ossos?

TÈCNIQUES D'ESTUDI: www.tiching.com/727426

Practica una tècnica d'estudi a partir de la síntesi.

6 REPRODUCCIÓ HUMANA I SEXUALITAT

Com és el procés reproductor de l'espècie humana?

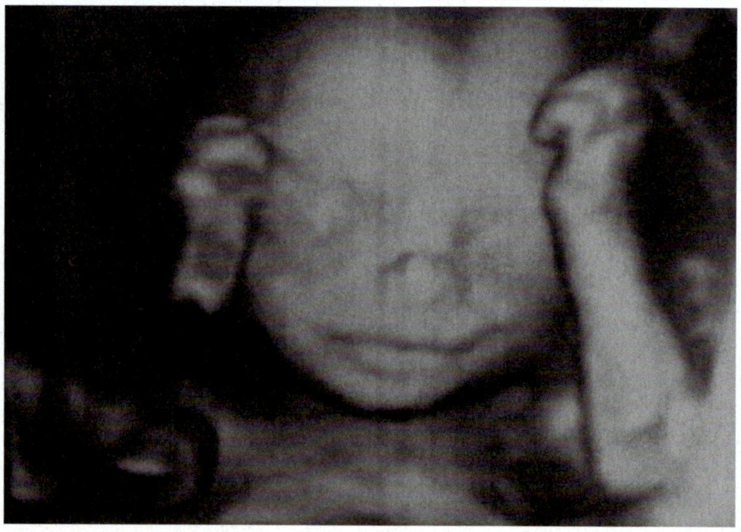

Les ecografies tridimensionals permeten veure detalls anatòmics del fetus. Actualment es fan de manera generalitzada per prevenir complicacions.

El control de la natalitat permet fer una planificació familiar de manera responsable i conscient. Hi ha centres especialitzats en què es fa l'assessorament professional.

La **reproducció** és la funció que permet a l'home i a la dona perpetuar l'espècie. A través de la unió de dos **gàmetes** s'origina una nova vida.

En l'espècie humana, com en la majoria de mamífers, la **fecundació** i el desenvolupament del fetus tenen lloc dins del cos de la mare. El **període de gestació** és llarg, i el nadó necessita que els pares en tinguin cura durant força temps.

A la **pubertat** comença l'activitat dels òrgans reproductors, acompanyada de canvis físics i psicològics profunds.

La **sexualitat** és un aspecte de gran importància en el desenvolupament de la personalitat, la comunicació i l'afectivitat entre la parella.

Aquest tema t'aportarà informació útil sobre reproducció, sexe i sexualitat, temes que tant d'interès susciten entre els adolescents i sobre els quals sorgeixen nombrosos interrogants.

Què sabem?

- Què és la reproducció sexual?
- On es produeixen els gàmetes?
- On es desenvolupa l'embrió?
- Com actuen els mètodes anticonceptius?

Què aprendrem?

- Quina funció té cada part de l'aparell reproductor masculí i femení.
- Quines etapes té el cicle reproductor femení i quines hormones el regulen.
- Com i on tenen lloc la fecundació i el desenvolupament de l'embrió.
- Quins són els mètodes anticonceptius més utilitzats i les tècniques de reproducció assistida.
- Quines són les malalties de transmissió sexual principals i quins són els mitjans per prevenir-les.

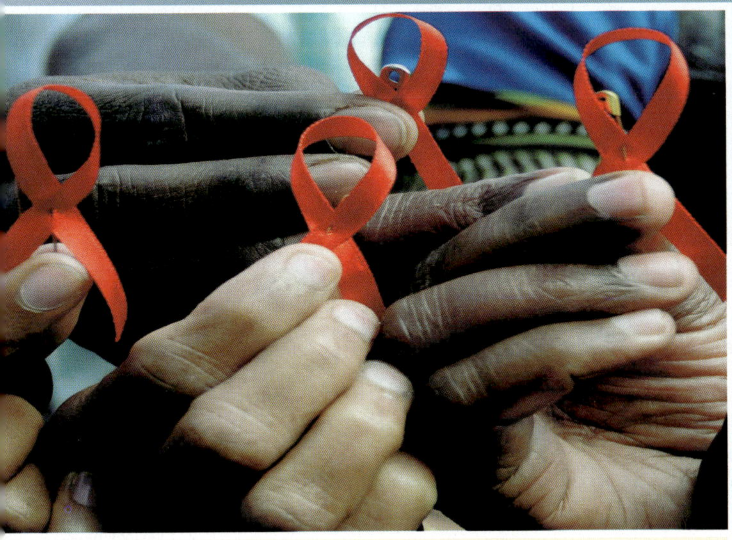

La sida és una malaltia, produïda per un virus, que es pot encomanar durant les relacions sexuals si no es prenen les precaucions necessàries.

1 L'aparell reproductor masculí

Estructura de l'aparell reproductor masculí

L'**aparell reproductor masculí** és l'encarregat de produir els gàmetes masculins, o **espermatozoides**, les **hormones sexuals** i el **semen**.

L'aparell reproductor masculí comparteix alguns òrgans amb el sistema urinari. Consta de les parts següents:

- **Testicles**. Són dues glàndules que fabriquen els espermatozoides i la **testosterona** (hormona sexual masculina). Estan situats fora de la cavitat abdominal, en una bossa anomenada **escrot**.
- **Vies genitals**. Són l'**epidídim** i els **conductes deferents**, que recullen els espermatozoides i els transporten des dels testicles a l'exterior, a través de la **uretra**.
- **Glàndules annexes**. Són la **pròstata** i les **vesícules seminals**. Aquestes glàndules elaboren unes secrecions que permeten la maduració i serveixen perquè els espermatozoides es desplacin a través dels conductes deferents. El conjunt d'espermatozoides i d'aquestes secrecions constitueix el **semen**.
- **Penis**. És l'òrgan extern que permet dipositar els espermatozoides a la vagina femenina. Està format per teixit erèctil que durant l'excitació sexual es dilata, per la gran afluència de sang, i produeix l'erecció.

  L'extrem del penis, o **gland**, està protegit per un replec de la pell fi i mòbil denominat **prepuci**.

La pubertat en l'home

La **pubertat** és l'època de la vida compresa entre la infància i l'edat adulta i en la qual s'assoleix la maduresa sexual. Va acompanyada de nombrosos canvis físics que preparen l'organisme per a la reproducció.

En l'home, als testicles comença la producció d'**espermatozoides** i de l'hormona **testosterona**, que és la responsable de l'aparició dels **caràcters sexuals secundaris.**

En els nois, els canvis de la pubertat es manifesten entre els tretze i els quinze anys. Per l'acció de la testosterona es produeix un augment d'estatura, de pes, de desenvolupament i de força muscular.

També es produeix la maduració i augmenta la mida dels testicles, de l'escrot i del penis; creix la barba, el bigoti i el pèl corporal; es modifica la laringe i el to de veu es fa més greu, i també tenen lloc les primeres ejaculacions.

ESTRUCTURA DE L'APARELL REPRODUCTOR MASCULÍ

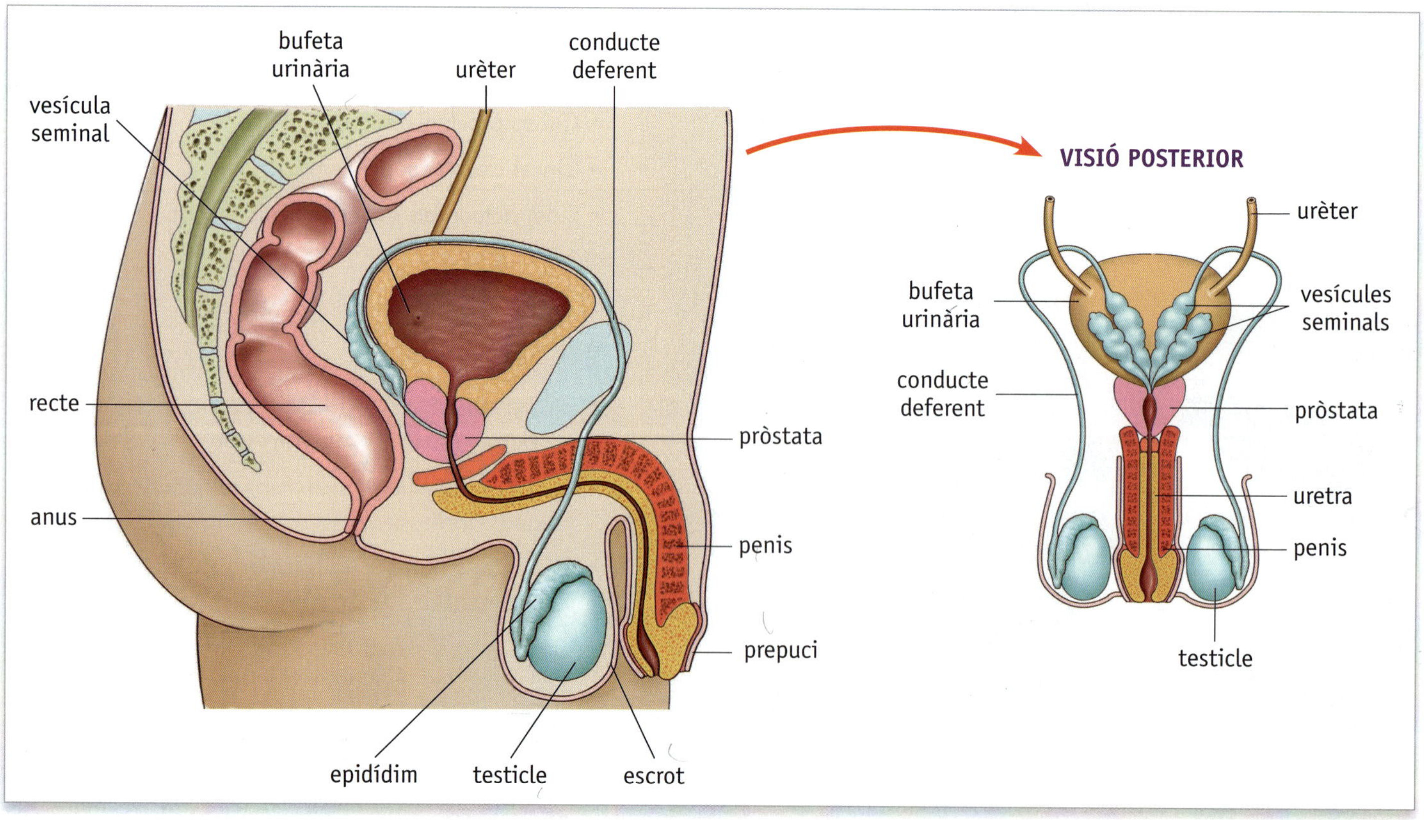

ELS ESPERMATOZOIDES

Els **espermatozoides** són els gàmetes masculins i es fabriquen en els **tubs seminífers** dels testicles. La seva producció comença a la pubertat, al voltant dels tretze anys, i continua durant tota la vida, tot i que va decreixent amb l'edat.

Per desenvolupar-se, els espermatozoides necessiten una temperatura d'uns 35°C, lleugerament inferior a la temperatura corporal. Per aquesta raó els testicles es troben fora de la cavitat abdominal.

Els espermatozoides arriben, pels conductes deferents, des dels tubs seminífers fins a la uretra. En aquest recorregut es barregen amb les secrecions de les vesícules seminals i de la pròstata; el fluid blanquinós format s'anomena **semen**.

En cada ejaculació s'expulsen entre 200 i 300 milions d'espermatozoides. Dins de l'aparell reproductor femení poden mantenir-se vius entre dos i quatre dies.

ESTRUCTURA D'UN TESTICLE

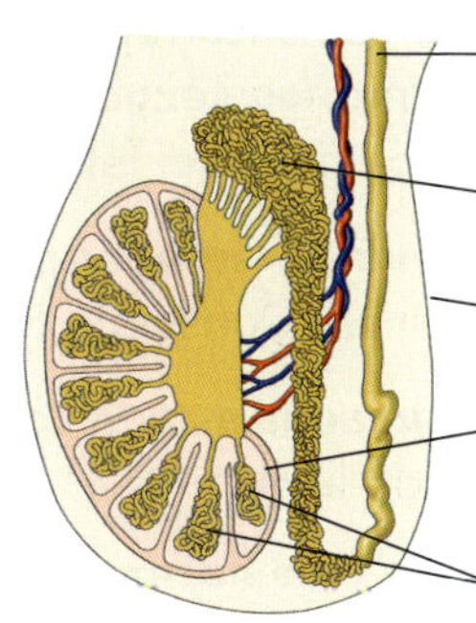

Els espermatozoides es formen a partir de les cèl·lules de la paret dels tubs seminífers. A la pubertat, aquests tubs maduren i comencen a produir espermatozoides.

@ Amplia a la Xarxa...

Per saber més de la funció dels espermatozoides, entra a: www.tiching.com/732678

ESTRUCTURA D'UN ESPERMATOZOIDE

CAP. Conté el **nucli** amb els cromosomes i una caputxa, l'**acrosoma**, amb els enzims necessaris per penetrar dins l'òvul.

PEÇA INTERMÈDIA. És un cilindre que conté nombrosos **mitocondris** que aporten l'energia que necessita per moure's.

CUA. És un **flagel** que li permet el desplaçament.

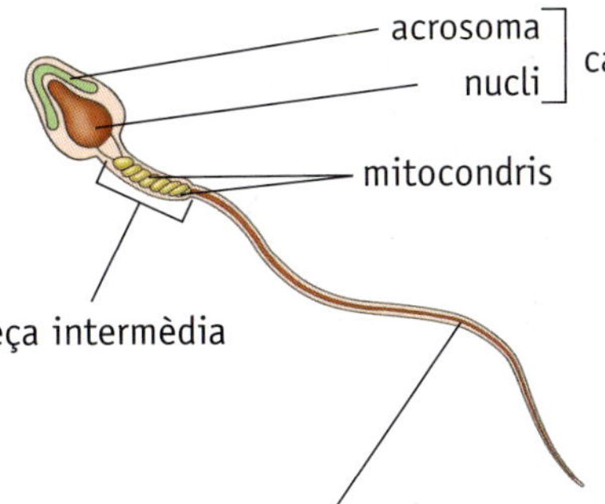

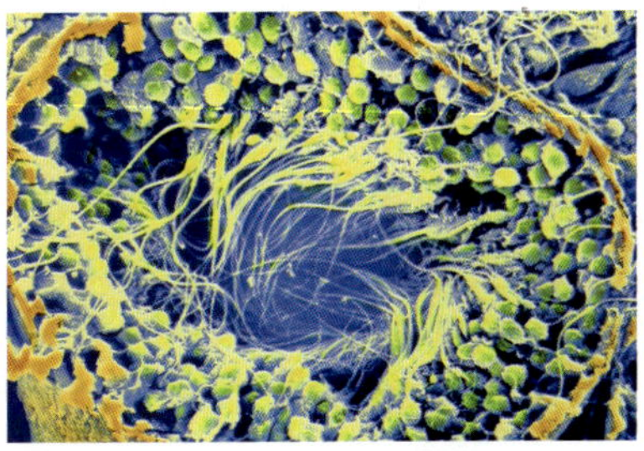

Fotografia al microscopi electrònic de rastreig d'un tub seminífer d'un testicle humà, on es produeixen els espermatozoides.

Higiene i cura de l'aparell reproductor masculí

- Quan et dutxis, has de fer baixar la pell del prepuci, que cobreix el gland, i netejar-lo bé, perquè pot constituir un focus freqüent d'infeccions.

  Aquestes infeccions es poden transmetre per la uretra i arribar a la bufeta urinària.
- Algunes vegades, l'obertura del prepuci és tan estreta que no permet el pas del gland. Aquest problema, conegut com a *fimosi*, es resol amb una operació quirúrgica senzilla, la **circumcisió**.

  Aquesta operació consisteix a tallar la pell del prepuci perquè el gland quedi al descobert.

  En algunes cultures, la circumcisió es practica de manera generalitzada a tots els homes.

1. On se situen la pròstata, els conductes deferents i l'epidídim?
2. Indica el recorregut dels espermatozoides des dels testicles fins a l'exterior.
3. Per l'interior de quin òrgan passa la uretra?
4. Per què els testicles estan situats fora de la cavitat abdominal?
5. On es produeix el semen i de què està compost?
6. Quina importància té que els espermatozoides es puguin desplaçar?
7. On es produeixen els espermatozoides?
8. En què consisteix l'ejaculació?

2 L'aparell reproductor femení

L'estructura de l'aparell reproductor femení

L'**aparell reproductor femení** és l'encarregat de produir els gàmetes femenins, o òvuls, i les **hormones sexuals femenines**. És on té lloc la fecundació i el desenvolupament del fetus fins al naixement.

Està situat darrere de l'abdomen, a l'interior de la cavitat pelviana, i és independent de l'aparell urinari. Consta de les parts següents:

- **Ovaris**. Són dues glàndules situades a cada costat de l'úter. Tenen forma ovalada i fan uns 4 cm de llarg.

  Els ovaris produeixen els **òvuls** i les **hormones sexuals femenines** (estrògens i progesterona).

- **Vies genitals**. Són les **trompes de Fal·lopi**, l'**úter** i la **vagina**.
  - Les **trompes** són conductes que transporten els òvuls des dels ovaris fins a l'úter.
  - L'**úter** és un òrgan musculós i buit, on es desenvolupa l'embrió fins al naixement; és situat entre la bufeta i el recte.
  - La **vagina** és un conducte de parets elàstiques que comunica l'úter amb l'exterior; és on es dipositen els espermatozoides durant l'acte sexual.

  Durant el part, el coll de l'úter i la vagina es dilaten fins aproximadament uns 10 cm de diàmetre per facilitar la sortida del fetus.

- **Òrgans genitals externs**, o **vulva**. Està formada pels **llavis majors** i els **llavis menors**, que protegeixen l'orifici vaginal, l'orifici uretral i el clítoris. El clítoris és un petit òrgan erèctil amb nombroses terminacions nervioses sensitives.

La pubertat en la dona

En la dona, la pubertat comença una mica més aviat que en els homes, entre els onze i els tretze anys.

Els ovaris comencen a produir òvuls i a secretar les hormones sexuals femenines, **estrògens** i **progesterona**, responsables del creixement i la maduració dels òrgans genitals i de l'aparició dels **caràcters sexuals femenins**.

Els estrògens provoquen el desenvolupament i la maduració dels ovaris, de l'úter, de la vagina i de les mames, un augment d'estatura i de pes, i l'aparició de pèl al pubis i a les aixelles.

Durant la pubertat, també es produeix una redistribució del greix corporal, els malucs s'eixamplen i s'arrodoneixen, la figura s'estilitza i té lloc la primera **menstruació** o **regla**.

Les primeres regles són irregulars i impredictibles, però durant el primer any, quan els nivells d'hormones assoleixen el seu índex òptim, es regularitzen i acostumen a anar acompanyades de dolor abdominal.

ESTRUCTURA DE L'APARELL REPRODUCTOR FEMENÍ

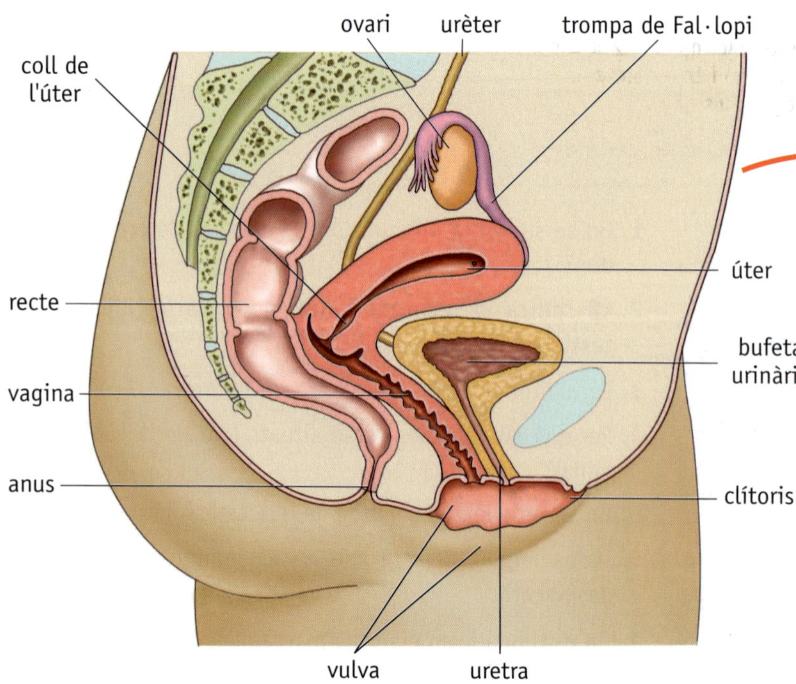

VISIÓ POSTERIOR

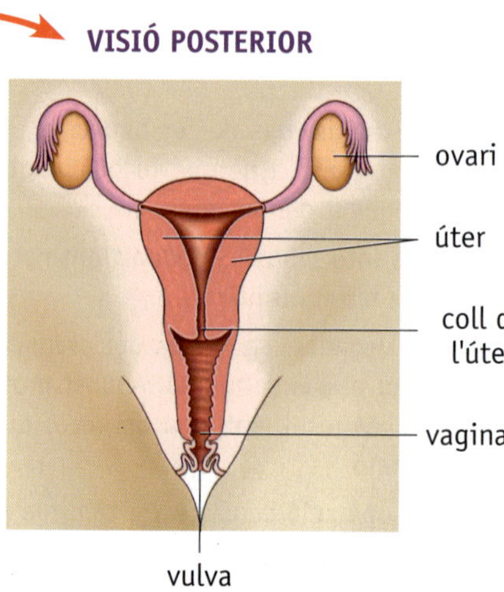

ELS ÒVULS

Els **òvuls** són cèl·lules grosses i el seu citoplasma conté abundants substàncies nutritives per al futur embrió. Són immòbils i es desplacen gràcies al moviment de les trompes.

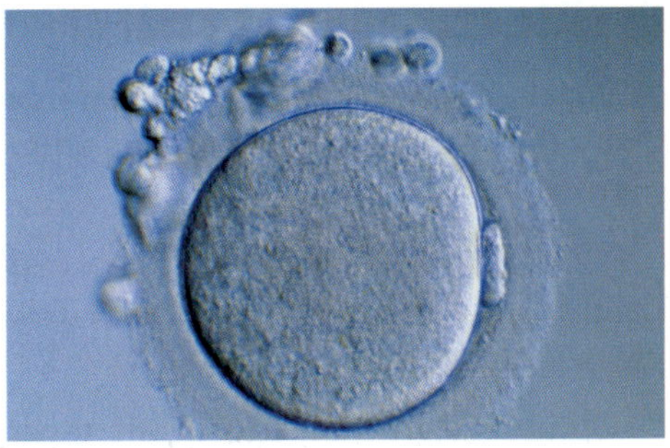

L'òvul conté, al citoplasma, abundants substàncies nutritives que serveixen d'aliment al futur embrió.

La producció d'òvuls

Els **òvuls** es produeixen als **ovaris**, en unes estructures arrodonides anomenades **fol·licles**. Els òvuls estan protegits per una coberta formada per cèl·lules del fol·licle i proteïnes. Els ovaris contenen nombrosos fol·licles en diferents estats de maduració.

L'ovulació

A partir de la pubertat i per l'acció de les hormones, es produeix el creixement i la maduració d'un fol·licle cada mes. Quan el fol·licle és madur es trenca i allibera l'òvul, que és conduït per la trompa de Fallopi fins a l'úter i es pot mantenir viu un o dos dies.

Els dos ovaris s'alternen de manera que, cada mes, només un allibera un òvul.

@ Amplia a la Xarxa...

Per saber més de l'aparell reproductor femení i el seu funcionament, entra a: www.tiching.com/732679

LA FORMACIÓ D'UN ÒVUL

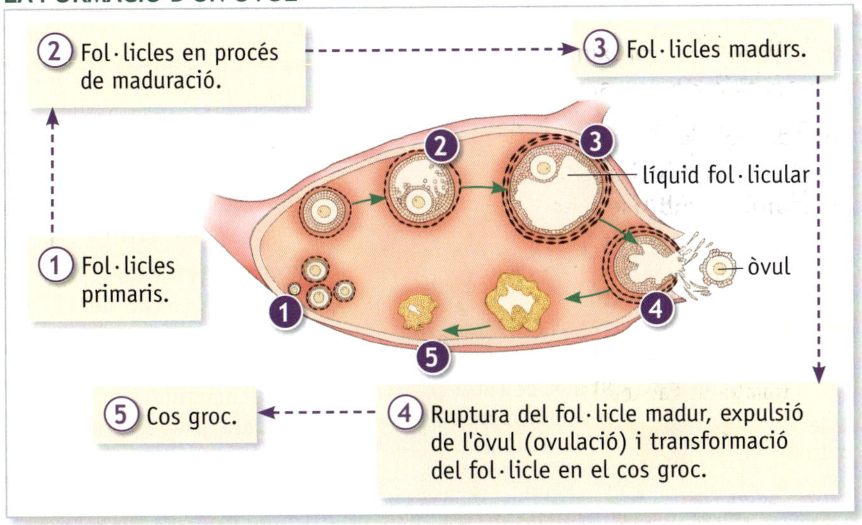

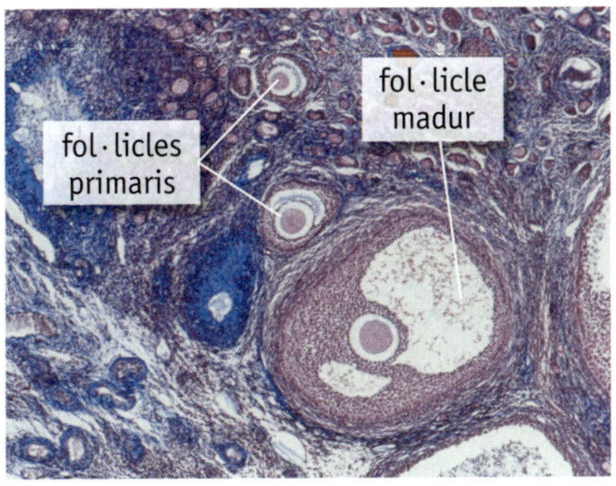

Tall d'un ovari, vist amb microscopi òptic, en què s'aprecien fol·licles en diferents etapes de maduració.

Higiene i cura de l'aparell reproductor femení

- Anota les dates en què comencen les teves regles i la durada; així sabràs com és el teu cicle menstrual.
- Durant l'hemorràgia menstrual utilitza compreses o tampons, que t'has de canviar sovint i que no has de llençar al vàter.
- La regla, sovint, va associada a dolors abdominals. En cas necessari, el metge podrà recomanar-te algun tractament.
- Has d'extremar la higiene dels teus òrgans genitals. Quan et dutxis, has d'obrir els llavis majors i netejar bé tota la zona genital. Per evitar infeccions pel pas de gèrmens de l'anus a la vagina, has de netejar-te sempre de davant cap endarrere després d'anar al lavabo.

1. Quines parts de l'aparell reproductor femení es localitzen dins del cos?
2. Indica el recorregut de l'òvul des de l'ovari fins que és expulsat a l'exterior.
3. Quin significat biològic té el fet que la maduració dels fol·licles comenci a la pubertat?
4. Esbrina quina hormona secreta el fol·licle.
5. Busca el significat dels termes *menarquia* i *menopausa*.

3 El cicle reproductor femení i la fecundació

El cicle reproductor femení

El **cicle reproductor femení** està compost per **dos cicles** que es produeixen simultàniament: l'ovàric i el premenstrual.

El cicle que té lloc en la dona cada 28 dies, mitjançant el qual s'allibera un òvul de l'ovari, s'anomena **cicle ovàric**.

Juntament amb el cicle ovàric tenen lloc una sèrie de transformacions a la paret de l'úter que constitueixen el **cicle menstrual**.

Tots dos cicles estan regulats per les hormones sexuals femenines.

Si no ha tingut lloc la fecundació durant la primera fase del cicle menstrual, que dura aproximadament 5 dies, té lloc el despreniment de la capa interna engruixida de l'úter o **endometri**, que s'acompanya d'una hemorràgia; és el que es coneix com a **menstruació**, **regla** o **període**.

Les fases següents preparen de nou l'úter per rebre i acollir l'òvul fecundat o zigot.

CANVIS DURANT EL CICLE MENSTRUAL

La concentració de les hormones sexuals femenines i la composició i el gruix de la mucosa de l'úter varien durant el cicle menstrual.

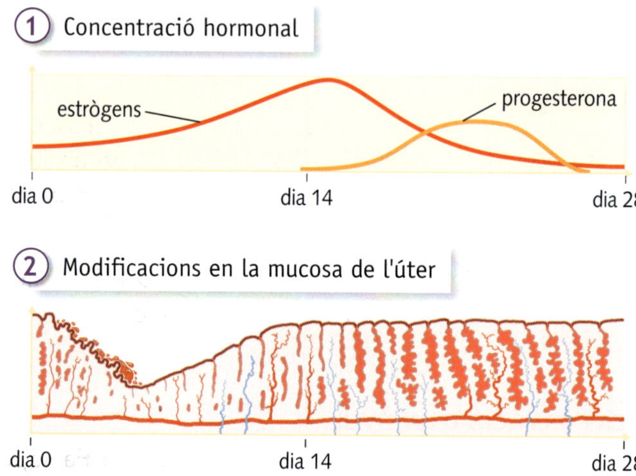

EL CICLE OVÀRIC I EL MENSTRUAL

FASE PREMENSTRUAL

La **paret** de l'**úter** comença a degenerar quan disminueix la concentració de **progesterona**, llevat que l'embrió s'hi hagi implantat; en aquest cas, la progesterona mantindrà la paret de l'úter engruixida fins al final de l'embaràs.

FASE RECEPTIVA O POSTOVULATÒRIA

La **capa interna** de l'**úter** està **ben desenvolupada**, amb nombrosos vasos sanguinis i glàndules per nodrir l'embrió. Si s'ha dut a terme la fecundació de l'òvul, l'embrió s'implantarà en aquest teixit. Sol passar 6-7 dies després de la fecundació.

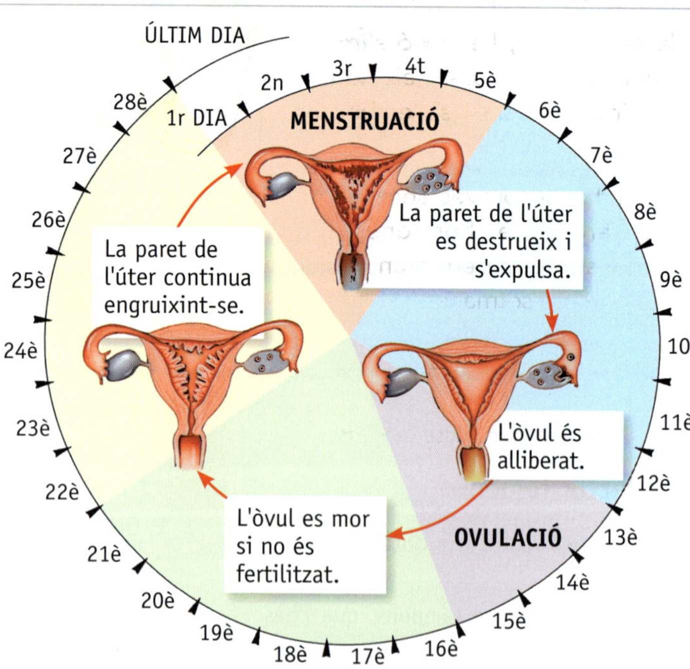

OVULACIÓ

Té lloc al voltant del **dia 14** del cicle. L'òvul és expulsat del fol·licle i alliberat a l'oviducte. L'ovulació coincideix amb el pic de la concentració d'**estrògens** i representa els dies de més fertilitat de la dona.

MENSTRUACIÓ

La **paret engruixida** de l'**úter** (**endometri**) es desprèn i s'expulsa per la vagina. Això és degut a la disminució de l'hormona **progesterona**.

Aquesta fase comporta una **pèrdua de sang** que la dona ha de reposar i requereix consumir prou ferro en la dieta per evitar anèmies.

FASE DE REPARACIÓ

La **paret de l'úter** comença a **engruixir-se** i es comencen a formar nous vasos sanguinis; adquireix un aspecte esponjós. Aquests canvis són deguts a l'augment d'**estrògens**.

LA FECUNDACIÓ I EL DESENVOLUPAMENT DE L'EMBRIÓ

S'anomena ***fecundació*** la unió d'un òvul i un espermatozoide per donar lloc a un zigot. Dels centenars de milions d'espermatozoides dipositats a la vagina, només uns quants centenars aconsegueixen travessar l'úter i arribar a les trompes per trobar l'òvul.

Només un d'aquests espermatozoides aconseguirà travessar la capa gruixuda que protegeix l'òvul. Quan l'espermatozoide hi ha entrat, les propietats de la paret externa de l'òvul canvien de tal manera que impedeixen l'entrada d'un altre espermatozoide.

Com que els espermatozoides es poden mantenir vius uns quatre dies després de l'ejaculació, la fecundació també és possible encara que el coit es faci uns dies abans de l'ovulació.

La fusió d'un **òvul** i un **espermatozoide** dóna lloc al **zigot**, que és la primera cèl·lula de l'embrió.

La implantació de l'embrió

En el seu recorregut des de la trompa de Fal·lopi cap a l'úter, el zigot comença a dividir-se per **mitosi**, de manera que el nombre de cèl·lules es duplica successivament. Durant aquest temps s'alimenta de les substàncies nutritives acumulades a l'òvul i de secrecions produïdes per la mare.

Set o vuit dies després de la fecundació, l'**embrió** s'**implanta** a la paret de l'úter, on es mantindrà durant els nou mesos que dura la gestació. A partir del tercer mes, l'embrió s'anomena **fetus**.

L'**embaràs** es diagnostica per mitjà de proves senzilles que detecten la presència de determinades hormones a l'orina o a la sang de la dona. Aquests tests permeten detectar l'embaràs gairebé des de la primera setmana.

@ Amplia a la Xarxa...

Per saber més del procés de l'ovulació i les seves característiques, entra a: www.tiching.com/732680

Canvis durant l'embaràs

Durant l'**embaràs** no es produeix la maduració de nous fol·licles a l'ovari. Per tant, el primer símptoma d'embaràs és l'absència de menstruacions. Un altre símptoma és l'augment del volum de les mames.

L'augment de pes o la modificació de la silueta a causa de l'augment de la mida de l'úter passa més endavant.

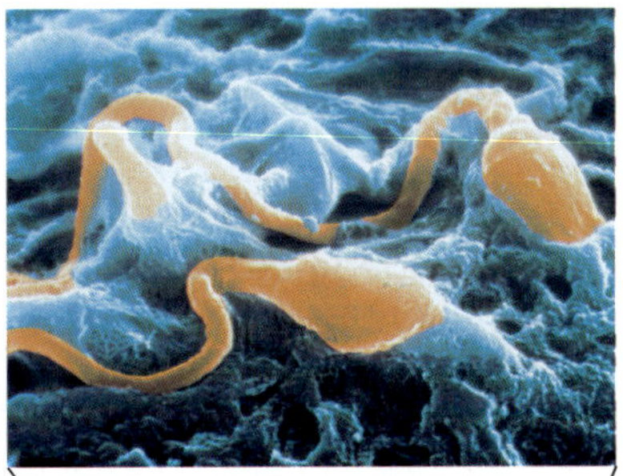

Espermatozoides intentant fecundar un òvul.

LA FECUNDACIÓ

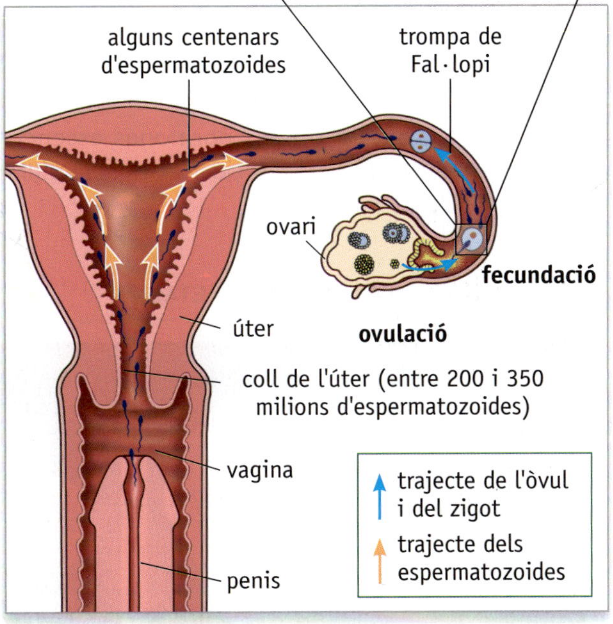

1. Defineix: *cicle menstrual, endometri, ovulació, fecundació, zigot* i *embrió*. Indica amb quines parts del sistema reproductor femení es relacionen.
2. En quins dies del cicle menstrual és més fàcil la fecundació de l'òvul?
3. Diferencia entre *fecundació* i *implantació* i indica on té lloc cadascun d'aquests processos.
4. Quins són els primers símptomes de l'embaràs? Descriu els canvis que passen a l'ovari i a l'úter.
5. Indica el recorregut dels espermatozoides des que es produeix l'ejaculació a la vagina fins a la possible trobada amb l'òvul. On es pot produir aquesta trobada?
6. Quina hormona femenina és secretada en més quantitat els primers dies del cicle menstrual? Quin és el seu efecte?

4 El desenvolupament fetal. La gestació i el part

Intercanvis entre la mare i el fetus

Al començament de l'embaràs es desenvolupen els **òrgans** encarregats de **protegir** l'**embrió**, de subministrar nutrients i d'eliminar productes de rebuig.

Aquests òrgans són els següents:

- L'**amni**. Membrana que forma la cavitat amniòtica en la qual està suspès l'embrió. Conté el **líquid amniòtic**, que banya l'embrió i que el protegeix de cops i vibracions.
- La **placenta**. És un òrgan que connecta l'embrió amb la paret de l'úter de la mare, a través del **cordó umbilical**.

Per la placenta arriben oxigen i nutrients a l'embrió, i a la vegada es recullen els productes de rebuig, com ara el diòxid de carboni i la urea. Les cèl·lules sanguínies de la mare no es barregen mai amb les del fetus.

La placenta també actua de barrera defensiva: evita el pas de cèl·lules i substàncies perjudicials. Tot i això, altres substàncies, com ara l'alcohol, la nicotina, algunes drogues i certs virus poden travessar la placenta i danyar el fetus.

A més, la placenta produeix hormones essencials per al manteniment de la gestació i el desenvolupament de les glàndules mamàries.

@ Amplia a la Xarxa...

Per saber més de la fecundació i el desenvolupament embrionari, entra a: www.tiching.com/732681

EL FETUS A L'ÚTER

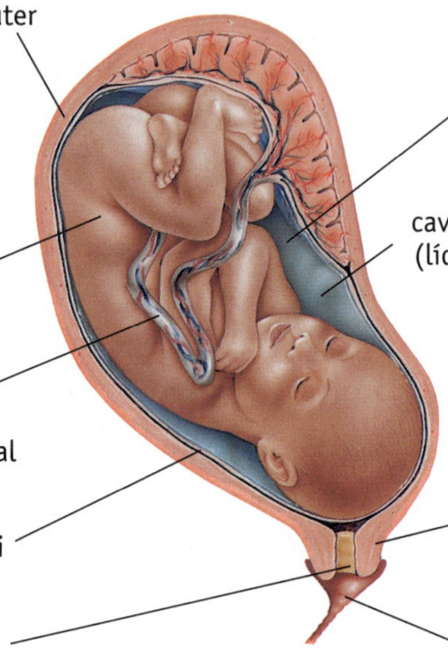

ETAPES DEL DESENVOLUPAMENT FETAL

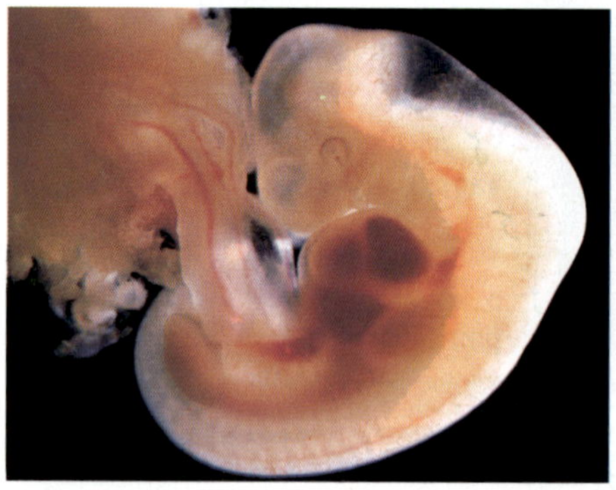

1 MES

L'**embrió** fa **8 mm**; comença el desenvolupament del cervell, de l'estómac, del fetge i de la columna vertebral. A més, el cor comença a bategar.

Comencen a aparèixer les mans i els ulls, que s'observen com unes estructures rodones al cap.

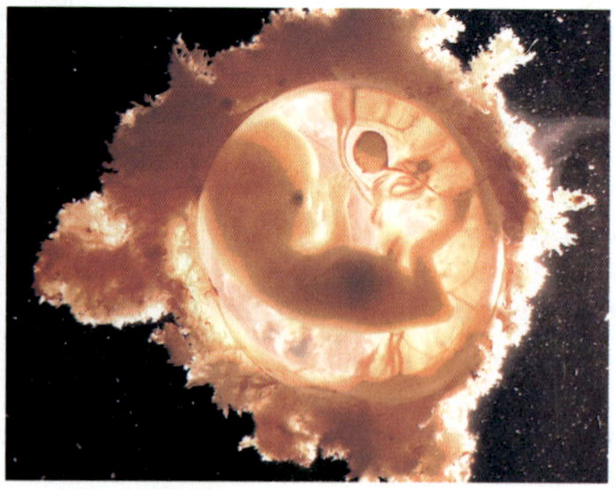

3 MESOS

L'**embrió** fa uns **9 cm**, ja s'han format els braços i les cames i la majoria dels òrgans.

Destaca la mida del cap. Ja té dits, parpelles, llavis i nas; se'n pot reconèixer el sexe. A partir de les vuit setmanes, s'anomena ***fetus***.

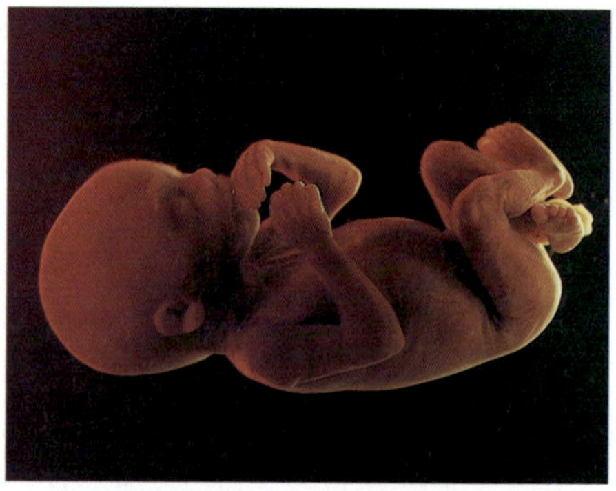

7 MESOS

L'**embrió** fa uns **40 cm.** Continua la maduració dels òrgans. És molt actiu, fa moure les cames i es mou en el líquid amniòtic. Ja pot sentir sons.

A partir d'aquest moment, el fetus ja podria sobreviure fora de l'úter, en el cas d'un part prematur.

EL PART

El **part** és el procés de sortida del fetus a l'exterior. Té lloc després de **40 setmanes** de **gestació** i es desenvolupa en diverses etapes.

① DILATACIÓ

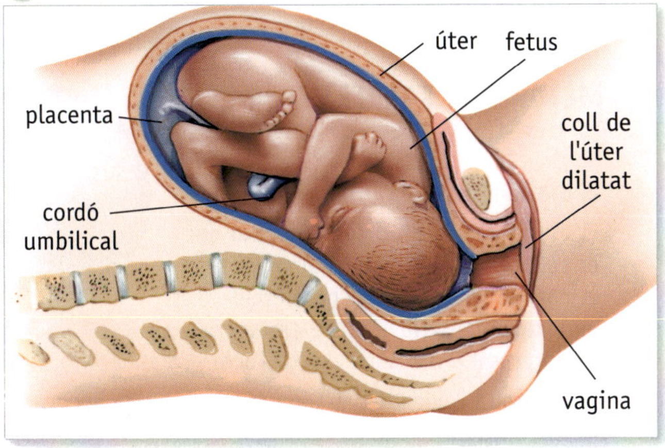

Comença amb contraccions de l'úter, que faciliten la dilatació del coll uterí, que s'ha d'obrir fins a deixar un orifici d'uns 10 cm. Durant aquesta etapa es trenca el sac amniòtic i s'allibera el líquid que conté, fet que es coneix com a ***trencar aigües***. Aquesta fase pot durar entre 8 i 14 hores en una mare que té el primer fill.

② EXPULSIÓ DEL FETUS

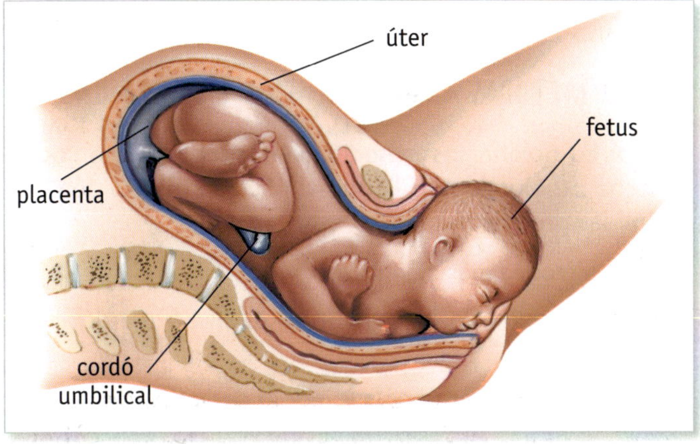

Les contraccions de l'úter, ara més intenses i prolongades, juntament amb l'ajuda de la mare, empenyen el fetus a l'exterior, a través de la vagina.

Una vegada el fetus és fora de la mare, es pinça el cordó umbilical i es talla. Aquesta fase d'expulsió dura uns 30 minuts.

③ EXPULSIÓ DE LA PLACENTA

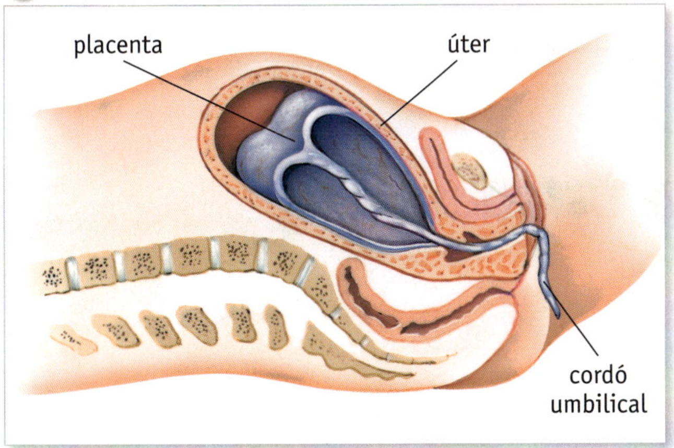

Els nadons, quan neixen, pesen uns 3 kg i fan uns 50 cm. Al cap de 15 minuts després del naixement, les contraccions de l'úter provoquen l'expulsió de la **placenta**.

Què és la cesària?

Quan el fetus no pot néixer per part normal, es practica una intervenció quirúrgica que consisteix a practicar un tall a l'abdomen i a l'úter per extreure'n el fetus. Aquesta operació s'anomena ***cesària***.

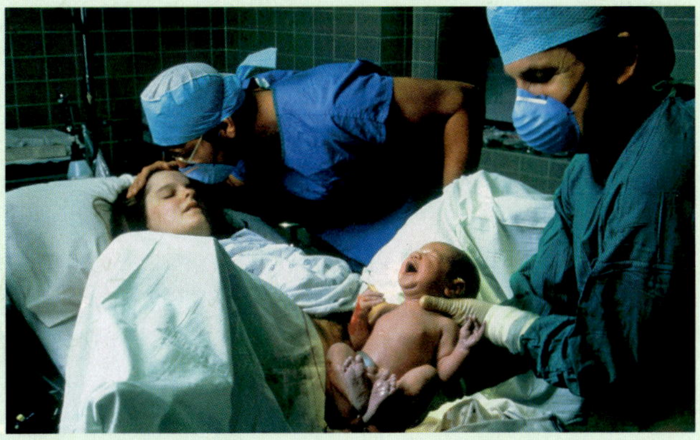

1. Quina funció tenen l'amni i el líquid amniòtic?
2. ¿Com es produeix l'alimentació del fetus durant l'etapa de l'embaràs?
3. Com es connecta el fetus amb la placenta?
4. En quin moment del part es produeix l'expulsió de la placenta?

5 DESCOBREIX

Els mètodes anticonceptius

L'**anticoncepció** consisteix a evitar la fecundació quan es mantenen relacions sexuals plenes. Permet fer una planificació familiar, és a dir, decidir lliurement quants fills vol tenir una parella i quan, i evitar els embarassos no desitjats.

A ELS MÈTODES ANTICONCEPTIUS MÉS COMUNS

Hi ha nombrosos **mètodes anticonceptius**, que cadascú ha de triar segons l'edat, el tipus de relació de parella i les preferències.

Els mètodes més utilitats són:

- Els mètodes de **barrera** (preservatiu o condó i diafragma).
- Els mètodes **hormonals** (píndola anticonceptiva).
- Els mètodes **mecànics** (dispositiu intrauterí).
- Els mètodes **químics** (espermaticides).
- Els mètodes **quirúrgics** (lligadura de trompes i vasectomia).

QUÈ ÉS LA PÍNDOLA DE L'ENDEMÀ?

Segons l'OMS, la **píndola de l'endemà** és una solució d'emergència que no s'ha d'utilitzar de manera habitual, sinó únicament en aquells casos inesperats en els quals s'ha mantingut una relació sexual completa sense fer servir anticonceptius, hi ha hagut un accident amb el mètode anticonceptiu habitual (per exemple, que s'hagi trencat el preservatiu) o en el cas d'una agressió sexual.

La seva elevada concentració hormonal **pot ser molt perjudicial.**

B MÈTODES DE BARRERA

El diafragma

Diafragma

El **diafragma** és un **disc de cautxú** que es col·loca al fons de la vagina per tapar el coll de l'úter i evitar-hi l'entrada d'espermatozoides. No s'ha de treure fins que hagin passat 6 o 7 hores des de l'acte sexual.

Es necessita l'ajuda del metge per triar la mida adequada i és una mica incòmode de col·locar.

Té una eficàcia mitjana, que pot millorar si s'utilitza amb un espermaticida.

El preservatiu o condó

El **preservatiu** és una **funda prima de goma** que es col·loca al penis. Reté el semen i impedeix que penetri a la vagina. El més utilitzat és el preservatiu masculí.

És molt aconsellable per a relacions sexuals esporàdiques, perquè ofereix una doble protecció: anticonceptiva i preventiva contra malalties de transmissió sexual.

Condó

La seva eficàcia és molt alta si s'utilitza bé i a temps. No es pot reutilitzar.

C MÈTODES MECÀNICS

El dispositiu intrauterí (DIU)

El **DIU** és un **objecte** petit de **plàstic** i **metall** que es col·loca a l'úter i hi impedeix la implantació del zigot. L'ha de col·locar un ginecòleg i es pot mantenir a l'úter durant tres o quatre anys.

Pot afavorir infeccions i ocasionar menstruacions més llargues i abundants. S'ha de revisar periòdicament. Té una eficàcia molt alta.

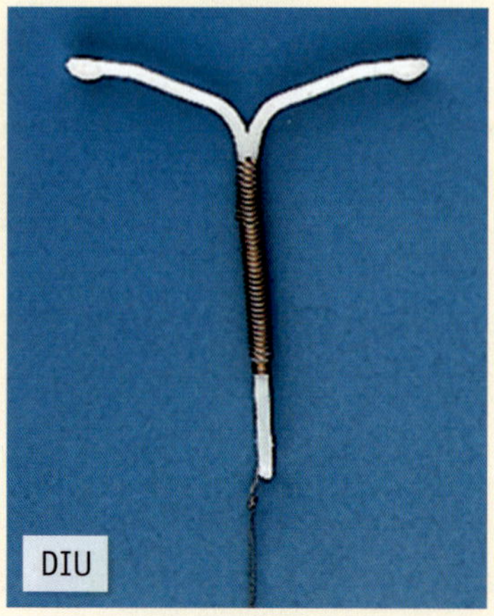

DIU

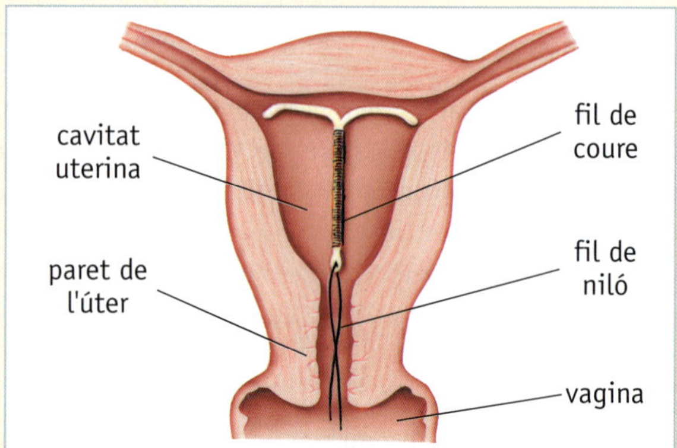

Col·locació del DIU.

D MÈTODES HORMONALS

Les píndoles anticonceptives

Les **píndoles anticonceptives** contenen **hormones** femenines que impedeixen l'ovulació. Com que no hi ha ovulació, no hi pot haver embaràs. S'han de prendre cada dia. També n'hi ha en forma de pegats, implants o anells vaginals.

S'han d'utilitzar exclusivament amb prescripció i seguiment mèdic. Poden produir efectes secundaris. També ajuden a controlar les regles molt doloroses. Són molt eficaces si es prenen cada dia.

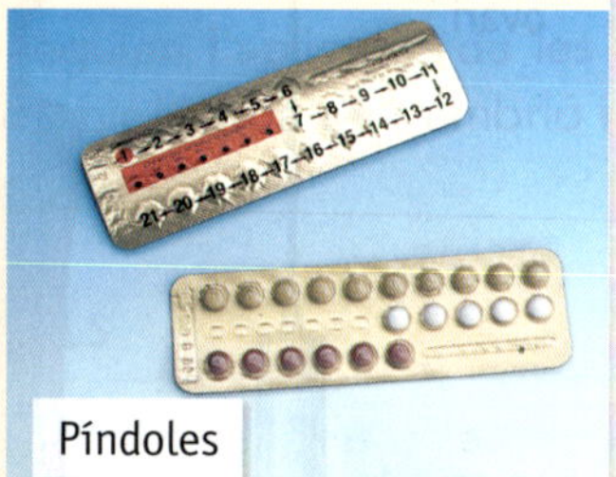
Píndoles

E MÈTODES QUÍMICS

Els espermaticides

Els **espermaticides** són **cremes, gels** o **escumes** que contenen **substàncies químiques** que destrueixen els espermatozoides.

S'han d'introduir a la vagina abans de l'acte sexual.

Són fàcils d'usar, però poden provocar picor o irritació a la vagina.

Tenen una eficàcia baixa; poden millorar si s'usen conjuntament amb un preservatiu o amb un diafragma.

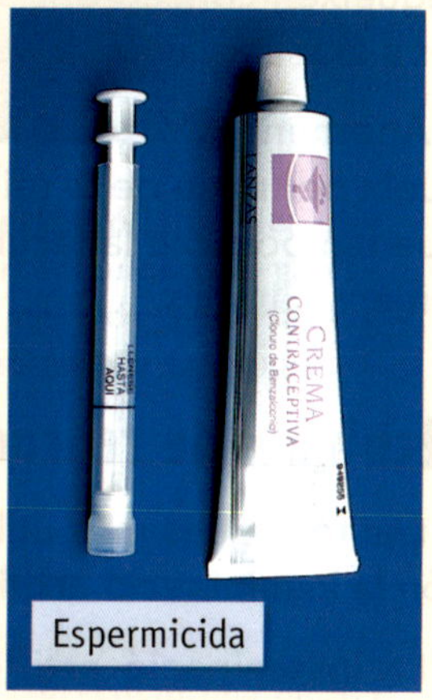

Espermicida

F MÈTODES QUIRÚRGICS

El lligament de trompes i la vasectomia

Són **operacions quirúrgiques** senzilles que impedeixen l'arribada de l'òvul a la trompa de Fal·lopi (**lligadura de les trompes de Fal·lopi**) o dels espermatozoides (lligadura dels conductes deferents o **vasectomia**).

Aquest tipus de mètodes permanents i irreversibles només són recomanables per a parelles que han decidit no tenir més fills.

La intervenció no afecta l'activitat sexual i tenen una eficàcia total.

@ Amplia a la Xarxa...

Per saber més de mètodes anticonceptius, entra a: www.tiching.com/732682

G ALTRES MÈTODES ANTICONCEPTIUS D'EFICÀCIA MOLT REDUÏDA

Com a mètodes anticonceptius d'eficàcia molt reduïda hi ha els anomenats mètodes naturals, com ara el **mètode Ogino** i el de la **temperatura basal**. Aquests mètodes es basen a esbrinar quan es pot produir l'ovulació, a calcular els dies fèrtils i a no mantenir relacions sexuals durant aquests dies.

El **coit interromput** o *marxa enrere* consisteix a treure el penis de la vagina el moment abans que es produeixi l'ejaculació. És un mètode molt poc segur, perquè abans de l'ejaculació s'expulsen gotes de semen que també contenen espermatozoides. No és un mètode recomanable.

Aquests mètodes anticonceptius són **molt poc segurs**: els cicles sexuals femenins són variables perquè depenen d'un equilibri hormonal complex. Qualsevol d'aquestes pràctiques de risc és totalment desaconsellable en qualsevol relació.

És FALS que no hi ha risc si...

- Es treu el penis abans de l'ejaculació.
- Es fa l'acte sexual dret o durant la menstruació.
- És la primera vegada que es mantenen relacions sexuals amb penetració.
- Et rentes els òrgans genitals immediatament després de fer l'acte sexual.

1. Quins mètodes impedeixen l'ovulació i quins eviten l'arribada d'espermatozoides a l'òvul?

2. Quin mètode anticonceptiu s'ha d'utilitzar només amb control mèdic? Quins són els mètodes anticonceptius menys recomanables?

3. Per què penses que, en comptes d'altres mètodes anticonceptius, es recomana l'ús del preservatiu per evitar el contagi de malalties?

4. En què consisteixen la vasectomia i el lligament de trompes? En quines situacions són aconsellables?

7 SALUT I MALALTIA

Què determina el nostre estat de salut?

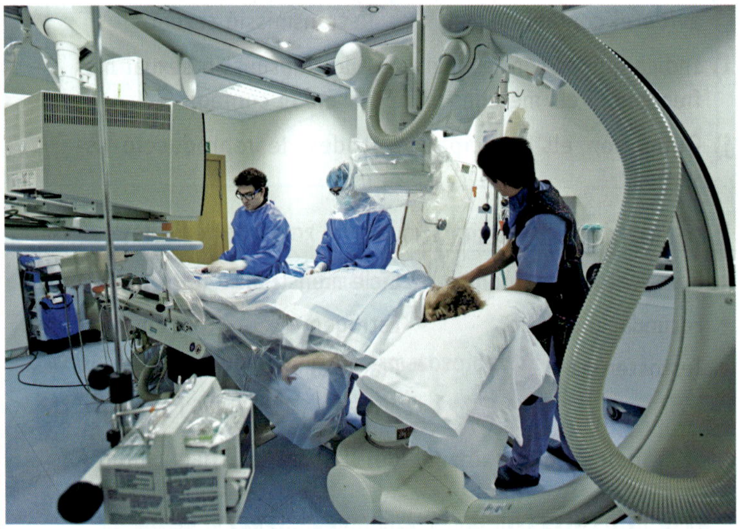

Els hospitals ofereixen una atenció mèdica especialitzada. Al nostre país disposem d'un sistema de salut pública amb un nivell d'assistència i competència professional dels millors del món.

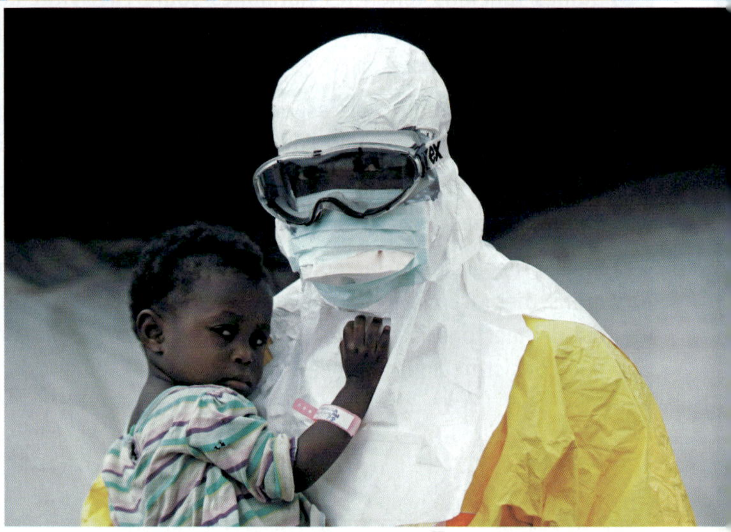

Encara no hi ha vacunes per combatre el virus de l'Ebola, que és altament mortal, sobretot als països que no tenen gaires mitjans sanitaris.

La **salut** és una condició força important per al benestar de les persones i depèn de molts factors; n'hi ha que són hereditaris i no els podem canviar, però d'altres depenen de la nostra voluntat.

Hi ha un **conjunt d'hàbits** relacionats amb l'alimentació, l'activitat física, la higiene personal i la prevenció de malalties i accidents que afecten el nostre estat de salut i el nostre benestar.

Mantenir un **estil de vida saludable** ens ajuda a prevenir moltes malalties, millora la nostra qualitat de vida i contribueix a fer-nos viure més temps i en més bones condicions.

Tot i que la salut és un dret fonamental de cada individu, hi ha molts països on l'escassetat d'aliments i unes condicions higièniques deficients continuen sent la causa de moltes malalties.

Què sabem?

- Has pres mai medicaments? Per a què? T'has informat de quines característiques tenen?
- Hi ha cap hospital a prop de casa teva?
- Saps què és l'Ebola i quin n'és l'origen?
- Penses que la medicina actual és capaç de guarir més malalties que en el passat?

Què aprendrem?

- Què entenem per salut i malaltia.
- Com es produeixen i es transmeten les malalties infeccioses i com les podem prevenir i tractar.
- Quines són les malalties no infeccioses més freqüents.
- Com funciona el sistema immunològic.
- La importància dels trasplantaments i de la donació de sang i d'òrgans.
- Quins són alguns dels últims avenços en el tractament i el diagnòstic de malalties.

Les al·lèrgies a substàncies del medi i al pol·len són cada cop més freqüents. Els àcars de la pols són animals microscòpics que poden provocar rinitis al·lèrgiques i asma.

1 Què és la salut?

Els conceptes de salut i malaltia

En el passat, el terme **salut** s'associava amb l'**absència de malaltia**. Una persona estava sana quan no patia cap malaltia. Aleshores, les malalties eren freqüents a causa del desconeixement d'hàbits saludables, de la manca d'higiene i de les limitacions de la medicina. Quan no provocaven la mort, deixaven seqüeles per a tota la vida i, molt sovint, els malalts quedaven incapacitats de fer vida normal.

Actualment, el concepte de *salut* afegeix, a l'absència de malaltia, el benestar físic, mental, emocional, social, espiritual, sexual i ambiental. A més de prevenir la malaltia, és important promoure la salut.

Fins a la primeria del segle XX, les malalties més difoses van ser, fonamentalment, les infeccioses. Moltes d'aquestes malalties són ara menys freqüents i el seu lloc l'han ocupat per malalties relacionades amb un estil de vida poc saludable.

La densitat de població augmenta el risc de contagi de les malalties infeccioses.

Els centres de salut constitueixen el nivell sanitari més pròxim als ciutadans; s'hi atenen les malalties cròniques o que no comporten l'ús de tecnologia molt especialitzada.

COMPETÈNCIA DE LES ADMINISTRACIONS PÚBLIQUES EN MATÈRIA SANITÀRIA

Consell Interterritorial de l'SNS	**Administració de l'Estat**	Bases i coordinació de la sanitat
		Sanitat exterior
		Política del medicament
		Gestió de l'INGESA
	Comunitats Autònomes	Planificació sanitària
		Salut pública
		Gestió dels serveis de salut
Corporacions locals		Salubritat
		Col·laboració en la gestió dels serveis

Font: repartiment de competències segons la Constitució Espanyola del 1978. Llei 14/1986, de 25 d'abril, Llei general i Llei 16/2003, de 28 de maig, de cohesió i qualitat del Sistema Nacional de Salut.

Els serveis sanitaris

La Constitució Espanyola del 1978 va establir el dret a la protecció de la salut i a l'atenció sanitària de tots els ciutadans, que es va desenvolupar per mitjà d'un seguit de lleis.

Les bases en què s'inspira aquest dret són les següents:

- Finançament públic, universalitat i gratuïtat dels serveis sanitaris.
- Drets i deures definits per als ciutadans i per als poders públics.
- Descentralització política de la sanitat a les Comunitats Autònomes.
- Prestació d'una atenció integral de la salut, de manera que es procurin nivells de qualitat elevats, ben avaluats i controlats.
- Integració de les diferents estructures i serveis públics al servei de la salut en el Sistema Nacional de Salut.

El Sistema Nacional de Salut (SNS) es configura com el conjunt coordinat dels serveis de salut de l'Administració de l'Estat i dels serveis de salut de les Comunitats Autònomes, que integra totes les funcions i les prestacions sanitàries que, d'acord amb la llei, són responsabilitat dels poders públics.

COM ES PODEN PREVENIR LES MALALTIES?

L'estudi de les malalties que afecten una població pot ajudar a prevenir-les i a tractar-les eficaçment. Aquests treballs estan basats en l'**etiologia**, és a dir, l'origen de la malaltia, en els models o els patrons de distribució de la malaltia i en els mecanismes de **transmissió**.

Per promoure la salut, cal tenir hàbits de vida saludables i evitar els factors de risc, en la mesura que depengui de la nostra voluntat.

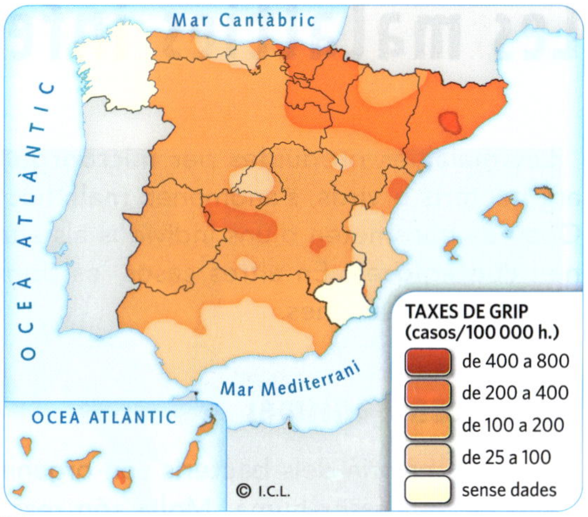

Difusió geogràfica de la grip a Espanya en la tercera setmana del 2015.

Factors de risc

Entre els factors que incrementen el risc que un individu contregui una malaltia determinada, destaquen els següents:

1. Alimentació rica en greixos i en sucres.
2. Consum de tabac, alcohol i altres drogues.
3. Falta d'higiene personal.
4. Alguns tipus de feina.
5. Vida estressada o molt sedentària.
6. Excés de radiació solar.
7. Relacions sexuals sense protecció.
8. Conducció temerària o sota els efectes de l'alcohol o drogues.
9. Falta de responsabilitat o immaduresa a l'hora d'assumir riscos innecessaris.

El diagnòstic precoç

El diagnòstic precoç té com a finalitat detectar malalties en fase inicial o abans que es manifestin i arribin els símptomes.

Entre les tècniques més habituals destaquen les anàlisis de sang, l'estudi de teixits, els escàners i les ressonàncies magnètiques, les mamografies, les anàlisis de sang a la femta, la colonoscòpia i les anàlisis genètiques, fins i tot abans del naixement.

Els objectius del diagnòstic precoç són evitar les complicacions i les seqüeles de les malalties, augmentar l'eficàcia dels tractaments, reduir la despesa sanitària i, el més important, evitar molt patiment i millorar la qualitat de vida de les persones.

Els inconvenients són les limitacions tècniques per detectar certes malalties i el cost elevat d'algunes proves.

@ Amplia a la Xarxa...

Per saber més de la salut, entra a: www.tiching.com/732686

1. Quines malalties eren les més freqüents fins al principi del segle XX? Com influïen els costums sanitaris en la seva aparició?
2. Esmenta dos factors de risc que puguin afavorir el desenvolupament d'alguna malaltia. Tenen relació amb la forma de vida actual?
3. De qui són les competències sanitàries a Espanya? Creus que aquest sistema pot generar desigualtats?
4. Hi ha cap correlació entre la salut d'un país i el seu nivell socioeconòmic? Esmenta alguna malaltia relacionada amb la pobresa, especialment a països poc desenvolupats.

4 Les donacions i els trasplantaments

Els **trasplantaments** d'òrgans i teixits serveixen perquè moltes persones recuperin la salut i millorin la seva qualitat de vida. El descobriment de les cèl·lules mare i de la seva capacitat per regenerar teixits també ha obert noves expectatives per al desenvolupament de la medicina regenerativa.

Anomenem *donació* la cessió d'un òrgan o de cèl·lules, de manera altruista, a un pacient que ho necessita. Les donacions més freqüents acostumen a ser entre membres de la mateixa família, tot i que cada vegada hi ha més persones conscienciades de la importància de donar els òrgans.

A QUÈ ÉS UN TRASPLANTAMENT?

Un **trasplantament** és la substitució d'un òrgan o un teixit per un altre de sa, que avui dia ja és possible obtenir per mitjà de tècniques de bioenginyeria.

L'inconvenient principal dels trasplantaments és el **rebuig**, perquè el sistema immunitari dels humans reconeix i ataca tot el que és estrany al propi organisme. Actualment hi ha fàrmacs molt eficaços per minimitzar els efectes del rebuig.

B QUINS TEIXITS I ÒRGANS ES TRASPLANTEN?

Els primers trasplantaments que es van dur a terme van ser de ronyó. Avui dia és possible trasplantar, a més, altres òrgans com ara el fetge, el cor, el pulmó o l'intestí, com també molts tipus de teixits:

- Teixits de músculs i articulacions: os, tendó i altres estructures de les articulacions.
- Còrnia
- Pell
- Vàlvules cardíaques
- Vasos sanguinis: artèries i venes.
- Sang
- Cèl·lules precursores de teixit cartilaginós, d'epidermis i de cèl·lules musculars, com ara les que s'utilitzen per regenerar un cor danyat després d'un infart.

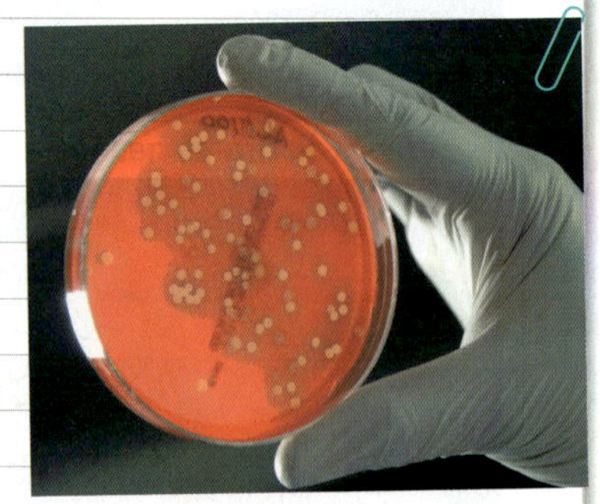

C NOMBRE DE TRASPLANTAMENTS A ESPANYA DEL 2012 AL 2014

	2012	2013	2014
Donants	1643	1655	1682
Trasplantaments renals	2551	2552	2678
Trasplantaments hepàtics	1084	1093	1068
Trasplantaments cardíacs	247	249	265
Trasplantaments pulmonars	238	285	262
Trasplantaments de pàncrees	83	92	81
Trasplantaments d'intestí	8	8	6
Total trasplantaments d'òrgans	4211	4279	4360

Les implicacions ètiques i socials dels trasplantaments

L'augment del nombre d'intervencions de trasplantaments d'òrgans obliga a plantejar-se seriosament una sèrie de qüestions ètiques.

En primer lloc, cal establir clarament en quin moment es pot diagnosticar la mort d'una persona per poder extreure'n els òrgans. També és important tenir en compte la manera en què el donant i els familiars expressen el seu consentiment per donar òrgans.

En tot el procés de trasplantament és necessari protegir l'anonimat tant del donant com del receptor.

D TRANSFUSIONS I DONACIÓ DE SANG

Les **transfusions de sang** es poden considerar com a trasplantaments de teixits, perquè la sang ho és. Consisteixen a passar o transfondre sang d'una persona a l'altra, tenint en compte que siguin compatibles.

La transfusió pot ser de sang completa o de certs components, com ara glòbuls vermells, plaquetes o plasma, la part líquida de la sang.

Per fer una transfusió amb plenes garanties de seguretat i lliure d'agents infecciosos, com ara el virus de la sida, els bancs de sang analitzen la sang donada. El risc de contreure un virus arran d'una transfusió és baix.

De vegades, és possible treure sang a un pacient i fer-li una autotransfusió, per exemple, durant una cirurgia programada.

E LA MEDUL·LA COM A FONT DE CÈL·LULES MARE

A la medul·la òssia vermella hi ha cèl·lules mare, anomenades **hematopoètiques** o formadores de les cèl·lules sanguínies.

Des de fa dècades, el trasplantament de medul·la òssia es duu a terme per tractar diferents tipus de càncer, especialment leucèmies i problemes greus de la sang. També es tracten amb cèl·lules mare de medul·la òssia trastorns del sistema immunitari i del metabolisme.

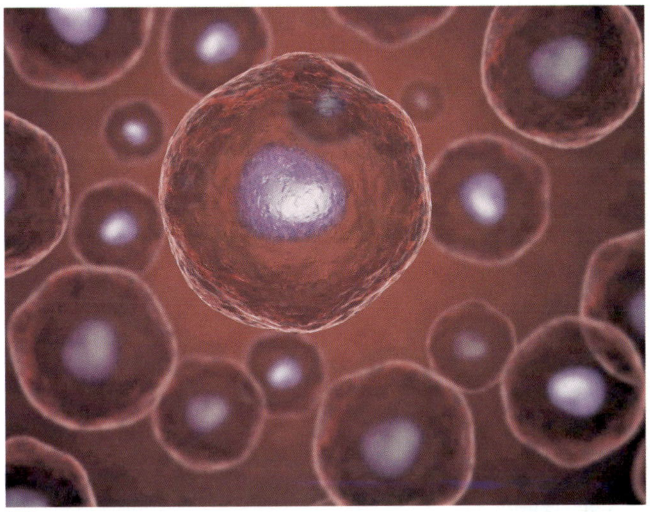

Les cèl·lules mare hematopoètiques són les encarregades de la formació de cèl·lules sanguínies.

F CÈL·LULES MARE CREADES AL LABORATORI

La utilització de cèl·lules mare d'origen embrionari s'ha trobat amb moltes barreres tècniques i ètiques que n'han frenat la recerca i l'aplicació.

Aquests inconvenients s'han superat amb la possibilitat de convertir qualsevol cèl·lula de l'organisme en cèl·lula mare embrionària i posteriorment, a partir d'aquesta cèl·lula, generar tot tipus de teixits. És, d'alguna manera, com tornar enrere amb la màquina del temps.

Aquesta tecnologia s'anomena reprogramació cel·lular.

Actualment ja és possible convertir cèl·lules de pell en tipus cel·lulars tan diversos com ara neurones, cèl·lules del fetge o cèl·lules del cor.

És un mètode molt prometedor per a una futura medicina cel·lular regenerativa, gràcies al fet que les cèl·lules mare embrionàries es multipliquen de manera molt ràpida i fàcil i mantenen intactes les seves propietats, cosa que no passa amb les cèl·lules adultes, les quals no es divideixen activament i tenen tendència a acumular alteracions genètiques.

@ Amplia a la Xarxa...

Per saber més de l'aplicació i la utilització de les cèl·lules mare, entra a: www.tiching.com/732688

1. Pot ser un compromís moral donar sang o, en cas de defunció, donar els òrgans per salvar vides?
2. Creus que les transfusions de sang estan ben controlades als hospitals?
3. Com s'han superat els inconvenients de la utilització de cèl·lules mare embrionàries?
4. Investiga què és la medicina cel·lular regenerativa i quines aplicacions té.

5 Les defenses de l'organisme i el sistema limfàtic

Les defenses de l'organisme

Per lluitar contra les malalties, l'organisme té mecanismes de defensa molt complexos i eficaços. El **sistema limfàtic** i el **sistema immunitari**, encarregats d'aquestes defenses, són interdependents. El limfàtic produeix les cèl·lules i les molècules que permeten al sistema immunitari actuar mitjançant un conjunt de respostes.

El sistema limfàtic

El sistema limfàtic està format pels **òrgans** limfàtics, els **vasos** i **ganglis limfàtics** i per diferents tipus de **glòbuls blancs**, com els limfòcits i els macròfags.

Les funcions més importants del sistema limfàtic són:

- Contribuir, juntament amb el sistema immunitari, a la **defensa de l'organisme** davant de moltes malalties.
- **Recollir** el líquid acumulat al voltant de les cèl·lules, o **líquid intersticial**, i abocar-lo a la sang. Quan es troba a l'interior dels vasos limfàtics, el líquid intersticial s'anomena **limfa**.
- **Transportar** els greixos i les vitamines solubles en lípids des de les vellositats intestinals cap al sistema circulatori.

La limfa

La limfa és un líquid de color lleugerament groguenc format en gran part per aigua (90 %), proteïnes, greixos i cèl·lules com ara limfòcits i macròfags. També conté restes de cèl·lules mortes i organismes patògens, com bacteris.

Es forma a partir del líquid intersticial dels espais entre les cèl·lules que no és recollit pel sistema venós.

La limfa circula pels capil·lars i els vasos i, quan passa pels ganglis limfàtics, és filtrada i depurada (s'eliminen les restes cel·lulars i els patògens).

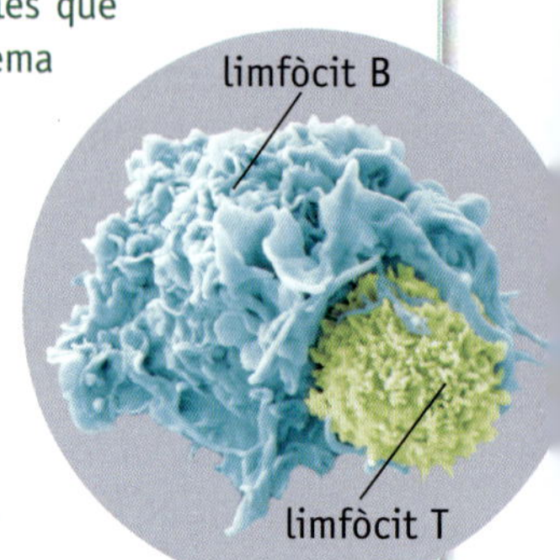

Els òrgans, els vasos i ganglis limfàtics

- Els **òrgans limfàtics** més importants són la **medul·la òssia vermella** dels ossos, el **tim** i la **melsa**.

  També són òrgans amb teixit limfoide les **amígdales**, situades a la faringe, i l'**apèndix** cecal, situat al cec intestinal.

- Els **vasos limfàtics** constitueixen una xarxa de vasos distribuïda per tot l'organisme, semblant a la del sistema venós. També, com el sistema venós, tenen a l'interior **vàlvules**, que impedeixen el retrocés de la limfa. Els vasos de més calibre són el **conducte toràcic** i el **conducte limfàtic dret**.

  Els vasos de calibre menor, o **capil·lars limfàtics**, s'estenen per tots els teixits.

- Els **ganglis limfàtics** són acumulacions de teixit limfàtic localitzades al llarg dels vasos limfàtics. Als ganglis s'hi filtra la limfa i s'eliminen els patògens i els antígens, gràcies al fet que contenen limfòcits.

@ Amplia a la Xarxa...

Per saber més de la funció dels ganglis entra a: www.tiching.com/732689

CAPIL·LARS LIMFÀTICS EN UN TEIXIT

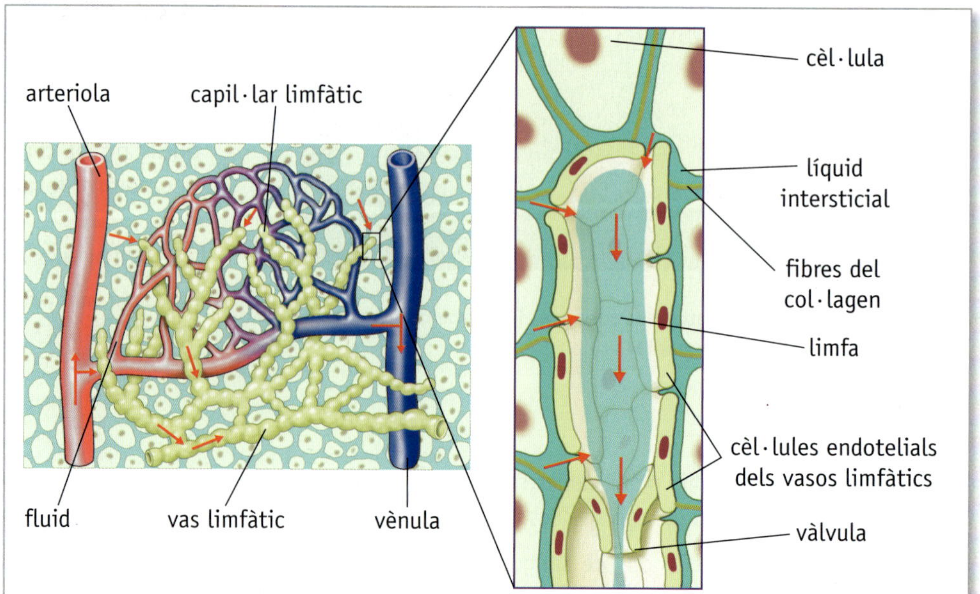

ÒRGANS I CÈL·LULES EN EL SISTEMA LIMFÀTIC

(1) El **conducte limfàtic dret** recull la limfa del costat dret del cap i el coll, del braç dret i del tòrax.

(2) El **conducte toràcic** recull la limfa de les extremitats inferiors, de l'abdomen, del braç esquerre i de la part esquerra del cap i del coll.

(3) La **medul·la òssia vermella** és abundant a les cavitats dels ossos, especialment en els infants.

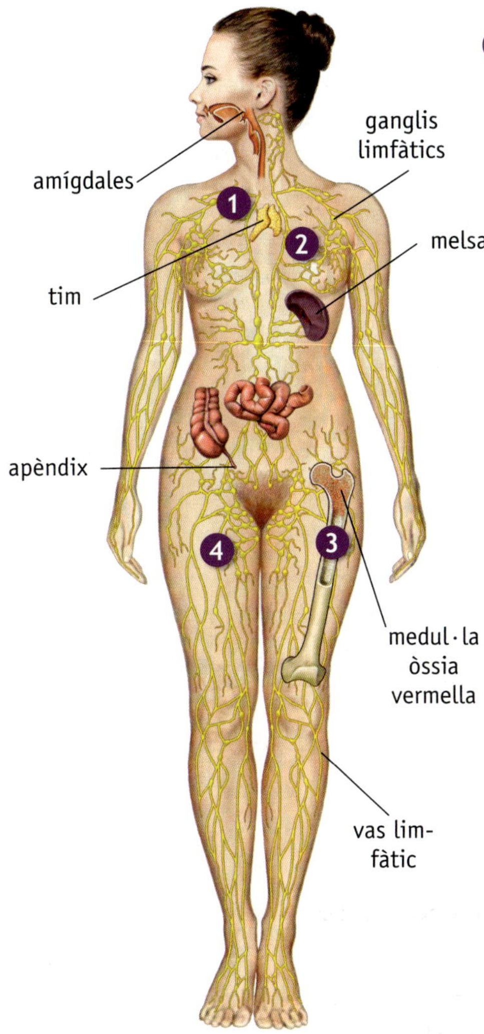

(4) Els **ganglis limfàtics** es localitzen al llarg dels vasos limfàtics. Abunden a la part superficial del cos humà, a les aixelles, al coll i als engonals.

Els ganglis limfàtics tenen uns espais, anomenats **sinusoides**, al voltant dels quals es situen el macròfags.

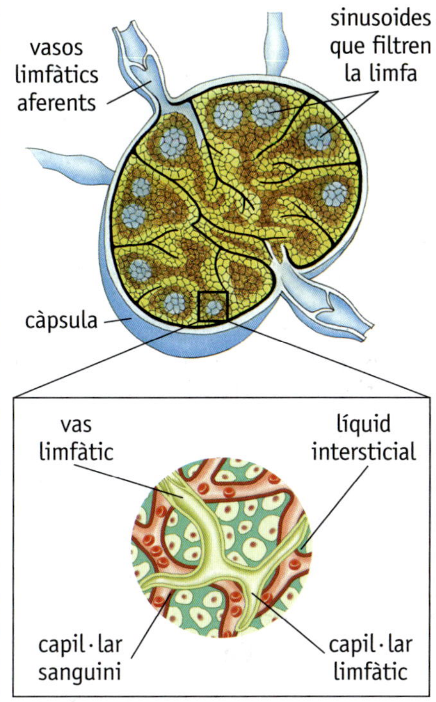

Cèl·lules de la limfa

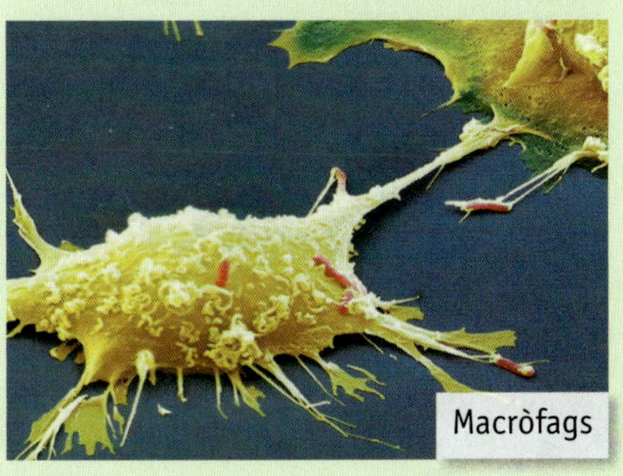
Macròfags

Les **cèl·lules mare** de la medul·la òssia es diferencien i donen lloc a diferents tipus de cèl·lules, com ara els limfòcits i els macròfags, responsables de la defensa de l'organisme.

Els tipus de **limfòcits** més importants són el **B** i el **T**. Els B són els encarregats de marcar les substàncies estranyes i els organismes patògens perquè siguin eliminats per altres cèl·lules del sistema immunitari. Els T, anomenats així perquè un cop s'han format en els òrgans limfàtics maduren al tim, neutralitzen els agents estranys.

Els **macròfags** ingereixen els agents infecciosos. A més de localitzar-se als ganglis limfàtics, també ho fan en diversos òrgans.

1. Quins elements componen el sistema limfàtic? On es localitzen?
2. Quins tipus de limfòcits existeixen? Quina funció fa cadascun dels tipus?
3. Coneixent la funció dels macròfags, a quina part del sistema limfàtic es fa la neteja de la limfa?
4. Per què anomenem *cèl·lules mare* les cèl·lules de la medul·la òssia vermella?

6 Les respostes del sistema immunitari

Sistema immunitari i immunitat

El **sistema immunitari** és el responsable que l'organisme es defensi de substàncies estranyes, anomenades **antígens**. Els antígens solen ser proteïnes que es localitzen a la cara externa de la membrana plasmàtica de les cèl·lules.

S'anomena **immunitat** d'un organisme la capacitat per defensar-se davant substàncies estranyes, organismes patògens i cèl·lules canceroses. Hi ha dos tipus d'immunitat: **inespecífica** i **específica**.

La immunitat inespecífica

Consisteix en el rebuig **no selectiu** d'organismes patògens. Les defenses inespecífiques més importants són:

- Les barreres d'entrada, com ara la **pell**, i les **mucoses** dels aparells digestiu, respiratori i urinari on es localitzen els macròfags.
- La **inflamació** o resposta inflamatòria.
- Unes **proteïnes** del plasma anomenades **sistema de complement**, que destrueixen els bacteris.
- Les **cèl·lules assassines**, un tipus de limfòcits especialitzats en la destrucció de cèl·lules canceroses.

La immunitat específica

Es basa en la capacitat dels organismes per actuar de manera específica davant els antígens capaços d'esquivar les defenses inespecífiques i penetrar a l'organisme.

Els **antígens** estimulen la resposta del sistema immunitari i la producció d'**anticossos**, unes proteïnes produïdes per contrarestar un antigen.

Els responsables de la immunitat específica són els **limfòcits T**, encarregats de destruir directament o indirectament les cèl·lules que posseeixen antígens estranys, i els **limfòcits B**, capaços de diversificar-se i produir **anticossos específics** per a cada antigen.

Formes o tipus d'immunització

La immunitat específica pot ser activa o passiva:

- **Immunitat activa** és aquella en què l'organisme produeix anticossos contra un antigen, després que hi ha estat en contacte.

  Quan ens posen una vacuna, ens introdueixen un microorganisme inactivat davant del qual el nostre organisme produirà els limfòcits de memòria que ens protegiran si tornen a estar en contacte amb aquest antigen. Es tracta d'una immunitat específica activa.
- **Immunitat passiva.** En el cas d'infeccions en els quals no es pot esperar que l'organisme fabriqui els propis anticossos, cal aportar-hi els anticossos fabricats per un altre organisme. Aquesta és la base dels sèrums.

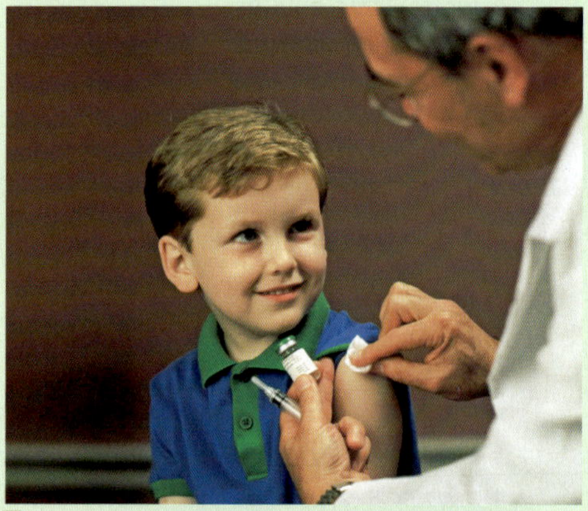

Les vacunes protegeixen de malalties infeccioses.

Diferenciació dels limfòcits

Quan un antigen entra a l'organisme, les cèl·lules indiferenciades o limfòcits B inactius, encarregades de produir anticossos, s'activen, es divideixen i donen lloc a dos tipus de cèl·lules:

- Les **cèl·lules** anomenades **plasmàtiques**, que produeixen grans quantitats d'anticossos i es destrueixen aviat.
- Els **limfòcits B de memòria**, que romanen en el cos durant molt de temps per produir més anticossos en cas que l'organisme torni a entrar en contacte amb l'antigen específic.

1. Quin tipus de cèl·lules són les responsables que no tornem a tenir algunes malalties que ja hem patit, com ara el xarampió?

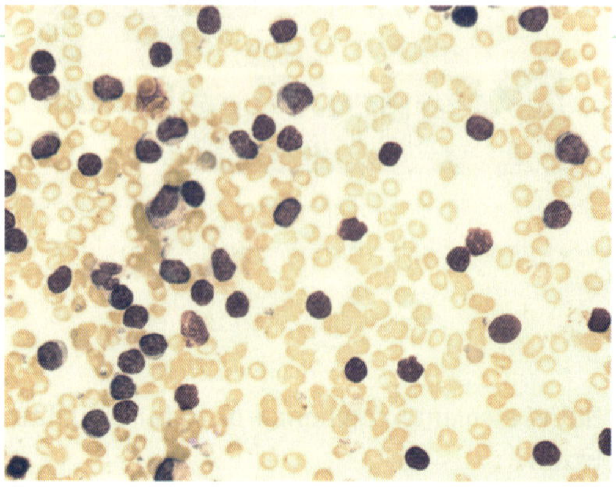

Medul·la òssia vermella vista amb el microscopi òptic.

LES MALALTIES DEL SISTEMA IMMUNITARI I LA MANERA DE PREVENIR-LES

Al·lèrgies

Consisteixen en la hipersensibilitat d'un organisme davant substàncies del medi, com ara el pol·len, certs aliments o el pèl dels animals, que habitualment no provoquen cap reacció.

La resposta immunitària davant aquests antígens, anomenats també **al·lergògens**, provoca una sèrie de símptomes molestos, com ara llagrimeig, tos, mal de cap, inflor de mucoses o inflamació de les vies respiratòries.

De vegades, la reacció al·lèrgica és tan greu que pot ser necessari l'ingrés hospitalari.

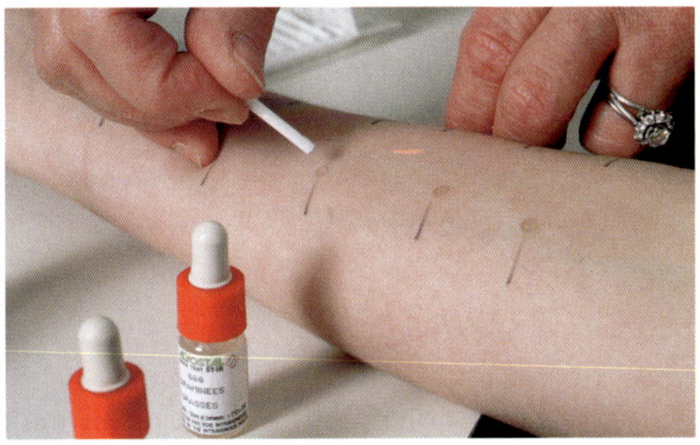

Les proves per detectar els al·lergògens als quals és sensible una persona es fan a la pell.

Malalties autoimmunitàries

Aquest tipus de malalties les produeix un error del sistema immunitari, que reconeix com a estranyes les seves pròpies cèl·lules o molècules.

Per tant, el sistema immunitari produeix anticossos contra aquestes cèl·lules o molècules, cosa que provoca malalties greus com ara l'esclerosi múltiple, el lupus eritematós, l'artritis reumatoide o la diabetis juvenil.

Sida o síndrome d'immunodeficiència adquirida

Aquesta síndrome està provocada pel virus VIH, que infecta les pròpies cèl·lules del sistema immunitari i impedeix que facin les seves funcions. Per aquest motiu, les persones infectades pateixen nombroses malalties, perquè no poden fabricar defenses.

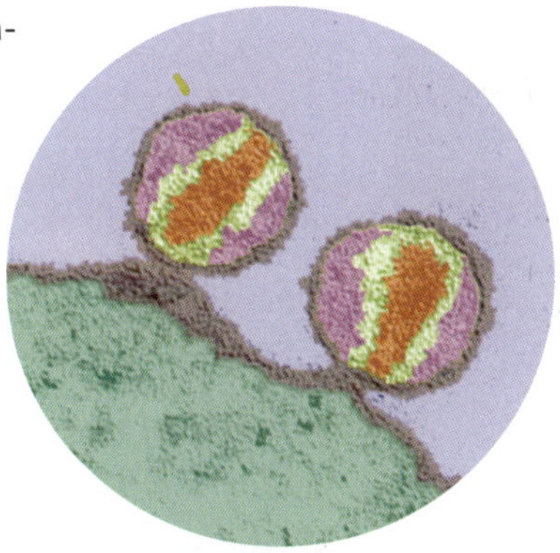

Virus de la sida sortint d'una cèl·lula. Per evitar el contagi de la sida, cal prendre precaucions a l'hora de tenir relacions sexuals o en l'intercanvi de fulles d'afaitar, xeringues o qualsevol altre estri tallant.

Les vacunes

Un cop ja hem patit certes malalties víriques, com ara el xarampió o la rubèola, no les tornem a tenir perquè hi estem immunitzats.

Les vacunes han estat, juntament amb els antibiòtics, un dels grans avenços de la medicina, que han evitat malalties limitadores, com ara la poliomielitis, i fins i tot la mort, com en el cas de diftèria, de la qual s'ha produït un cas a Espanya el 2015.

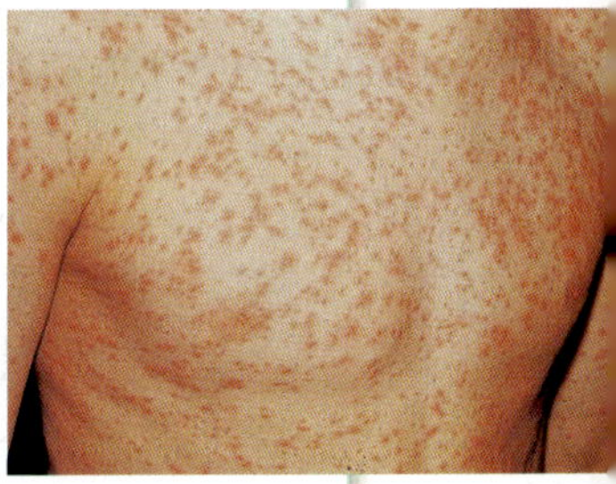

Lesions produïdes per la rubèola.

@ Amplia a la Xarxa...

Per saber més de les malalties del sistema immunitari, entra a: www.tiching.com/732691

2. Quines són les defenses no específiques del cos humà?
3. Com han de ser els microbis utilitzats per preparar una vacuna?
4. S'han aconseguit vacunes per a totes les malalties conegudes?
5. Què és una malaltia autoimmunitària? Indica'n alguns exemples.
6. Per què la resposta immunitària, en el cas de les al·lèrgies, és més important en certs òrgans? Raona la resposta.
7. Per què l'administració d'algunes vacunes pot provocar febre?
8. Per què és important desinfectar bé qualsevol ferida que et facis?

7 La medicina del segle XXI

La **biotecnologia** és l'ús d'organismes vius, modificats genèticament, per obtenir medicaments, curar malalties o regenerar teixits. La **nanotecnologia** consisteix a separar, manipular i utilitzar materials àtom per àtom. Aquestes dues noves eines combinades van canviant el concepte actual de medicina pel que fa al diagnòstic i el tractament de malalties.

@ Amplia a la Xarxa...

Per saber més de les aplicacions de la nanotecnologia, entra a: www.tiching.com/732692

A LA TERÀPIA GÈNICA

Existeixen nombroses alteracions i malalties relacionades amb anomalies en els cromosomes, com ara la síndrome de Down, l'hemofília o el daltonisme. En alguns casos hi ha gens defectuosos, anomenats *oncògens*, que fan que la persona que els té pugui patir certes malalties, com ara el càncer.

La teràpia gènica consisteix a introduir un gen, mitjançant un virus modificat o una molècula, en cèl·lules o en un òrgan, amb la finalitat de corregir el defecte genètic que provoca una malaltia. El gen introduït substituiria el defectuós.

Actualment, aquest tipus de teràpia ha estat millorada i representa una esperança per a malalts del cor, leucèmia, Parkinson, certs tipus de ceguesa, VIH, melanoma, hemofília i malalties rares, entre d'altres.

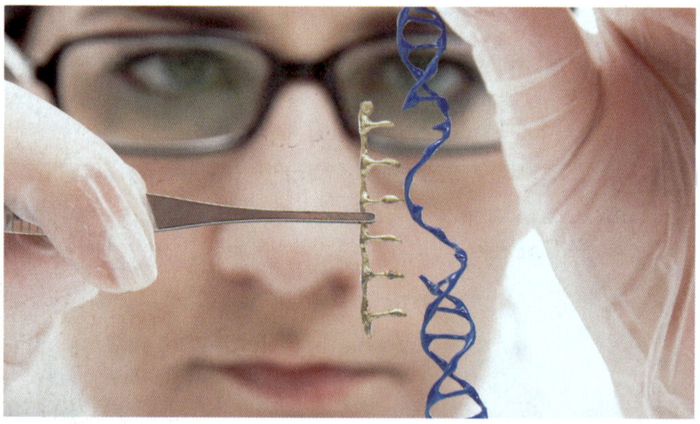

B LES NOVES VACUNES

A la dècada dels vuitanta, amb l'avenç de l'enginyeria genètica i el coneixement de l'ADN de virus i bacteris, es van començar a desenvolupar les vacunes obtingudes per mètodes de biotecnologia, anomenades *recombinants*. La primera que es va desenvolupar va ser la de l'hepatitis B, a partir de llevats modificats genèticament.

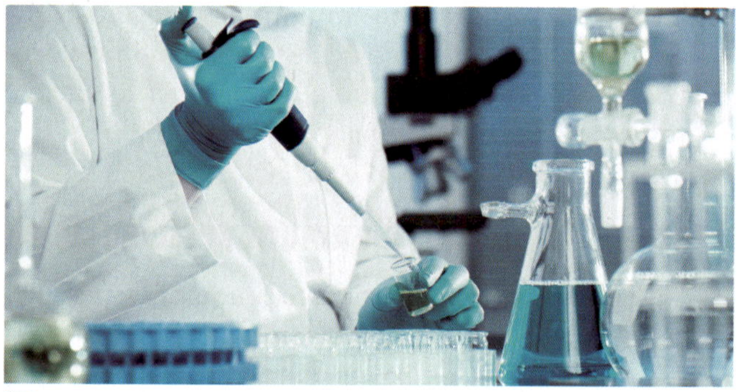

Actualment s'estudien vacunes contra diferents malalties, com ara la malària, l'herpes, la sida, el còlera, el dengue i l'al·lèrgia al pol·len, i també vacunes comestibles.

C MICROXIPS PER ARRIBAR A LES CÈL·LULES

Els microxips ja són una realitat per a l'administració de fàrmacs o per introduir gens a les cèl·lules de manera específica, amb finalitats curatives.

Actualment s'utilitzen per al diagnòstic i el tractament del càncer o les malalties coronàries, entre moltes altres, també per al diagnòstic prenatal. Més de 100 milions de pacients a l'any es beneficien ja d'aquests mètodes.

Microxips subcutanis per alliberar fàrmacs. Mitjançant l'ús de nanopartícules o microxips, es pot introduir un sol fàrmac o bé una combinació de diversos.

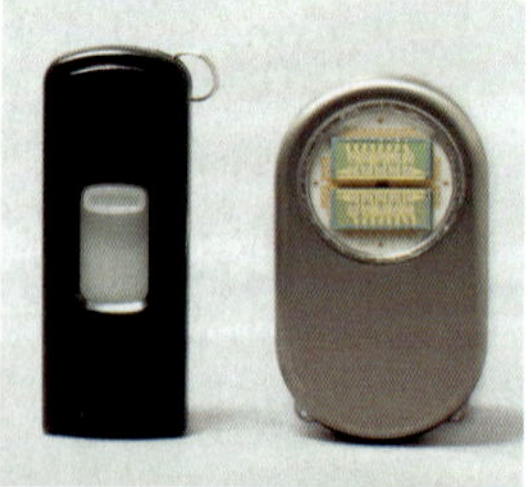

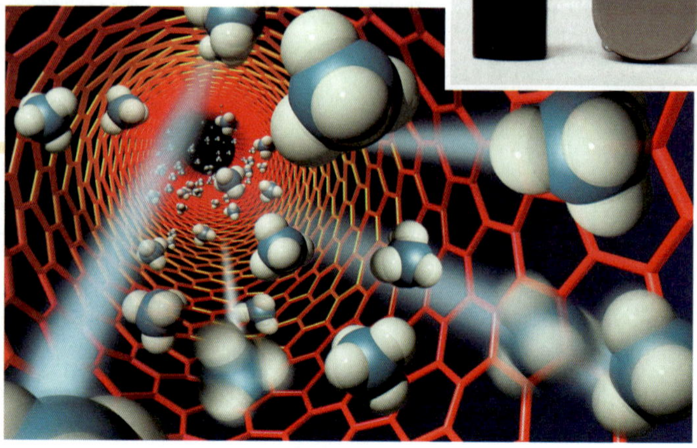

D IMPRESSORES 3D PER CREAR ÒRGANS ARTIFICIALS

Les impressores 3D no paren de donar-nos sorpreses des que van aparèixer recentment. Una de les seves últimes utilitats és la impressió de teixits per a la recerca farmacològica i d'òrgans per a trasplantaments. Un cop més, la biologia molecular i la tecnologia s'uneixen per millorar la vida de la humanitat.

Encara falta més d'una dècada perquè els òrgans fabricats amb impressores 3D siguin una realitat i es facin servir per a trasplantaments, però els passos per assolir aquesta fita són ferms.

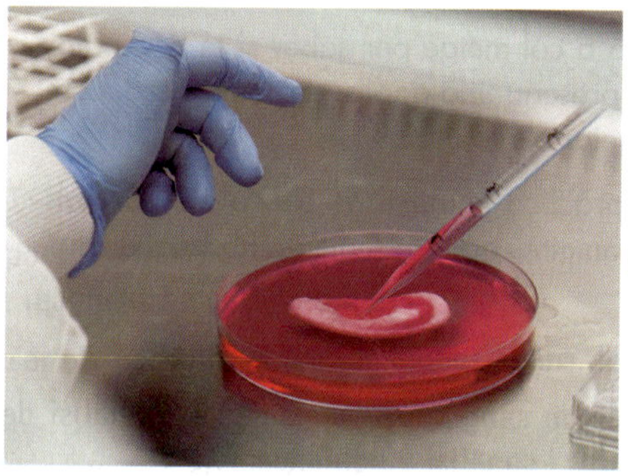

Els models creats s'utilitzen fonamentalment per investigar i practicar tècniques quirúrgiques.

E QUÈ SÓN ELS ANTICOSSOS MONOCLONALS?

Els anticossos són proteïnes produïdes pel sistema immunitari. Normalment, el nostre organisme produeix anticossos en resposta a un antigen estrany (com una proteïna en un microbi). Els anticossos s'uneixen a l'antigen per marcar-lo amb la finalitat que altres cèl·lules del sistema immunitari el destrueixin.

Els anticossos monoclonals són idèntics entre si, creats al laboratori, que es fan servir en el diagnòstic i el tractament de malalties, especialment el càncer, i per evitar el rebuig en el trasplantament d'òrgans.

Aquesta tecnologia permet dirigir el tractament cap a cèl·lules específiques, sense danyar les cèl·lules sanes.

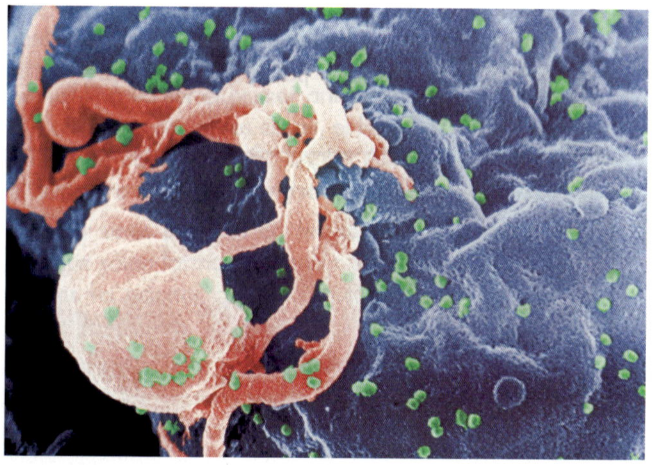

F BIOMATERIALS I ENGINYERIA DE TEIXITS

La producció de teixits i òrgans mitjançant bioenginyeria es duu a terme utilitzant un suport de materials biodegradables, sobre el qual es col·loquen cèl·lules perquè es divideixin i en formin altres de noves. Quan les cèl·lules les cobreixen, aquestes estructures es degraden i són absorbides per l'organisme. Aquestes tècniques es coneixen com a *enginyeria de teixits*.

Gràcies a l'enginyeria de teixits ja és possible el trasplantament d'òrgans, com ara la vagina o les fosses nassals, i la reconstrucció de còrnia. També s'ha aconseguit crear petits òrgans complexos, com ara el cor d'un ratolí.

Actualment, els enginyers de teixits miren d'obtenir cèl·lules nervioses destinades a reparar la medul·la espinal, cèl·lules òssies o de cartílags per a les articulacions, cèl·lules pancreàtiques per produir insulina en els malalts diabètics i cèl·lules hepàtiques per a la creació de fetges per al trasplantament.

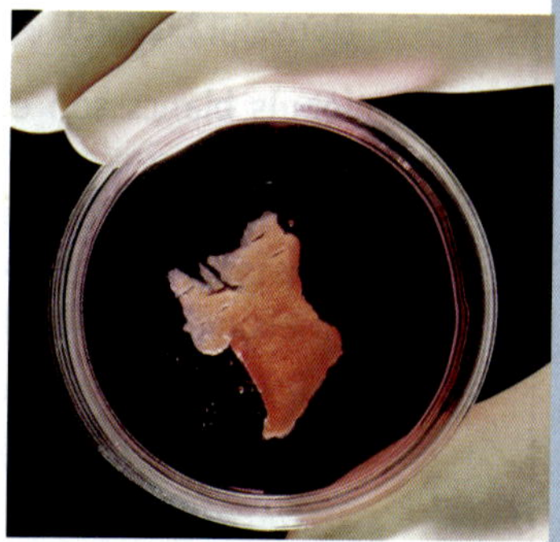

Aquesta tecnologia s'ha utilitzat per crear pell artificial amb la finalitat de tractar les cremades greus i les úlceres produïdes per la diabetis.

1. Esbrina per què és difícil curar una malaltia utilitzant la teràpia gènica.
2. Recordes què és una vacuna? Saps contra quines malalties estàs vacunat?
3. Busca informació a Internet sobre els anticossos, les cèl·lules on es produeixen i la utilitat que tenen.
4. Explica com influeix el desenvolupament de nous materials en el trasplantament d'òrgans.

EL MEDI TERRESTRE

8 El medi ambient natural. Els ecosistemes

Per què és important mantenir l'equilibri dels ecosistemes?

El bosc plujós és un ecosistema que es situa a tots dos costats de l'equador. El caracteritza una vegetació exuberant que serveix com a hàbitat a insectes, ocells i mamífers, com els micos.

La relació entre dos habitants de la sabana com l'impala i l'esplugabous és de benefici mutu o mutualisme. L'herbívor s'allibera dels paràsits, que són l'aliment dels ocells.

Un paisatge en el qual no hi ha éssers vius no només és trist i inhòspit, sinó també poc productiu des del punt de vista ecològic i econòmic.

Un indret on abunden éssers vius adaptats a les condicions ambientals, que hi neixen i hi moren, que depenen els uns dels altres per reproduir-se o per alimentar-se, és un **ecosistema**.

El terme *ecosistema* fa referència a un conjunt d'elements interrelacionats, o **sistema**, que es desenvolupa sobre una zona de la Terra.

Inicialment es consideraven ecosistemes els indrets poc extensos en els quals es desenvolupa una **comunitat** d'éssers vius, com ara el tronc d'un arbre. Actualment, també s'aplica aquest terme a **zones geogràfiques** amb condicions ambientals i éssers vius semblants, com ara els boscos temperats o els deserts.

Què sabem?

- Fixa't en la fotografia gran. Quin tipus d'ecosistema s'hi veu?
- Els animals que hi viuen, són herbívors o carnívors? Es poden alimentar fàcilment?
- Quins factors ambientals, com ara la llum, la temperatura o la humitat, són importants per als éssers vius d'aquesta zona d'aiguamoll?

Què aprendrem?

- Què és la biosfera i quins elements formen un ecosistema.
- Quins ecosistemes són aquàtics i quins són terrestres.
- Què són els factors abiòtics i biòtics d'un ecosistema.
- Per què el sòl és un factor important en els ecosistemes.
- Quines accions provoquen desequilibris als ecosistemes i quines n'afavoreixen la conservació.

El sòl és un factor abiòtic dels ecosistemes terrestres, compost de minerals i de partícules orgàniques, en les quals viuen plantes i animals.

2 Els ecosistemes principals del nostre entorn

A la **Península Ibèrica** hi ha **ecosistemes molt diversos**, com ara zones de muntanya amb boscos de coníferes, boscos caducifolis, boscos de ribera, costes abruptes o sorrenques, llacs i fins i tot zones desèrtiques.

La causa principal d'aquesta varietat és la **diversitat climàtica**, que depèn de l'altitud, la distància al mar i la distribució de les muntanyes. El fet que la Península estigui situada entre dos mars molt diferents (l'Atlàntic i el Mediterrani), la proximitat a Àfrica i una geografia molt accidentada expliquen la gran riquesa de paisatges, de flora i de fauna que hi trobem.

@ Amplia a la Xarxa...

Per saber més dels ecosistemes de la Península Ibèrica i les Illes Balears i les Illes Canàries, entra a: www.tiching.com/732720

A ECOSISTEMES AQUÀTICS

Els ecosistemes **aquàtics** són molt rics en espècies, perquè presenten condicions que afavoreixen l'existència d'éssers vius.

Aquests ecosistemes contribueixen al manteniment del cicle hidrològic i a l'absorció de l'excés de diòxid de carboni atmosfèric, que anomenem **emmagatzematge de diòxid de carboni**.

També aporten milions de tones d'aliment per a l'espècie humana i són una font de benestar, tant per a la pràctica esportiva com per als sentits.

Els ecosistemes aquàtics es classifiquen en **salins** i d'**aigua dolça**.

Entre els ecosistemes salins hi ha els **oceans** i els **mars**, les **illes**, les **costes**, els **esculls de corall**, els **manglars** i d'altres.

Els ecosistemes d'aigua dolça més importants són els **rius**, els **llacs** i les **zones humides**. A la desembocadura d'alguns rius, damunt els sediments arrossegats, s'hi desenvolupen ecosistemes molt fèrtils, com és el cas dels deltes.

Zones humides

Són ecosistemes d'**aigua dolça**, **salobre** o **salada** d'una gran riquesa faunística, que els ocells migratoris fan servir per reposar.

Illes

Són llocs on abunden els ocells, com ara gavines, àguiles pescaires, mascarells, territs i xatracs.

Rius

Són ecosistemes d'**aigua dolça** on abunden els pollancres, els salzes i els oms, que formen els boscos de ribera. Amb la modificació del cabal i el curs dels rius, l'acció humana ha malmès molts ecosistemes fluvials.

Costes

Són **ecosistemes límit** entre els terrestres i els aquàtics marins. Són rics en formes de vida molt diverses, com ara peixos de roca, crustacis, bivalves i equinoderms.

B ECOSISTEMES TERRESTRES

Els ecosistemes **terrestres** estan molt més influïts pels factors climàtics.

La seva distribució depèn de la il·luminació, la humitat, la latitud i l'altitud, la temperatura i la composició i textura del sòl.

Entre els ecosistemes terrestres més importants hi trobem els **boscos** (boscos de coníferes, boscos mediterranis i atlàntics, etc.), els **matollars** (de muntanya, mediterrani, etc.) i també els **herbassars** (praderies, estepes).

BOSC MEDITERRANI

Ocupa la major part de la Península i la totalitat de les Illes Balears. En aquestes zones, el **clima** és **temperat** i humit a l'hivern i molt sec i calorós a l'estiu. Les adaptacions de la vegetació a aquestes condicions són fulles dures o escleroses, cobertes d'una capa gruixuda de cera que reté l'aigua i alhora les protegeix dels herbívors.

La vegetació està representada per masses de **bosc de fulla perenne** amb arbres aïllats i zones extenses de matollar. Hi predominen les alzines, les sureres i els roures de fulla petita.

La fauna és molt diversa: guineus, cabres salvatges, rapinyaires, esquirols, rosegadors petits, conills, llebres, molts ocells i rèptils, espècies que, en algun cas, estan amenaçades d'extinció.

BOSC ATLÀNTIC

S'estén pel nord i el nord-est de la Península i n'ocupa la franja nord des de Galícia fins a Catalunya. El clima és d'**hiverns freds i plujosos** i **estius temperats**, amb precipitacions freqüents. La vegetació presenta adaptacions a la falta d'il·luminació, com ara les fulles grans i un gran nombre d'estomes per perdre l'excés d'humitat.

Està format per masses denses d'**arbres de fulla caduca**, com ara roures i faigs, i prats abundants. Té un aspecte diferent a cada època de l'any i l'estrat arbustiu i herbaci és molt dens.

La fauna és molt rica i molt diversa. Hi abunden els óssos, els senglars, els cérvols, els cabirols, les guineus, els esquirols i els lirons, a més d'un ocell molt característic i en perill d'extinció, el gall fer.

Devesa

És una varietat del bosc mediterrani, amb **arbres**, dels quals se'n treu **suro** i **llenya**, separats entre si per terreny per al conreu i les pastures.

Bosc de coníferes

És característic de les **zones fredes i muntanyoses** del nord, tot i que també hi ha espècies que viuen en zones pròximes al mar. En aquests boscos hi predomina una sola espècie que difereix segons la latitud, l'altitud i els tipus de sòl.

1. Quins factors determinen que la Península Ibèrica tingui una gran riquesa paisatgística?
2. Esbrina quines zones humides de l'Estat són les més importants des del punt de vista ecològic.
3. Vius en una ciutat o un poble on hi ha un riu? Si és així, busca si se n'ha modificat el llit.
4. Quines són les diferències entre els ecosistemes aquàtics d'aigua dolça, salobre o salada?

3 Els factors abiòtics (I)

Com afecten els factors abiòtics els éssers vius?

Els **factors ambientals** o **abiòtics** condicionen la distribució, la grandària, el nombre i fins i tot la capacitat de reproduir-se dels éssers vius. D'entre els més importants, cal destacar-ne:

- Els factors **climàtics**, com ara la temperatura, les precipitacions i la humitat.
- Els factors **físics** i **químics**, com ara la llum, la salinitat, la pressió i la concentració d'oxigen al medi aquàtic o a l'aeri.
- Els factors **relacionats amb el sòl** o **factors edàfics**, com ara el tipus de roques i els seus materials.

Factors climàtics

El **clima** és el conjunt de condicions atmosfèriques que influeixen sobre una zona determinada al llarg del temps. El **temps**, en canvi, es refereix al conjunt dels fenòmens atmosfèrics en un moment concret.

Els factors climàtics més importants que afecten la distribució dels organismes, especialment dels terrestres, són la **temperatura**, la **humitat**, el **vent** i l'**altitud**. De l'adaptació dels organismes vius a aquestes condicions, en diem **aclimatació**.

La temperatura

Cada espècie té un **límit** concret de **temperatures** en les quals és capaç de sobreviure i una **temperatura òptima**, en la qual el creixement i el desenvolupament arriben al màxim. Aquestes variacions afecten més les plantes que els animals, els quals, en molts casos, són capaços de regular la temperatura de manera que sigui constant, amb independència de la temperatura ambiental.

La distribució dels **ecosistemes terrestres** està clarament influïda per la temperatura. Així, la taigà, o boscos de coníferes, es desenvolupa a zones molt fredes del nord del planeta, mentre que els boscos caducifolis ho fan en indrets amb un clima continental, com el centre d'Europa.

La temperatura també influeix sobre uns altres processos biològics, com són la floració i la metamorfosi dels insectes, quan la temperatura puja; i les migracions dels ocells, la hibernació i la transpiració, quan baixa.

Als **ecosistemes aquàtics**, la temperatura és més variable que als terrestres; per això, són més favorables al desenvolupament de la vida.

La distribució de la vegetació està marcada per l'altitud.

@ Amplia a la Xarxa...

Per saber més de factors abiòtics i les seves característiques, entra a: www.tiching.com/732721

La humitat i els éssers vius

La humitat és un altre dels factors climàtics que més condiciona l'existència dels éssers vius en el medi terrestre.

Als ecosistemes aquàtics, la temperatura de l'aigua amb prou feines varia de manera brusca, cosa que facilita el desenvolupament de les espècies. Als ecosistemes terrestres, la humitat condiciona no només l'existència de vida, sinó també la distribució espacial de les espècies vegetals.

L'aigua també contribueix a estabilitzar el clima gràcies a l'efecte termoregulador que té: el vapor d'aigua atmosfèric impedeix els canvis bruscos de temperatura, fet que queda palès a les zones que hi ha vora les masses d'aigua, on les variacions tèrmiques entre el dia i la nit són menys dràstiques que en les zones d'interior.

La falta d'aigua a les zones desèrtiques dificulta l'existència de vida.

ELS BIOMES

Anomenem ***bioma*** el conjunt de zones de la Terra que tenen poblacions animals i vegetals semblants.

Cada bioma s'estén per diferents continents i a cada continent s'hi poden trobar biomes diferents.

Els factors principals que determinen l'existència dels biomes terrestres són el **clima** i el **sòl**. Aquests factors són els responsables del tipus de vegetació que, al seu torn, condiciona la fauna d'aquesta zona.

TAIGÀ

Ocupa les zones d'Europa, el Canadà i Àsia pròximes als pols. Els arbres característics són les coníferes, els pins i els avets, de fulles reduïdes i perennes.

Hi viuen ants, mosteles i visons.

TUNDRA

Les **temperatures** són **molt baixes** tot l'any i les precipitacions són en forma de neu (120 mm/any). La vegetació arbòria és escassa. Durant una gran part de l'any, la tundra és coberta de glaç.

Hi viuen caribús, bous mesclers, óssos polars, líquens, molses i gramínies.

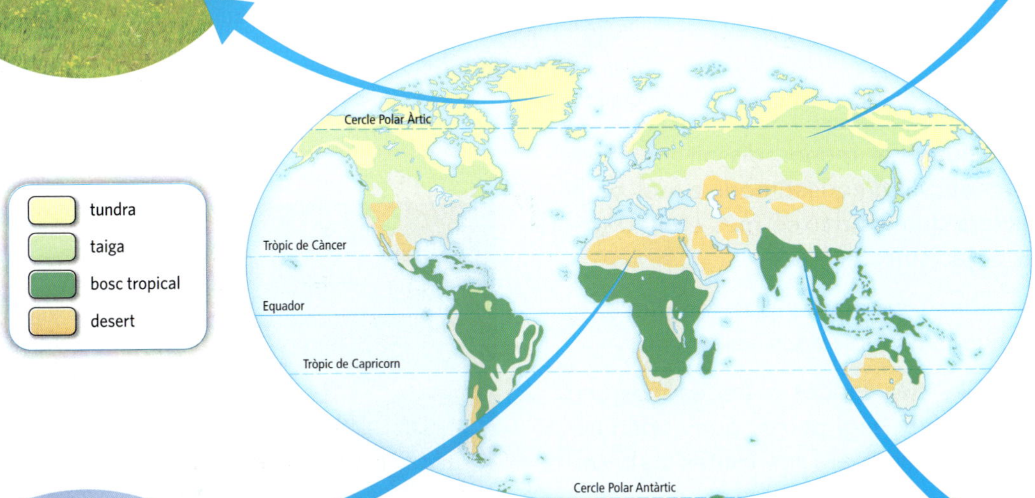

BOSC TROPICAL PLUJÓS

Es troba a tots dos costats de l'equador i la seva **vegetació** és més **abundant** que la de tots els altres biomes junts. Els arbres, de fulla perenne, assoleixen una gran alçada i impedeixen que hi hagi un estrat arbustiu, perquè no hi deixen passar prou llum.

Hi habiten ocells, insectes, micos, palmeres, falgueres, lianes i orquídies.

DESERT

Es localitza a zones allunyades del mar o al voltant de paratges tropicals, on els núvols perden l'aigua, de manera que l'aire és molt sec.

Està habitat per sargantanes i llangardaixos, serps, escorpins, ratolins, cactus i arbustos.

1. Hi ha zones desèrtiques al nostre país? Esmenta'n alguna que coneguis.
2. A més de la temperatura, el bosc tropical està determinat per cap factor ambiental més?
3. Per què és correcte afirmar que l'altitud influeix de la mateixa manera que la latitud en la distribució dels ecosistemes? Raona la resposta amb un exemple.
4. Com influeix la temperatura en el cicle dels insectes?

4 Els factors abiòtics (II)

Factors físics i químics

Els principals factors abiòtics físics i químics són:

La llum

La **quantitat de llum** és un factor molt important per a la distribució dels organismes que fan la fotosíntesi. Les algues, per exemple, es situen a la zona superficial de les aigües on arriba la llum solar.

Les plantes també s'adapten per poder captar la quantitat de llum més gran possible. Per exemple, per buscar la llum hi orienten les fulles (fototropisme) o s'enfilen.

Alguns arbres, com ara les figueres, desenvolupen fulles molt grans. Algunes plantes, com les orquídies, creixen damunt el tronc d'altres plantes molt grans per aconseguir una il·luminació millor.

La llum també influeix en la floració, la caiguda de les fulles i la transpiració de les plantes, les migracions dels animals, la síntesi de vitamina D en els mamífers, el cicle de l'aigua i la formació de núvols.

Les fulles grans permeten captar més quantitat de llum.

Les orquídies, per florir, han d'estar ben il·luminades.

L'oxigen

L'**oxigen** es troba a l'aire i, en quantitat menor, dissolt a l'aigua, d'on el prenen els organismes aquàtics. En aquest medi, a més de la llum i la salinitat, és un dels factors que incideixen més en la distribució i les característiques dels organismes.

Al fons de les aigües embassades i en aigües poc mogudes, la quantitat d'oxigen és tan baixa que hi ha molt pocs éssers vius.

En canvi, en cursos ràpids i aigües poc fondes o fredes, l'oxigen és més abundant i això hi permet que hi hagi peixos que neden activament i consumeixen molt oxigen, com ara les truites i els salmons.

Les aigües fredes i mogudes, riques en oxigen, fan possible l'existència d'espècies com ara les truites i els salmons.

Factors edàfics

Les **característiques** dels **sòls** són molt importants perquè determinen el desenvolupament de la vegetació i, per tant, dels ecosistemes que es troben en un indret determinat.

Un sòl, segons el grau de desenvolupament, pot ser **immadur**, amb poques capes, on les plantes creixen malament, o molt desenvolupat; o **madur**, on la vegetació es desenvolupa fàcilment.

Altres característiques del sòl que influeixen en els ecosistemes són la composició química, la quantitat de matèria orgànica, el grau d'aireig i d'humitat, el pH i el tipus i la quantitat de microorganismes i altres organismes simples que hi viuen.

Els organismes descomponedors, els bacteris i els fongs, fan possible el cicle de la matèria gràcies a la descomposició de la matèria orgànica.

Les arrels fixen el sòl fèrtil.

NIVELLS ÒPTIMS I AMPLITUD DE TOLERÀNCIA

Malgrat que els éssers vius són capaços d'adaptar-se a ambients diferents, cada espècie té unes característiques concretes per viure en un ambient en què es donen unes condicions determinades. Per exemple, les espècies dels fons oceànics estan adaptades a viure sense llum, però les algues necessiten surar i situar-se a zones il·luminades pròximes a la superfície.

Tots els organismes són capaços de viure dins d'un cert límit de les condicions ambientals anomenat **amplitud de tolerància** i tenen un màxim de desenvolupament en un punt concret, que anomenem **nivell òptim**.

L'amplitud de tolerància i l'òptima depenen de les espècies i són diferents per a cadascun dels factors abiòtics.

Per anomenar els graus relatius de tolerància es fan servir els prefixos **esteno-**, que significa *estret*, i **euri-**, que significa *ample*. Segons la seva capacitat per viure en ambients humits, es parla d'estenohídric i eurihídric; estenohalí i eurihalí per a la tolerància a la salinitat, i estenoterm i euriterm es refereix a la capacitat de viure en una amplitud petita o més gran de temperatura.

AMPLITUD DE TOLERÀNCIA

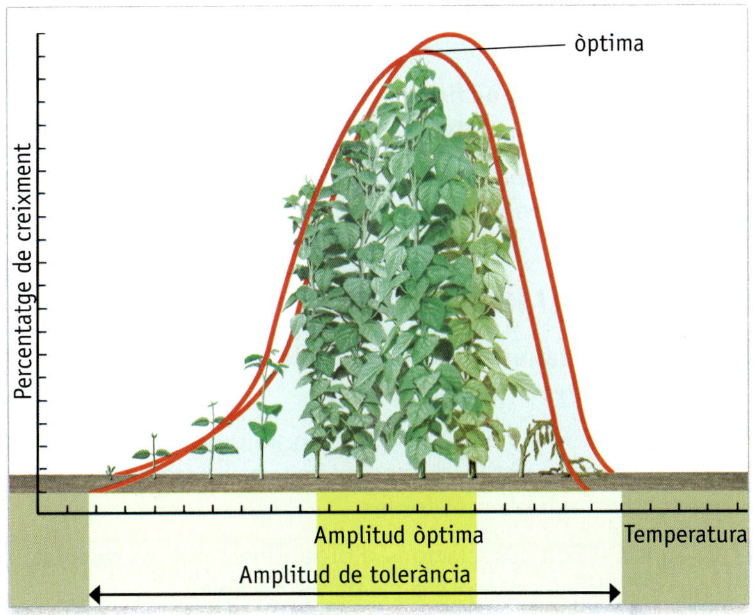

@ Amplia a la Xarxa...

Per saber més dels factors abiòtics i biòtics, entra a: www.tiching.com/732722

Llei dels factors limitadors

El nutrient que es troba en quantitat insuficient és el que impedeix el desenvolupament d'un organisme.

La **llei del mínim** va ser enunciada per Liebig i reenunciada per Bartholomew amb la intenció d'aplicar-la al problema de la distribució d'espècies: "La distribució d'una espècie ha d'estar controlada pel factor ambiental per al qual l'organisme té uns límits d'adaptació més estrets". Aquesta llei afirma que el factor que limita el creixement (o qualsevol altra resposta) d'un organisme es coneix com a ***factor limitador***.

Per a les plantes, el factor abiòtic limitador és l'aigua. També la temperatura, tot i que, llevat del fred extrem (que origina la tundra o el glaç permanent), el seu efecte es contraresta amb el de la quantitat de precipitacions.

Als ecosistemes aquàtics, els factors limitadors més importants són la salinitat i la llum.

1. Per a quin tipus d'organismes és molt important un factor abiòtic com la llum? Sobre quins processos influeix?
2. Quins factors ambientals tenen molta influència en el medi aquàtic?
3. Per què són importants els factors edàfics en el desenvolupament dels éssers vius?
4. Explica què volen dir els conceptes *amplitud de tolerància* i *nivell òptim*.

5 Els factors biòtics

Els factors **biòtics** són les **relacions** que es produeixen entre els éssers vius. Varien segons els organismes que es relacionen. N'hi ha de dos tipus:

- Relacions **intraespecífiques**. Són les que s'estableixen entre individus de la **mateixa** espècie.
- Relacion **interespecífiques**. S'estableixen entre individus d'espècies **diferents**.

Les relacions entre les abelles d'un rusc són un exemple de relacions intraespecífiques. Constitueixen una de les associacions més conegudes entre individus de la mateixa espècie.

Relacions intraespecífiques

La seva finalitat és la protecció de les cries, la cerca d'aliment i la defensa. Poden ser de quatre tipus:

- **Familiars**. Són les que s'originen en un grup familiar constituït per un o dos progenitors i la descendència. S'estableixen per alimentar-se i protegir els més febles.
- **Gregàries**. Són associacions d'organismes que es desplacen junts, com ara els vols d'ocells o els bancs de peix.
- **Colonials**. Són organismes que viuen íntimament units, com ara els coralls o les esponges.
- **Socials**. S'hi estableix una jerarquia i una distribució de tasques. Són típiques d'insectes, com ara les abelles o les vespes.

En les associacions familiars dels pingüins emperador, el mascle cuida els ous, i la femella, les cries acabades de néixer.

Relacions interespecífiques

Competència

Aquesta relació es dóna quan dos organismes utilitzen el **mateix recurs**, com la llum, l'espai, el menjar o la parella per reproduir-se.

Les plantes competeixen per la llum, per l'espai per a les arrels i, de vegades, per l'aigua i pels minerals del sòl. Els animals competeixen per l'aliment i per un espai per viure-hi i reproduir-se.

Predació

És la relació en la qual un organisme anomenat **depredador** en mata un altre, anomenat **presa**, per poder alimentar-se. Entre els animals depredadors hi ha els llops, les guineus i altres grans mamífers, i ocells com les àguiles.

El fet que uns éssers vius depenguin d'uns altres per aconseguir aliment fa que en un ecosistema es creïn relacions que s'anomenen ***relacions alimentàries*** o ***tròfiques***.

Simbiosi

El terme **simbiosi** vol dir *viure junts*. La **simbiosi** és una relació o **associació permanent** entre individus d'espècies diferents. Pot ser beneficiosa o no.

Tot i que tradicionalment aquest terme s'associava al concepte de benefici, el criteri general és el d'associació amb dependència mútua entre espècies diferents.

Superdepredador

Hi ha unes 370 espècies de taurons, un dels **depredadors** més grans del mon.

Ocupen l'última baula de les cadenes tròfiques marines i cacen les preses gràcies a uns sentits molt desenvolupats. Detecten vibracions a més de 900 m; senten l'olor d'una gota de sang dissolta en 100 L d'aigua i perceben mitjançant senyals elèctrics el moviment d'un animal.

@ Amplia a la Xarxa...

Per saber més de l'associació entre dues espècies d'un ecosistema, entra a: www.tiching.com/732723

TIPUS DE SIMBIOSIS

Hi ha tres menes d'associacions simbiòtiques: el **mutualisme**, el **comensalisme** i el **parasitisme**. N'hi ha de beneficioses per a totes dues espècies, mentre que d'altres només ho són per a una.

① MUTUALISME

És una relació de benefici mutu. Un exemple és l'associació dels **bacteris** fixadors de nitrogen, del gènere *Rhizobium*, damunt els quals viuen les arrels de les **plantes lleguminoses.**

Els bacteris transformen el nitrogen atmosfèric del sòl en compostos de nitrogen, que les plantes lleguminoses usen per formar les seves proteïnes. Els bacteris obtenen aliments elaborats per les plantes.

Un altre exemple són els **líquens**, associacions d'**algues verdes unicel·lulars** o de **cianobacteris** (bacteris fotosintètics) amb **fongs.** L'alga fabrica matèria orgànica i el fong permet fixar-la al substrat.

Bacteris fixadors de nitrogen.

Planta lleguminosa

② COMENSALISME

És una relació en la qual una espècie es beneficia i l'altra ni es beneficia ni en surt perjudicada, com és el cas del **peix pallasso** i les **anemones.**

Aquests peixos s'han adaptat a viure entre els tentacles de les anemones, que secreten substàncies capaces de paralitzar qualsevol altre peix. Els peixos aconsegueixen protecció i restes de menjar de l'anemona.

Tènia desplegada

③ PARASITISME

En aquesta relació interespecífica, una espècie es beneficia i l'altra en surt perjudicada. El **paràsit** viu en relació estreta amb un altre individu anomenat ***hoste***, que en surt perjudicat. Aquest tipus de simbiosi està molt estès a la natura.

Les tènies, els polls i les paparres són exemples d'organismes paràsits.

Les micorizes, una associació mutualista

Certs **fongs** del sòl conviuen amb les arrels de la majoria de les **plantes**, amb les quals formen una associació mutualista anomenada ***micoriza***, que resulta molt beneficiosa.

Les micorizes es troben a la majoria dels arbres de les zones tropicals i en alguns boscos temperats. La majoria dels arbustos, de les herbàcies i gairebé la totalitat de les plantes conreades tenen aquest tipus d'associació.

Les plantes es beneficien d'aquesta associació perquè n'afavoreix la reproducció i la supervivència. El fong, com que envaeix les cèl·lules de les arrels, actua a manera d'extensió de l'arrel i facilita l'absorció d'aigua i nutrients. D'altra banda, protegeix les plantes de la falta d'aigua i dels organismes patògens del sòl.

Aquesta mena de fongs no es poden cultivar al laboratori. Per això, quan els agricultors volen augmentar la població de micorizes en un conreu d'interès, agreguen al sòl arrels de plantes micorizades barrejades amb la terra on es fan.

1. De quines menes poden ser les relacions intraespecífiques? Esmenta'n un exemple de cada.
2. Per quins factors competeixen els organismes en les relacions de competència?
3. Quina relació tenen un paràsit i un hoste? Qui en surt més perjudicat?
4. Compara les relacions intraespecífiques amb les interespecífiques.
5. De quin tipus són les relacions tròfiques?
6. Com s'anomena la relació entre dues espècies diferents en la qual totes dues obtenen benefici? Posa'n un exemple.

6 L'equilibri i la conservació ambiental

La pèrdua d'equilibri als ecosistemes

Un **ecosistema** és un sistema en el qual interactuen éssers vius i matèria inerta i que assoleix un **equilibri dinàmic**, perquè els organismes i els recursos minerals varien contínuament segons la grandària i les necessitats de les poblacions, i també segons les relacions que s'estableixen entre els membres de la biocenosi.

Quan aquest equilibri dinàmic es trenca, a causa del medi mateix o per causes alienes, l'ecosistema perd les característiques que el feien sostenible, i fins i tot pot desaparèixer.

La contaminació de l'aire, de l'aigua i del sòl, juntament amb l'esgotament dels recursos i l'acumulació de residus són alguns dels reptes a què ha de fer cara la humanitat.

Causes de desequilibri als ecosistemes

Les causes que poden trencar l'equilibri d'un ecosistema poden ser naturals o provocades.

Les causes **naturals** són:

- **Geològiques**: terratrèmols, sismes submarins, incendis, etc.
- **Ambientals**: pluges, tornados, vent, etc.
- **Físiques**: quantitat de llum, temperatura i altres.

Les causes **provocades** o **artificials** també són degudes, fonamentalment, a l'impacte de l'activitat humana. Destaquen, entre les més importants, l'increment exponencial de la població humana, la contaminació, la sobreexplotació dels recursos, l'escalfament global i l'efecte d'hivernacle, la pluja àcida, la disminució de la capa d'ozó i la generació excessiva de residus.

@ Amplia a la Xarxa...

Per saber més de l'escalfament i l'enfosquiment global, entra a: www.tiching.com/732724

Efectes globals de la contaminació

S'anomena ***efecte d'hivernacle*** el paper que fa l'atmosfera en l'escalfament de la superfície terrestre: permet l'entrada de l'energia lumínica del Sol i reté part de l'energia calòrica en què es transforma l'energia solar en contacte amb la superfície terrestre.

De resultes de la contaminació atmosfèrica per gasos que retenen una quantitat d'energia calòrica més gran que no pas la que normalment surt a l'exterior, la superfície terrestre s'ha escalfat al voltant d'un grau, el darrer segle, i continua fent-ho.

Aquest augment de la temperatura global de la Terra és el que anomenem ***escalfament global***, una de les amenaces més greus per a l'existència de la vida al nostre planeta.

Un altre concepte global del qual encara no tenim gaires dades, però que és al centre de nombrosos debats científics és l'**enfosquiment global** o la disminució de la intensitat de la llum solar. Es podria deure a l'acumulació de partícules sòlides (sutge de les combustions) i dels components gasosos dels aerosols que, en tots dos casos, reflecteixen els raigs solars. Aquest efecte podria contrarestar parcialment l'escalfament global perquè limita l'entrada de la radiació solar.

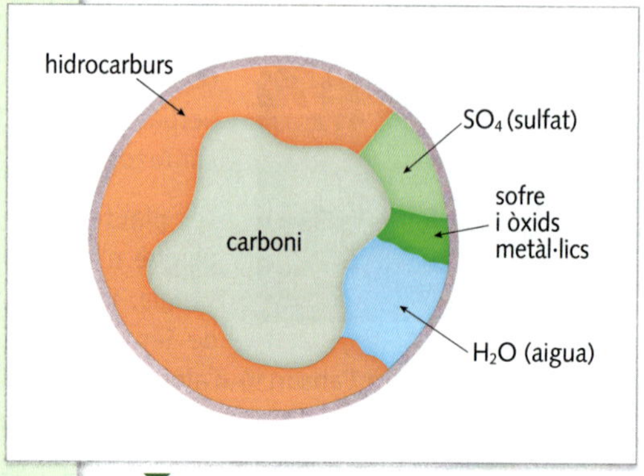

Els components principals d'una **molècula** de **sutge** són productes residuals de la combustió de combustibles fòssils, com ara el carbó i el petroli.

CONSERVACIÓ DELS ECOSISTEMES

Els ecosistemes passen per etapes diferents fins que assoleixen l'equilibri entre els seus components, és a dir, el que s'anomena la ***fase de maduresa***.

El procés de transformació d'un ecosistema inicial en un de madur s'anomena ***successió ecològica***.

Els impactes naturals o provocats poden trencar aquest equilibri. Els ecosistemes posseeixen dos tipus de resposta a aquestes alteracions:

- Absorbir i neutralitzar els impactes sense que es produeixin canvis significatius, que és el que anomenem **resistència** dels ecosistemes.
- Regenerar-se per tornar a l'estat inicial després de patir una pertorbació greu, que és la capacitat que anomenem **resiliència ambiental**.

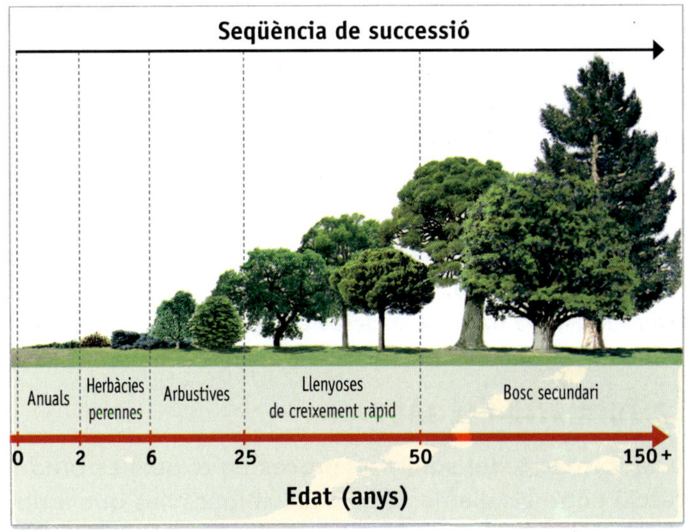

L'evolució d'un ecosistema fins que assoleix l'estabilitat demana, en molts casos, centenars d'anys. Qualsevol pertorbació suposa un dany que produeix efectes lents i difícils de contrarestar.

Les pertorbacions ambientals

A més dels impactes, als ecosistemes s'hi produeixen **pertorbacions**, que són processos que en modifiquen la distribució espacial o temporal de les espècies, l'estructura i la grandària de les poblacions i també la dinàmica i el funcionament.

Què és la sostenibilitat?

Sense condicionants externs, els ecosistemes es mantindrien durant un temps indefinit; això vol dir que són sostenibles.

La matèria descriu cicles i passa dels organismes al medi de manera indefinida. L'energia necessària l'aporta el Sol i la capten les plantes.

Quan algun element es descompensa, com ara una població que va minvant per una malaltia o per una causa externa, això repercuteix en totes les que se n'alimenten, que es troben amb privació d'aliment. Al seu torn, les poblacions d'aquells organismes de què s'alimenta l'espècie que minva creixen de manera exagerada.

Per això, el repte actual és aconseguir la **sostenibilitat**, és a dir, el manteniment dels ecosistemes, alhora que s'assoleix un grau de desenvolupament social i econòmic acceptable i respectuós amb l'entorn.

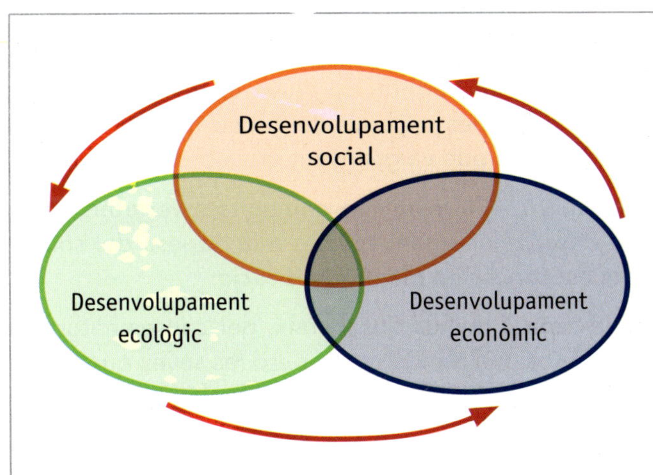

Relacions entre els components del desenvolupament humà.

1. Com influirà l'enfosquiment global sobre l'evaporació de l'aigua dels oceans i sobre el cicle de l'aigua?
2. Com s'influeixen recíprocament l'escalfament global i l'enfosquiment global?
3. Què passaria si eliminéssim una espècie depredadora com el llop?
4. Defineix *resiliència* i comenta quina relació té amb l'evolució dels ecosistemes.

7 El sòl com a ecosistema

La funció del sòl

El **sòl** és un factor abiòtic molt important per als organismes terrestres. La majoria de les plantes hi viuen agafades i n'obtenen l'aigua i les sals minerals que necessiten.

El sòl constitueix, a més, un **sistema biològic** en el qual viuen un gran nombre d'éssers vius. Molts animals hi excaven els caus i hi abunden els **organismes descomponedors** encarregats de reciclar la matèria orgànica. Per tant, és on es fan de manera total o parcial els cicles de la matèria o **cicles biogeoquímics**.

La formació del sòl

La **formació del sòl** és un procés en el qual es produeix una interacció entre els elements biòtics i abiòtics fins que arriben a un punt d'equilibri entre si.

Comença amb la **meteorització** de la roca inicial o **roca mare** a càrrec d'éssers vius capaços de viure sobre aquesta roca, poc o gens alterada, com ara els **líquens** que desprenen diòxid de carboni que, barrejat amb l'aigua, forma àcid carbònic que ataca les roques i les esmicola.

Les restes orgàniques dels líquens es barregen amb les partícules minerals i comencen a formar una capa prima de **sòl fèrtil**.

A mesura que l'alteració de la roca progressa, vegetals cada vegada més complexos, com ara molses, falgueres i petits arbustos es poden desenvolupar sobre el sòl incipient.

Les restes de vegetació riques en matèria orgànica, juntament amb les partícules minerals del substrat, contribueixen a formar una capa d'**humus** que va guanyant gruix progressivament.

Finalment, s'hi instal·len comunitats vegetals que assoleixen un gran desenvolupament gràcies a la riquesa del sòl, fèrtil en humus. D'aquest procés en diem ***humificació***.

Si la capa d'humus desapareix, per causes naturals o provocades, el sòl s'erosiona ràpidament i perd les seves qualitats.

FORMACIÓ DEL SÒL

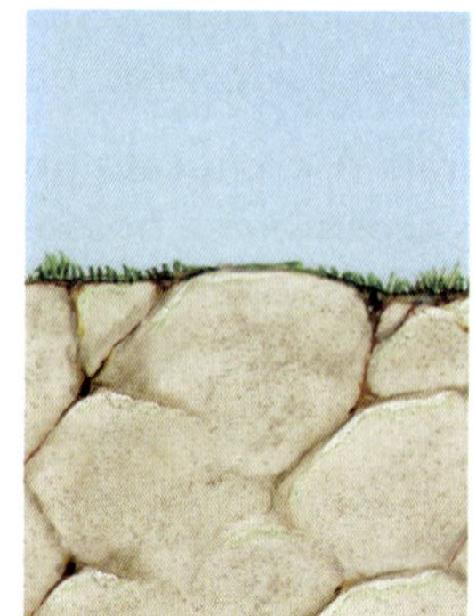

1 En l'etapa pionera, les **molses** i els **líquens** comencen a meteoritzar la roca mare.

2 La **fragmentació** de la **roca mare** produeix partícules cada vegada més petites.

3 La barreja de les partícules minerals i les restes d'éssers vius formen l'**humus**.

4 En l'última etapa, la formació de sòl afavoreix el **desenvolupament** de la **vegetació**.

Factors que influeixen sobre la formació del sòl

Els factors determinants de l'estructura i la composició d'un sòl són els següents:

- El tipus de **roca mare**. És el material inicial damunt el qual es forma un sòl.
- La **composició química**. En depèn, en gran manera, el sòl resultant.
- El **clima**. La temperatura i la humitat són essencials perquè hi hagi vegetació i els sòls es puguin desenvolupar.
- El **temps**. Un sòl necessita centenars o milers d'anys per assolir la maduresa.
- La **topografia**. La forma del terreny condiciona que els materials puguin dipositar-se en capes o no.
- Els **organismes**. Són essencials en la formació d'humus, especialment els organismes descomponedors que transformen la matèria orgànica en matèria mineral.

1. De quina manera la interacció d'aquests factors condiciona el tipus de sòl resultant?
2. És el mateix *humus* que *adob*?

EL PERFIL D'UN SÒL

Anomenem ***perfil*** el tall transversal d'un sòl en el qual es veuen una sèrie de capes, anomenades **horitzons**. El nombre i el gruix dels horitzons depenen del grau de desenvolupament o maduresa del sòl.

Un sòl madur té diferents capes o horitzons:

- A l'**horitzó A** o capa superficial, que és de color fosc, s'hi estableixen els éssers vius, les restes dels quals contribueixen a la formació de l'**humus**.

  És pobre en sals minerals, perquè l'aigua les arrossega cap a nivells inferiors. De resultes d'això, les arrels de les plantes creixen cap a l'interior per buscar aquests nutrients.
- A l'**horitzó B**, o d'acumulació, s'hi amunteguen **ions** i **sals minerals** procedents de l'horitzó A, arrossegats per l'aigua. El color varia segons la quantitat d'humus, que li proporciona un color fosc, i del tipus de sals minerals que s'hi acumulen.
- L'**horitzó C** és la zona de **contacte** amb la **roca mare**, els materials damunt els quals creix el sòl.

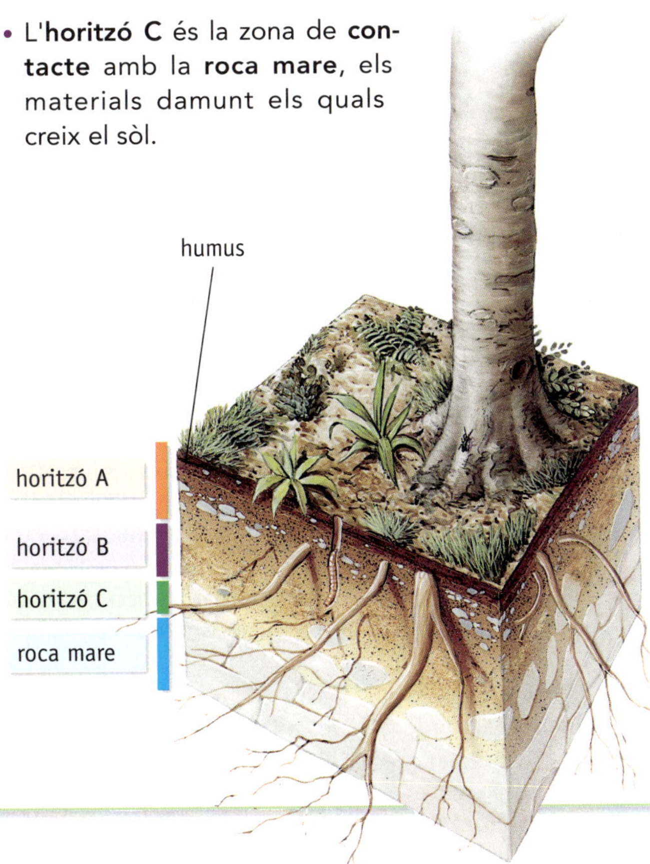

Els components del sòl

Als sòls hi ha els **components biòtics**, els éssers vius, i els **components abiòtics sòlids, líquids i gasosos.**

Els components sòlids del sòl, que en representen el 50 % del volum, són les partícules minerals i l'humus:

- **Partícules minerals.** Segons la grandària, es divideixen en sorres, llims i argiles. Procedeixen de la descomposició de les roques per agents físics i químics. Les quantitats relatives de partícules en un sòl determinen el tipus de vegetació que hi pot créixer.
- **Humus.** És una matèria de color fosc, formada per la barreja de restes d'éssers vius i partícules minerals. Contribueix a la fertilitat del sòl.

L'altre 50 % del sòl el formen els porus, ocupats per aire i aigua en proporcions semblants.

@ Amplia a la Xarxa...

Per saber més del sòl com a ecosistema, entra a: www.tiching.com/732725

3. De què en diem *horitzó d'un sòl*? Quins són els més freqüents?
4. Esmenta els components biòtics i abiòtics del sòl.
5. Indica d'on prové el color fosc de l'humus.
6. Quina funció té el sòl com a factor ambiental?
7. Quina relació hi ha entre la meteorització i la formació d'un sòl?
8. Quines són les partícules minerals?

8 El sòl, un recurs natural en retrocés

Pèrdua de sòl fèrtil i erosió

L'increment de la **població humana**, conjuntament amb els problemes causats per l'ús abusiu del sòl, tant per a la construcció de ciutats i infraestructures com per a l'agricultura i la ramaderia, provoca una profunda **transformació del sòl**.

Mentre que fa uns 100 anys només el 20 % de la població humana vivia en grans ciutats, al segle XXI la xifra s'acosta al 60 %. Això ha fet que moltes zones agrícoles s'hagin urbanitzat i, de resultes d'això, s'hagi reduït la coberta vegetal.

Una altra causa important és la pèrdua de vegetació, que facilita l'erosió i porta a la desertització.

Anomenem **erosió** la neteja de la capa superficial del sòl que fan els agents geològics externs. A les zones agrícoles desboscades, el vent i la pluja erosionen cada any tones de la capa més superficial del sòl. Si aquest ritme continua, la Terra perdrà gran part de la capa fèrtil en menys de 50 anys.

Aquest deteriorament del sòl en provoca l'empobriment en sals minerals i una pèrdua de la capa fèrtil, alhora que una disminució del rendiment dels conreus.

Desforestació

La **fusta** és un dels recursos naturals més útils per a l'ésser humà com a font d'energia i com a material per fabricar mobiliari, estris, vaixells, paper, etc.

A causa d'això, l'eliminació de la coberta vegetal, o **desforestació**, ha estat una pràctica habitual de la humanitat, tant amb finalitats industrials com bèl·liques. Actualment, les causes més freqüents en són l'expansió de zones de conreu i de pastures a causa de l'augment de la població, la construcció d'àrees urbanes, els incendis, i les plagues i les malalties dels arbres.

Les conseqüències principals afecten de manera notable el medi: pèrdua de biodiversitat, pèrdua de recursos, erosió i esllavissament de terres i disminució de les pluges a les zones desboscades, cosa que afavoreix el canvi climàtic.

Desertització i desertificació

Els problemes ambientals més importants derivats del canvi d'ús del sòl són la **desertització**, la **desertificació** i el **desboscament**.

Es parla de **desertització** del sòl quan es degrada de manera natural a conseqüència de riuades, tempestes, erupcions volcàniques o focs no provocats, que arrasen la flora i la fauna d'un lloc determinat.

S'anomena **desertificació** la transformació de zones àrides i semiàrides de la Terra en deserts, a causa, fonamentalment, de la sobreexplotació amb finalitats urbanístiques, agrícoles o ramaderes, del canvi climàtic i de la tala de boscos i dels incendis. La pèrdua de l'humus provoca l'empobriment del sòl.

La desertificació, per tant, porta a la **degradació** dels **ecosistemes** de les terres més àrides del planeta. Aquests terrenys ocupen pràcticament la meitat de la superfície terrestre i acullen un terç de la població humana, especialment les terres àrides subsaharianes i centreasiàtiques, molt vulnerables al canvi climàtic i a l'impacte de l'activitat humana.

Tenint en compte tot això, ens hem de conscienciar de la necessitat de **protegir el sòl** i valorar la importància que té per a mantenir la vida a la Terra.

Desertificació i pobresa

La **desertificació** és una amenaça per a les poblacions més pobres de la Terra i per a les perspectives de reducció de la pobresa.

Per tot això, la desertificació és un dels grans reptes ambientals i un obstacle seriós a l'hora de satisfer les necessitats bàsiques dels habitants de les zones més àrides del planeta.

1. Hi ha terrenys àrids a la regió on vius? Quina és la causa de l'aridesa i quin aprofitament agrícola tenen aquests terrenys?

@ Amplia a la Xarxa...

Per saber més de la desertificació i les seves conseqüències, entra a: www.tiching.com/732726

CONSERVACIÓ I RECUPERACIÓ DEL SÒL

Algunes tècniques per reduir l'erosió del sòl i millorar-ne les condicions són:

Els **conreus en terrasses** o **feixes** a zones amb un pendent molt fort.

La **reforestació** amb plantes autòctones.

L'**aforestació** o plantació d'arbres i arbustos al voltant de zones de conreu extenses per frenar la força de l'aire.

El **manteniment** d'un nombre òptim d'**animals** per unitat de superfície de terreny.

La **rotació de conreus** i l'ús de fertilitzants orgànics.

2. A quines espècies animals es refereix la tècnica esmentada en quart lloc? Què passa si el nombre d'animals és massa elevat?

3. Què són les plantes autòctones? Esmenta'n alguna que hi hagi al teu entorn.

4. D'on es poden obtenir els fertilitzants orgànics?

5. Quines són les causes dels incendis forestals?

6. Esmenta les accions que cal fer per evitar els incendis.

7. Él termes erosió i desertificació et semblen iguals? Poden relacionar-se tots dos processos? Esmenta un exemple de cada mena de cas.

8. Penses que l'ús del sòl està prou controlat per les autoritats pel que fa al medi ambient?

9. En les últimes dècades hi ha hagut moltes riuades, sobretot a la part oriental de la Península. Relaciona-les amb la destrucció del sòl.

9 L'IMPACTE HUMÀ EN ELS ECOSISTEMES

Quines de les nostres accions diàries perjudiquen els ecosistemes?

La contaminació atmosfèrica que afecta algunes grans ciutats està causada, bàsicament, pel trànsit i per les condicions atmosfèriques d'algunes èpoques de l'any.

Algunes activitats bàsiques com rentar la roba, els plats o dutxar-nos contaminen l'aigua amb detergents, olis o sabons, que després fan necessari reciclar-la.

Les interaccions entre els subsistemes atmosfera, hidrosfera i geosfera del sistema Terra segueixen cicles naturals amb una periodicitat que s'ha mantingut estable durant molt de temps.

L'**augment** de la població humana i la **sobreexplotació** dels recursos naturals va alterant aquests cicles i provoca canvis en el medi ambient.

Els éssers vius depenem de la salut del sistema Terra, perquè necessitem que el medi ens proporcioni aigua pura, aire sense contaminar, aliments, medecines i roba, entre altres coses.

Per tant, hem de ser conscients de les conseqüències que els nostres hàbits de vida actuals tenen sobre el sistema Terra i hem de prendre mesures per **impedir**, o almenys **minimitzar**, l'efecte que el deteriorament ambiental té en els éssers vius.

Les plantes de triatge són unes instal·lacions dissenyades per separar els envasos segons els tipus de plàstic, alumini, ferro o brics. El material, un cop separat, es du al recuperador corresponent.

Què sabem?

- Quines activitats, de les que fas cada dia, contaminen?
- A casa teva, recicles? Quins contenidors per reciclar tens?
- Quines mesures prendries per reduir la contaminació atmosfèrica?
- Per què el transport públic contamina menys que el privat?

Què aprendrem?

- Què és la contaminació i quins contaminants hi ha.
- Quins efectes provoca la contaminació atmosfèrica sobre els ecosistemes i el clima.
- Com embrutem i netegem l'aigua.
- Com generem residus i com els gestionem.

1 La contaminació i els contaminants

Què és la contaminació?

Entenem per **contaminació** l'augment o la presència en el medi ambient de substàncies perjudicials, o de certes formes d'energia –calor, soroll o radioactivitat–, en més quantitat de la que el medi és capaç d'admetre i neutralitzar.

Aquests tipus de substàncies i de formes d'energia s'anomenen **contaminants**. La contaminació afecta l'activitat i la supervivència dels organismes, incloent-hi la de l'ésser humà.

Tipus de contaminació

Els tipus de contaminació bàsics són els que afecten l'**aire**, l'**aigua** i el **sòl**.

Segons la naturalesa del contaminant que hi predomina, es produeixen dos grans **tipus** de **contaminació**:

- **Contaminació química**. La provoquen compostos químics **no habituals** en el medi. Són compostos **tòxics**, com els pesticides, que es mantenen al medi durant molt de temps perquè no es degraden.

  La contaminació química també pot ser deguda a quantitats **excessives** de **compostos habituals**, com és el cas del CO_2 (diòxid de carboni) o dels residus orgànics.

- **Contaminació física**. La provoquen canvis en les característiques físiques de l'atmosfera, del sòl o de l'aigua; per exemple, la contaminació acústica, la tèrmica o la radioactiva.

La contaminació atmosfèrica i l'acústica provoquen alteracions greus en els éssers vius. Els motors de combustió dels vehicles també contaminen l'atmosfera.

La contaminació atmosfèrica

En molts indrets del món, especialment a les grans ciutats, la contaminació de l'**aire** s'ha convertit en un problema greu que no tan sols afecta la salut, sinó que impedeix el desenvolupament normal de la vegetació i deteriora els edificis i els monuments.

Els contaminants atmosfèrics principals procedeixen de la utilització de **combustibles fòssils** (carbó i petroli) en indústries i vehicles, dels processos industrials i de les explotacions mineres i agrícoles.

Els efectes de la contaminació atmosfèrica depenen d'aquests factors:

- La concentració i els tipus de contaminants.
- El temps d'exposició a aquests contaminants.
- La interacció entre els contaminants.
- La sensibilitat dels receptors.

Contaminació atmosfèrica global i local

Els contaminants atmosfèrics són transportats per l'aire a grans distàncies i provoquen efectes adversos en indrets molt allunyats de la font d'emissió. Les conseqüències són globals, (afecten tot el planeta), com ara la pluja àcida, la destrucció de la capa d'ozó i l'augment de l'efecte d'hivernacle. Per això, el control de la contaminació atmosfèrica demana la cooperació internacional.

En altres casos, els efectes, que no només són provocats per la contaminació atmosfèrica, són locals, com passa en la boira fotoquímica, la contaminació acústica o l'electromagnetisme.

La boira fotoquímica té l'origen en la presència d'òxids de nitrogen, hidrocarburs i ozó.

ELS CONTAMINANTS ATMOSFÈRICS

Molts dels **contaminants atmosfèrics** tenen un efecte directe sobre el nostre estat de salut. Les parts de l'organisme més afectades són les que estan en contacte directe amb l'aire: els ulls, les mucoses que cobreixen l'interior de les vies respiratòries i els pulmons.

Per aquest motiu, les persones que pateixen una malaltia que afecta el sistema respiratori són les més perjudicades quan respiren l'aire contaminant.

Segons l'origen, els contaminants atmosfèrics poden ser de dos tipus: **primaris** i **secundaris**.

@ Amplia a la Xarxa...

Per saber més de la contaminació atmosfèrica, entra a: www.tiching.com/733647

La salut, el medi i els contaminants atmosfèrics

Contaminants primaris. Són substàncies que emetem **directament** a l'atmosfera. Els més importants són els òxids de carboni, de sofre i de nitrogen, les partícules i els hidrocarburs (metà).

Els òxids de sofre provoquen irritació als ulls i a les vies respiratòries, i agreugen la bronquitis. Els òxids de nitrogen també provoquen irritacions, afavoreixen les infeccions respiratòries i agreugen els processos asmàtics que afecten la capacitat de ventilació pulmonar.

Contaminants secundaris. Es produeixen per **reaccions químiques** entre els contaminants primaris que hi ha a l'atmosfera, com en el cas de l'ozó, un dels més perillosos que es forma a les grans ciutats.

L'ozó és un gas fortament irritant que pot provocar llagrimeig. A més, quedar exposat molt prolongadament a grans quantitats d'ozó provoca lesions en el teixit pulmonar i pot arribar a disminuir la capacitat de defensa del sistema immunològic contra infeccions respiratòries.

ELS TIPUS DE CONTAMINANTS ATMOSFÈRICS

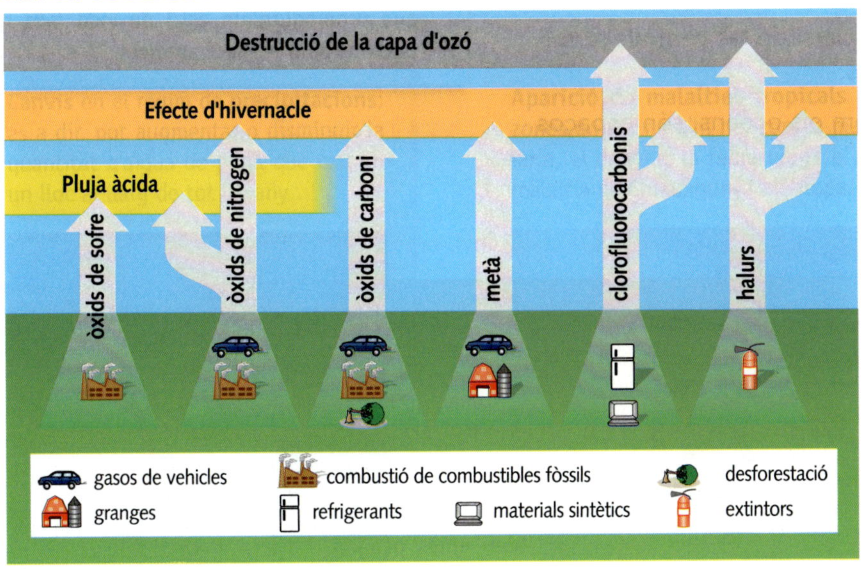

1. Quines parts del nostre cos són més sensibles a la contaminació de l'aire?
2. Quina relació té la contaminació de l'aire amb les malalties respiratòries?
3. A quin grup de contaminants pertany el metà? Quin és el seu origen?
4. Observa el dibuix i contesta:
   - Quins són els efectes principals de la contaminació atmosfèrica?
   - Quins són els elements que més contaminen l'atmosfera?

5. De quines activitats procedeixen la majoria dels contaminants atmosfèrics?
6. És cert que els contaminants són substàncies que no existeixen de manera natural en els ecosistemes? Explica la teva resposta i busca'n algun exemple que la il·lustri.
7. En què es diferencien els contaminants primaris dels contaminants secundaris?
8. Quin criteri es fa servir per parlar de contaminació global i local? Quines són les conseqüències principals, a escala global i local, de la contaminació atmosfèrica?
9. Què són els combustibles fòssils? Quin tipus de contaminació origina usar-los?
10. Posa algun exemple que coneguis de contaminació que afecti llocs concrets.

3 Efectes globals de la contaminació atmosfèrica (II

La capa d'ozó

L'**ozonosfera** o **capa d'ozó** és a uns 20 km d'altitud, a l'estratosfera, on les molècules d'aquest gas es formen i destrueixen constantment.

L'ozó de l'estratosfera no tan sols no és perjudicial, sinó que ha permès l'existència de vida a la Terra, perquè absorbeix les radiacions ultraviolades que procedeixen del Sol, molt nocives per als éssers vius, i així evita que arribin a la superfície terrestre.

Aquestes radiacions produeixen alteracions a la pell i poden provocar l'aparició de cataractes, la disminució de les defenses contra algunes malalties i l'augment del càncer de pell.

Els vegetals, el plàncton i els peixos que viuen a l'aigua fins a 20 metres de profunditat també se'n ressenten.

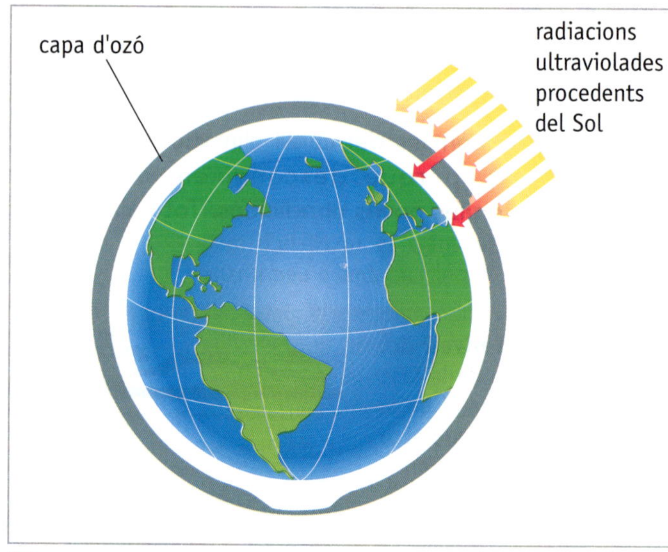

Les radiacions ultraviolades nocives les absorbeix la capa d'ozó de l'estratosfera. Cada hivern, el gruix d'aquesta capa disminueix a l'Antàrtida i provoca el que anomenem *forat a la capa d'ozó*.

Disminució de la capa d'ozó

A la dècada dels vuitanta, a l'Antàrtida, es va observar per primera vegada una pèrdua significativa del gruix de la capa d'ozó a l'estratosfera, que, en moments crítics, va arribar al 50 %.

Aquest fenomen s'ha observat més recentment en altres llocs distants del Pol Sud i ha tingut efectes molt negatius, sobretot per a la salut de les persones.

La disminució de l'**ozó** de l'estratosfera és deguda a l'augment de **clor** a l'atmosfera, que es combina amb les molècules d'ozó i les destrueix ràpidament.

Els compostos de clor es fan servir per produir temperatures baixes en frigorífics i aparells d'aire condicionat i fabricar aïllants i envasos de plàstic. També s'han utilitzat en la fabricació d'aerosols (laques, insecticides, escumes d'afaitar). Aquests gasos poden quedar-se a l'atmosfera durant més de cent anys.

Actualment hi ha un acord per deixar d'utilitzar aquests compostos i substituir-los per d'altres que no afectin la capa d'ozó, i molts països ja han prohibit l'ús dels aerosols.

Segons alguns estudis, el compliment d'aquesta i d'altres mesures comporta una estabilització del forat de la capa d'ozó i fins i tot es creu que es podria recuperar la normalitat cap a l'any 2080.

EVOLUCIÓ DEL FORAT DE LA CAPA D'OZÓ

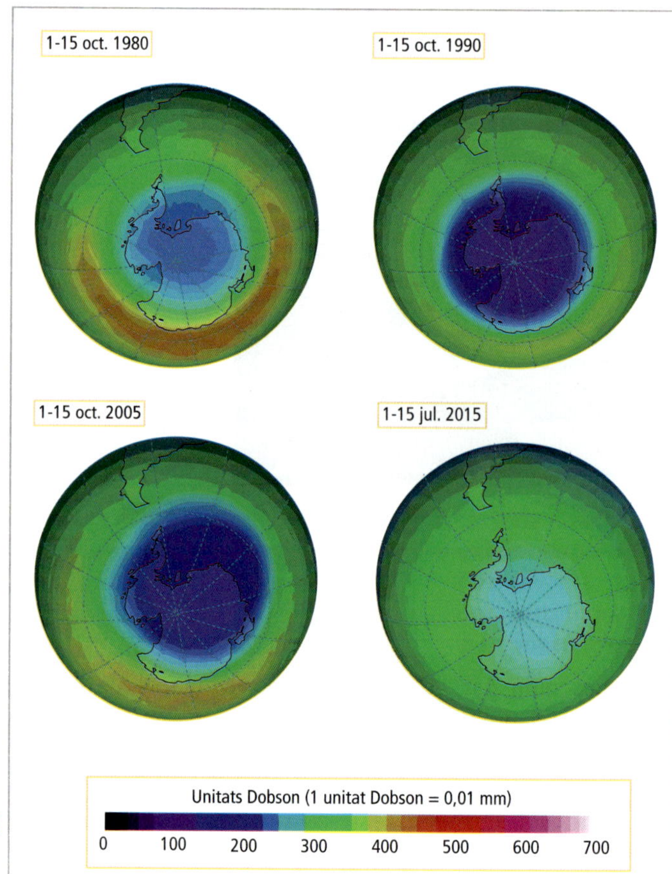

El forat a la capa d'ozó va anar creixent pràcticament cada any des del 1980 fins al 2005. En els darrers anys el debilitament de la capa o *forat* ha decrescut lleugerament.

LA PLUJA ÀCIDA

La **pluja àcida** és un tipus de contaminació atmosfèrica que cau sobre la Terra en forma líquida (pluja, neu i borrufada) o sòlida (partícules).

La combustió de carbó i de derivats del petroli produeix diòxid de sofre. A més, els motors dels vehicles i dels avions desprenen òxids de nitrogen.

Quan aquestes dues substàncies es combinen amb el vapor d'aigua de l'atmosfera, es converteixen en àcid sulfúric i àcid nítric i tornen a la terra en forma de pluja àcida.

La pluja àcida afecta greument els boscos, que es deterioren o fins i tot arriben a desaparèixer. Les gotes de pluja àcida destrueixen les fulles de les plantes i acidifiquen el sòl. Les aigües superficials, especialment les dels llacs, també es tornen inadequades per a la vida dels organismes aquàtics.

Com es pot evitar la pluja àcida?

Per evitar la pluja àcida, les indústries han d'instal·lar filtres que limitin la quantitat d'òxids de sofre i de nitrogen alliberats. Pel que fa als automòbils, cal proveir-los de catalitzadors capaços d'eliminar, tant com sigui possible, els gasos contaminants.

Individualment, tots podem contribuir a la disminució de la pluja àcida utilitzant el transport públic o caminant, abaixant la temperatura de la calefacció i no fent servir l'aire condicionat o fent anar la rentadora i el rentaplats amb càrrega completa.

FORMACIÓ DE LA PLUJA ÀCIDA

1. On és la capa d'ozó?
2. A quin lloc del planeta es va observar per primera vegada la disminució de la capa d'ozó?
3. Quins compostos són responsables d'aquesta disminució?
4. Observa el dibuix de l'evolució del forat de la capa d'ozó. Com ha evolucionat des del 1980 fins a l'actualitat?
5. En què consisteix la pluja àcida?
6. Quins contaminants primaris i secundaris són responsables d'aquest fenomen?
7. Quines fonts originen els contaminants primaris?
8. Quins efectes produeix la pluja àcida sobre els vegetals?
9. Com podem contribuir a evitar la pluja àcida?
10. Per què els metalls pesants tendeixen a acumular-se als últims nivells d'una cadena tròfica? Posa'n un exemple.

5 Els residus i la seva gestió

L'increment de la població humana durant l'últim segle, conjuntament amb una cultura del consum cada vegada més estesa, provoca un augment incontrolable de materials i substàncies de rebuig, que reben el nom de **residus**.

Actualment els residus són un dels problemes més grossos de la humanitat: contenen moltes substàncies contaminants, eliminar-los és car i difícil, generen substàncies tòxiques i els abocadors comporten un gran impacte ambiental.

@ Amplia a la Xarxa...

Per saber més dels residus a Catalunya, entra a: www.tiching.com/733625

A TIPUS DE RESIDUS SÒLIDS

El residus sòlids urbans (RSU)

Aquest tipus de residus, també anomenats **deixalles**, provenen de les llars, els comerços, els hospitals, els organismes oficials i d'altres.

Es componen d'una barreja de paper, cartró, vidre, metall, plàstic, restes de menjar i altres materials, com gomes, cuirs i teixits.

L'any 2014 es van generar a Catalunya 3,6 milions de tones de residus sòlids urbans.

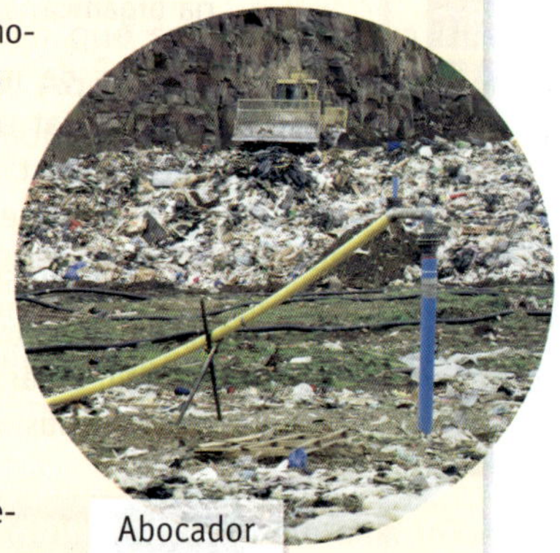

Abocador

Els residus sòlids no urbans

Són els residus que provenen de les indústries, l'agricultura i la mineria. Quantitativament són molt més importants que els residus urbans.

Residus industrials

B TRACTAMENT DELS RESIDUS SÒLIDS

L'eliminació de residus sòlids es basa en la combinació de la **reducció**, el **reciclatge**, la **incineració** i l'**enterrament en abocadors**.

Els residus sòlids **tòxics** s'han de tractar per reduir-ne la toxicitat abans d'emmagatzemar-los. Els **no tòxics** s'han de dipositar en abocadors especialment dissenyats per protegir el medi ambient.

Cal conscienciar la societat sobre la necessitat de **separar** els residus abans de reciclar-los.

Els inconvenients que ens pot suposar separar aquests materials i col·locar-los als contenidors adequats són trivials en comparació amb els danys, tant **materials** com de deteriorament **mediambiental** i sanitari, que suposa abocar-los junts.

ESQUEMA DE TRACTAMENT DE RESIDUS SÒLIDS

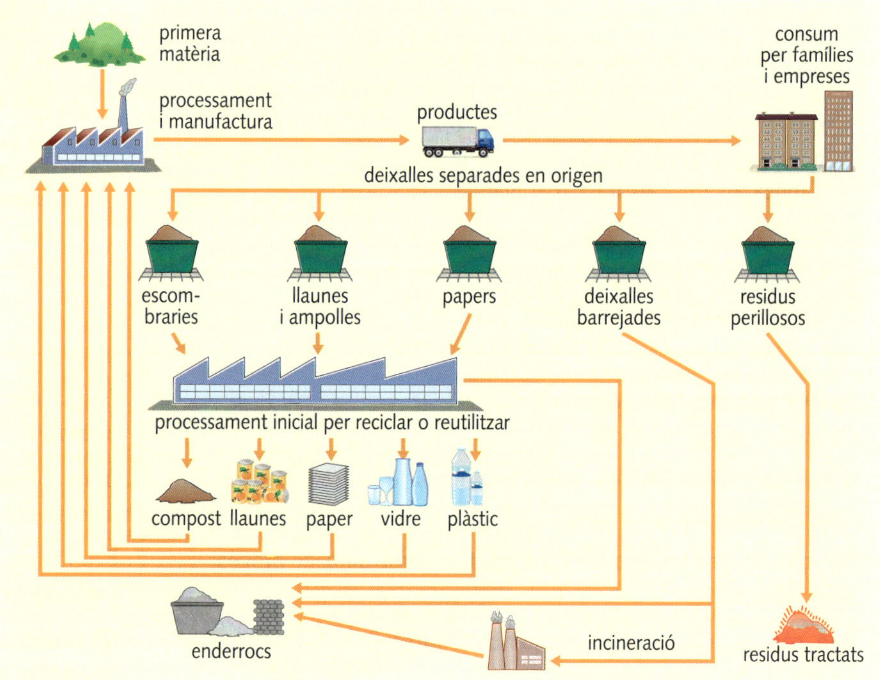

C ELS RESIDUS PERILLOSOS

Es consideren **residus perillosos** totes aquelles substàncies capaces de provocar trastorns importants a l'ésser humà o al medi ambient. Entre els residus perillosos s'hi inclouen els àcids, els explosius abandonats, els metalls pesants, els olis de motors, els agents infecciosos, el material hospitalari, els dissolvents orgànics, els pesticides, les substàncies radioactives, etc.

Tot i que ja hi ha la tecnologia adequada per tractar els residus tòxics, és extraordinàriament cara i complexa, i això fa que no resulti possible generalitzar-ne l'ús.

Un altre tipus de residus difícils de tractar i d'emmagatzemar són els **residus radioactius** procedents de les centrals nuclears, dels hospitals i dels centres d'investigació. Els procedents d'aplicacions no energètiques s'emmagatzemen a l'abocador nuclear d'El Cabril (Còrdova), i els generats a les centrals nuclears, en piscines especials instal·lades a les centrals.

El Cabril, l'únic cementiri nuclear d'Espanya

Situat al nord-oest de la província de Còrdova, El Cabril és un centre d'alta seguretat de residus radioactius de baixa i mitjana activitat, que s'emmagatzemen durant 300 anys, temps considerat necessari perquè deixin de ser una amenaça.

Aquest material contaminant està enterrat en successives capes de formigó armat resistent als sismes. El formigó serveix de barrera natural entre els residus radioactius i el medi.

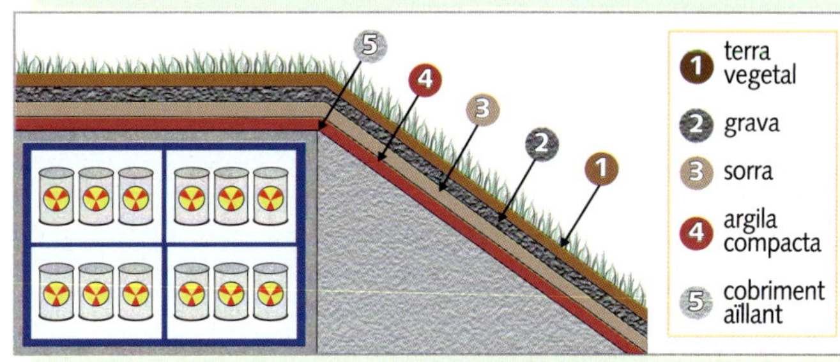

D LA GESTIÓ SOSTENIBLE DELS RESIDUS

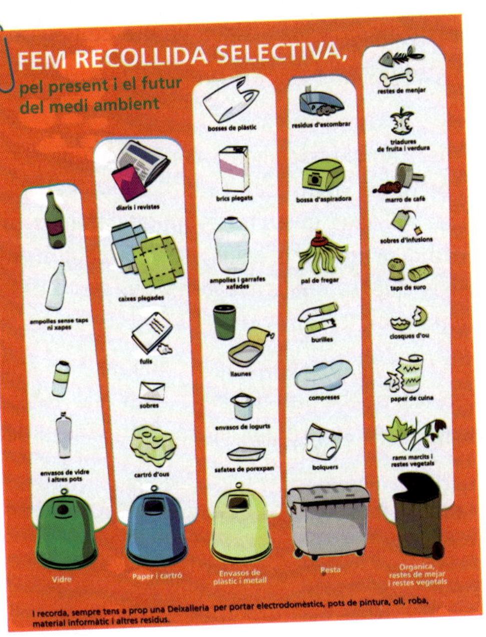

Per intentar controlar el problema dels residus urbans i evitar que la seva acumulació suposi un perill ambiental, s'ha posat en marxa un complex sistema de gestió de residus als nuclis de població.

Així, s'utilitzen contenidors de diferents colors per a cada tipus de deixalla, les depuradores d'aigües i les incineradores d'escombraries, entre altres elements.

Actualment, s'organitzen iniciatives per aconseguir que els consumidors prenguem consciència de la necessitat de reduir el volum de residus generat moderant el consum d'embalatges, reutilitzant productes que abans llençàvem i, en conjunt, participant activament en les polítiques ambientals del nostre entorn social.

La **gestió sostenible dels residus** implica aconseguir generar com menys residus millor i portar a terme una **recollida** selectiva per facilitar-ne el reciclatge. Així se n'evita l'acumulació i se'n facilita l'aprofitament, la qual cosa suposa un avantatge ecològic i un estalvi important.

1. Què són els residus sòlids? Quins tipus principals en coneixes?
2. Com cal eliminar els residus sòlids? Per què cal separar els residus?
3. De què es componen els residus perillosos? Escriu-ne alguns exemples.
4. Per què són tan perillosos els residus de les centrals nuclears?
5. Pensa algun sistema apropiat per emmagatzemar residus radioactius.
6. Què són els residus biodegradables? Digues algun exemple d'aquest tipus de residu.

APRÈN A... CONÈIXER ELS EFECTES DE LA PLUJA ÀCIDA EN ELS VEGETALS

La pluja àcida pot provocar danys directament, quan cau sobre les plantes, i, de manera indirecta, quan arrossega els nutrients del sòl o enverina els vegetals a causa dels metalls pesants que porta en solució.

La pluja àcida destrueix les fulles, roba els nutrients del sòl i provoca la mort del arbres.

1. Material

- 4 recipients (vasos o flascons)
- Aigua destil·lada
- Vinagre blanc
- Un vas graduat
- Paper indicador per mesurar el pH
- Estri per remenar
- 1 fulla i un tros de tija de filodendre
- 1 fulla i un tros de tija de begònia o de còleus de Java
- Llibreta i llapis

2. Procediment

- Afegeix una cullerada de vinagre a dos recipients amb aigua destil·lada, remena-ho bé i mesura'n el pH. Sol tenir un valor aproximat de 4. Si és inferior a 4, afegeix-hi una quantitat petita de bicarbonat sòdic o una gota d'amoníac i remena-ho bé. Si el pH és superior a 4, afegeix-hi una o dues gotes de vinagre i mesura el pH fins que s'ajusti a 4.
- Posa aigua destil·lada a dos recipients més i mesura'n el pH. En cas que sigui inferior o superior a 7, ajusta'l amb bicarbonat sòdic o vinagre, segons el cas, fins que la solució sigui neutra. Si, accidentalment, hi afegeixes massa bicarbonat o massa vinagre, comença una altra vegada el procés fins a aconseguir el pH que interessa.
- Etiqueta els quatre recipients, de dos en dos, de la manera següent:
  - Aigua neutra de filodendre
  - Aigua neutra de begònia o còleus de Java
  - Aigua àcida de filodendre
  - Aigua àcida de begònia o còleus de Java
- Divideix la tija i la fulla de filodendre en dos trossos i col·loca una meitat de tija i una meitat de fulla al recipient etiquetat com a *Aigua àcida de filodendre*. Col·loca l'altra meitat de tija i de fulla al recipient etiquetat com a *Aigua neutra de filodendre*. En tots dos casos, el tros de tija ha de quedar totalment submergit a l'aigua, mentre que en el de la fulla n'ha de quedar una part submergida i la resta fora de l'aigua.
- Repeteix aquest procés amb la tija i la fulla de begònia i els recipients d'aigua àcida i aigua neutra de begònia.
- Col·loca els recipients en un lloc estable, on rebin la llum solar.
- Cada dos dies, aproximadament, comprova que els recipients tenen prou quantitat tant d'aigua neutra com d'aigua àcida. Si veus que s'ha evaporat, afegeix-hi més quantitat d'aigua neutra o àcida, segons calgui. En cap cas no deixis que l'aigua s'evapori i que els trossos de planta quedin secs.
- Al cap d'una setmana, compara el nombre i la mida de les radicel·les que s'han format, tant als recipients d'aigua neutra com als d'aigua àcida, i pren nota dels resultats.
- Repeteix aquest procés al cap de dues setmanes i torna a anotar-ne els resultats.

3. Conclusions

- Com és el creixement i el desenvolupament de les arrels en aigua neutra, comparat amb el creixement i el desenvolupament de les arrels en aigua àcida?
- Com afecta l'acidesa el creixement vegetal: l'estimula o l'inhibeix?
- Ara dedueix quin serà l'efecte de la pluja àcida sobre els vegetals afectats.
- En un terreny on cau pluja àcida, com quedarà afectat el creixement de noves plantes?

1 Pensa i contesta. Els indicadors biològics de la contaminació atmosfèrica

Un equip d'investigadors espanyol ha elaborat un estudi sobre indicadors biològics de la contaminació atmosfèrica per metalls pesants.

Per fer el treball, es van utilitzar organismes bioindicadors, com ara els líquens. Aquests organismes acumulen específicament metalls pesants a les seves cèl·lules en concentracions superiors a les que es donen en els medis on viuen. La concentració de metalls pesants és més fàcil de detectar en aquests organismes que en el medi on habiten. Per tant, per mitjà dels líquens és fàcil mesurar la contaminació.

Espècies de liquen presents a l'ecosistema	Concentració de SO_2 a l'atmosfera
 fruticulós, esquamós, foliós, crustaci	molt baixa/zero
 esquamós, foliós, crustaci	baixa
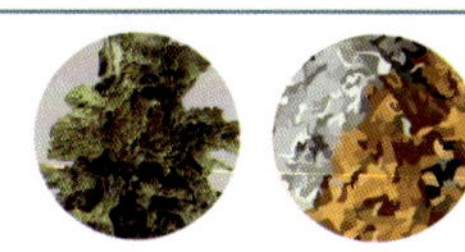 foliós, crustaci	mitjana
 crustaci	alta

Fixa't en l'esquema i contesta:

a) A quines concentracions d'òxid de sofre hi ha la varietat de líquens més gran i més petita?

b) Representa aquest esquema en forma de diagrama o de gràfic lineal.

c) Treu una conclusió de la relació que hi ha entre varietat de líquens i contaminació ambiental.

2 Analitza un text. Aliments contaminats i salut: les dioxines

La manera d'alimentar els animals ens escandalitza de tant en tant. És cert que la majoria de ramaders es comporta amb correcció a l'hora d'alimentar les vaques, els porcs o les gallines que, al seu torn, ens serveixen d'aliment.

Els escàndols recents de dioxines a Alemanya tampoc no són, malauradament, casos aïllats. A Espanya també se n'han detectat, en pinsos i en greixos per fabricar sabons, en els quals s'han detectat també hormones i antibiòtics.

El problema de les dioxines és que formen part dels anomenats contaminants orgànics persistents, i exposar-s'hi s'ha relacionat amb el desenvolupament de diversos tipus de càncer; a més, segons l'Organització Mundial de la Salut (OMS), poden mantenir-se al cos fins a 11 anys.

La majoria de dioxines es generen en processos de combustió, tant artificial (incineració d'escombraries), com naturals (incendis forestals o erupcions volcàniques).

Les dioxines també són subproductes no desitjats d'alguns processos industrials, com ara les foneries, la fabricació de pesticides o d'herbicides o el blanqueig de pasta de paper amb clor.

La principal font d'alliberament d'aquestes substàncies al medi ambient és la combustió incompleta de les incineradores d'escombraries.

La presència de dioxines preocupa perquè són solubles en greixos i s'acumulen en la cadena alimentària, especialment en els greixos animals.

Per això, és especialment greu que es facin servir olis industrials o greix prohibit en l'alimentació de vaques, porcs i gallines, des dels quals les dioxines poden passar a l'espècie humana.

Adaptat de *larazon.es*

a) Com es generen les dioxines? Com entren aquestes substàncies a la cadena alimentària? Quins són els efectes perjudicials principals?

b) Quin tipus de productes químics nocius s'han detectat, a Espanya, en els greixos utilitzats per fabricar pinsos per a animals?

3 Analitza un gràfic. La contaminació de l'aigua a causa de les piles

Fixa't en el gràfic i contesta:

a) Quants litres d'aigua és capaç de contaminar cadascun dels tipus de piles de l'esquema?

b) Quin tipus de piles és el més contaminant?

c) Té relació la mida de les piles amb la seva perillositat?

d) Per què no es poden llençar les piles juntament amb els residus domèstics?

e) On s'han de dipositar les piles?

f) Qui és, a casa teva, el responsable de portar les piles a un contenidor especial perquè siguin recollides?

g) Quins efectes pot tenir el fet de llençar les piles juntament amb la matèria orgànica?

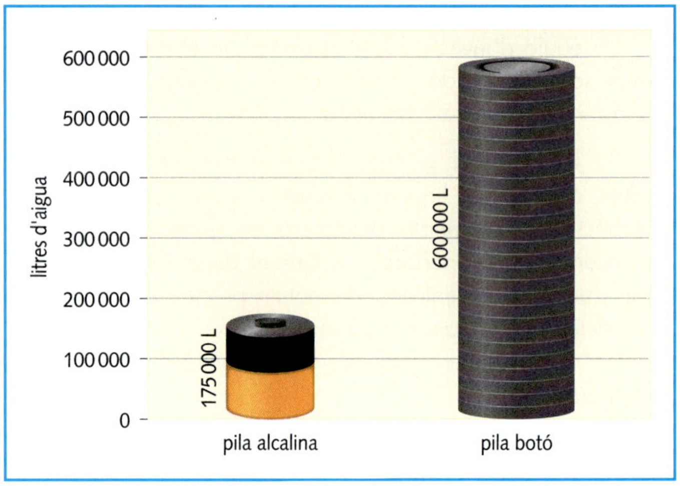

4 Analitza una taula. El temps de degradació dels materials

La taula mostra el temps que tarda cada material a degradar-se en la natura:

a) Classifica els materials de la taula en naturals i fabricats per l'ésser humà.

b) De les dues categories anteriors, quins són els materials que tarden més a degradar-se? Quina n'és la causa?

c) S'han d'abocar tots aquests materials junts o és millor separar-los? Justifica la resposta.

Material	Temps	Material	Temps
paper	2 a 4 setmanes	llauna d'alumini	fins a 500 anys
teixits de cotó	1 a 5 mesos	plàstics	450 anys
mitja de llana	1 any	fil de fibra sintètica	500 anys
fusta pintada	fins a 13 anys	envasos de vidre	indeterminat
llauna de conserva	100 anys	pneumàtics	indeterminat

5 Analitza imatges. Tipus de contaminació

Fixa't en les imatges següents i fes les activitats proposades:

a) Comenta el tipus de contaminació que veus a cada fotografia i indica les causes que la provoquen i els efectes més importants que se'n deriven.

b) Com pot afectar greument la salut la contaminació produïda per les calefaccions, els vehicles amb motor de combustió, etc.?

La contaminació atmosfèrica i els seus efectes globals

- La contaminació es produeix per l'acumulació, al medi ambient, de substàncies de rebuig o d'algunes formes d'energia anomenades contaminants.
- Els contaminants atmosfèrics poden ser primaris, substàncies que s'emeten directament a l'atmosfera; o secundaris, que es produeixen per reaccions químiques entre els contaminants primaris.
- L'augment de l'efecte d'hivernacle de l'atmosfera provoca l'escalfament global i el canvi climàtic.
- La disminució de la capa d'ozó afecta els éssers vius i és provocada per l'augment de clor a l'atmosfera, que es combina amb l'ozó i el destrueix.

La contaminació de l'aigua

- La contaminacio de l'aigua és deguda als residus que s'hi aboquen, als que es dipositen al sòl o als que s'infiltren al subsòl.
- La pluja àcida pot afectar àrees molt allunyades del focus contaminant.
- Els vessaments de matèria orgànica a l'aigua provoquen l'eutrofització, el descens de la taxa d'oxigen i la mort de la majoria d'organismes que hi viuen.

Els residus i la seva gestió

- Els residus s'han de reduir, reciclar, incinerar o enterrar en abocadors.
- La gestió sostenible dels residus implica una recollida selectiva per facilitar-ne el reciclatge.

1 CONSOLIDA EL QUE HAS APRÈS

a) Relaciona les paraules de l'esquerra amb la seva definició:

Eutrofització	Paper de l'atmosfera en l'escalfament de la superfície terrestre.
Efecte d'hivernacle	Gas atmosfèric que té una funció protectora, perquè filtra les radiacions ultraviolades a l'estratosfera.
Contaminant	Contaminació de l'aigua per excés de sals minerals.
Ozó	Substància o forma d'energia perjudicial per al medi ambient.

b) Quin és el principal efecte perjudicial dels detergents per al medi ambient?

c) Quines són les causes principals de l'efecte d'hivernacle? Quins són els efectes a llarg termini d'aquest problema ambiental?

d) Defineix *contaminants primaris* i *secundaris*. Posa'n exemples de cadascun.

e) Quina funció té la vegetació per evitar l'erosió i la pèrdua de sòl? Quina és l'acció de la pluja àcida en aquest mateix procés?

f) Com ha estat l'evolució de la capa d'ozó durant els últims anys? Quins productes dels que fan malbé aquesta capa s'han prohibit?

g) Quins productes químics s'uneixen a l'aigua de la pluja i l'acidifiquen? D'on provenen? Quines són les conseqüències d'aquest fet?

2 DEFINEIX CONCEPTES CLAU

- Contaminació
- Efecte d'hivernacle
- Canvi climàtic
- Capa d'ozó
- Pluja àcida
- Eutrofització
- Deixalles
- Recollida selectiva
- Desertització

CONTESTA LA PREGUNTA INICIAL

Quines de les nostres accions diàries perjudiquen els ecosistemes?

TÈCNIQUES D'ESTUDI: www.tiching.com/727426

Practica una tècnica d'estudi a partir de la síntesi.

10 ELS RISCOS GEOLÒGICS

Els riscos geològics poden afectar la nostra societat industrial?

Moltes inundacions es produeixen perquè l'ésser humà ha urbanitzat zones inundables, com antigues rieres, rambles i llits de rius.

Malgrat el risc que comporta, l'ésser humà ha ocupat les zones properes als volcans per l'elevada fertilitat del sòl i la presència d'aigües termals.

L'**activitat**, tant interna com externa, de la Terra dóna lloc a nombrosos **fenòmens** de conseqüències, en molts casos, catastròfiques.

Per exemple, els **fenòmens meteorològics** afecten la superfície de la Terra i poden causar **pluges torrencials** que arrasen zones senceres o **huracans** i **tornados** que poden fer malbé tot el que troben al seu pas.

Un altre tipus de riscos són els associats al moviment de les plaques litosfèriques, que tenen l'origen a l'interior de la Terra i que provoquen **moviments sísmics** i **vulcanisme**.

A més d'aquests riscos d'origen natural, l'**activitat humana** també és capaç de provocar-ne d'altres de diferents, que de vegades poden tenir un impacte molt més gran que els naturals.

Què sabem?

- Quin agent geològic actua amb més freqüència al lloc on vius?
- Quan hi ha una tempesta, prens cap mesura de protecció a casa teva? Quina?
- Els sismes i les erupcions volcàniques són perillosos? Per què?

Què aprendrem?

- Què és el risc volcànic.
- Si es pot predir una erupció volcànica i quines mesures s'han de prendre en el cas que es produeixi.
- Què és el risc sísmic.
- Si es pot predir un sisme i quines mesures s'han de prendre si es produeix.
- Què cal fer per predir i prevenir els riscos produïts pels agents geològics externs.
- Quins riscos provoca l'ésser humà quan interactua amb la geosfera.

En països com el Japó, que tenen un risc sísmic elevat, s'educa la població perquè sàpiga actuar amb mesures d'autoprotecció quan es produeixi un sisme.

1 Riscos geològics interns

Què es el risc geològic intern?

Un **risc geològic intern** és una situació que es pot produir a causa de l'activitat geològica interna de la Terra i que sol ocasionar danys a les persones i al medi.

Els riscos geològics interns més importants són els **volcans** i els **terratrèmols** o **sismes**.

Els riscos volcànics

Les erupcions volcàniques poden provocar pèrdues de vides humanes i danys materials. Això es pot deure als productes expulsats pel volcà o bé als moviments sísmics que solen acompanyar les erupcions.

Encara que les **bombes volcàniques** poden causar molts danys, arriben a poca distància del cràter.

El **lapil·li** i les **cendres**, més fines, poden arribar a una distància més gran i produir enfonsaments de teulades, cobrir habitatges, colgar conreus, etc.

La **lava** pot produir danys materials, perquè pot allunyar-se molt del volcà, ocupar grans extensions i afectar les poblacions.

Els **lahars** són colades de fang i allaus de pedres petites que es formen quan la neu del volcà es fon a causa de l'erupció. Baixen a una gran velocitat fins a la vall i arrosseguen tot el que troben al seu pas.

A les zones on hi ha volcans actius, o que han entrat en erupció en èpoques relativament recents, el risc volcànic és molt alt.

Els volcans s'han de controlar constantment per poder prendre mesures i, si cal, poder evacuar la població en risc per evitar la pèrdua de vides humanes.

Els riscos sísmics

Durant els sismes s'obren **esquerdes** i el **terreny es desplaça**. Aquests moviments, segons quina en sigui la intensitat, provoquen la caiguda d'edificis, ponts i viaductes. A més a més, quan es produeixen al mar, poden causar danys greus a les costes on arriben.

Cal tenir en compte que, a vegades, són pitjors els efectes secundaris com ara incendis, inundacions i epidèmies que els danys directes causats pels sismes.

Els danys sísmics són més greus a les ciutats molt poblades i a les zones on les construccions són inadequades o els terrenys, poc consolidats.

Únicament en algunes regions del nostre planeta, com ara les costes del Pacífic i des del sud d'Espanya fins a l'Himàlaia, es produeixen sismes freqüentment. Com ja s'ha vist, aquestes regions coincideixen amb les zones que es troben als límits de les plaques i a prop de les falles.

A Tenerife, La Palma, Lanzarote i El Hierro s'han produït erupcions els darrers segles. L'última fou la del volcà Teneguía (La Palma) el 1971.

Carretera destruïda a causa d'un sisme a Nagasaki (Japó) el juliol del 2007.

Risc sísmic a Espanya i a Catalunya

Espanya es considera un país d'activitat sísmica moderada. La zona d'activitat més intensa és el sud-est d'Andalusia, on actua la microplaca d'Alborán. En aquesta regió s'enregistren sismes que, a vegades, han assolit valors de 6,5 en l'escala de Richter.

Catalunya és la segona zona d'activitat sísmica de la Península (als Pirineus i a les serralades costaneres).

Tanmateix, a les illes Canàries el risc volcànic és real, perquè els seus volcans encara són actius.

PREDICCIÓ I PREVENCIÓ DELS RISCOS GEOLÒGICS INTERNS

Predicció de les erupcions volcàniques

Abans que es produeixi una erupció volcànica se solen produir una sèrie de fenòmens com ara emissions de gasos, canvis químics en les fumaroles i en les aigües termals, aparició de fractures, elevació del sòl i ascens del nivell de l'aigua de llacs i pous o augment de la magnitud i la freqüència dels microsismes a la rodalia del volcà.

Importància de la prevenció de les erupcions volcàniques

Per prevenir els danys de les erupcions volcàniques, cal:

- Tenir un **sistema de predicció** per saber quan entrarà en erupció un volcà.
- Prohibir la **construcció** a les valls properes al volcà, atès que hi poden baixar els núvols ardents o els lahars.
- Tenir **plans d'evacuació** de les poblacions més properes.

Els sismòlegs vigilen si es produeix una elevació del sòl, cosa que indicaria que el volcà pot entrar en erupció.

@ Amplia a la Xarxa...

Per saber més de la predicció d'erupcions volcàniques, entra a: www.tiching.com/732699

Predicció dels sismes

És gairebé impossible predir quan es produirà un sisme, però hi ha certs **fenòmens** que, en alguns casos, es produeixen abans d'un sisme.

Alguns d'aquests fenòmens són canvis en la composició química de les aigües subterrànies i en el nivell de l'aigua de pous i llacs, petits microsismes molt locals i el comportament estrany d'alguns animals.

També són útils els satèl·lits per detectar el moviment de les falles i els programes de simulació per predir els grans sismes.

Importància de la prevenció dels sismes

Per prevenir els **efectes** dels sismes cal:

- Determinar les zones de risc sísmic i elaborar mapes d'aquest risc.
- Establir una xarxa de vigilància sísmica.
- Fer obligatòria la construcció antisísmica per evitar l'esfondrament d'edificis.
- Educar la població perquè sàpiga actuar quan calgui.

Un cop s'ha produït el terratrèmol, les autoritats han de tenir preparades les mesures i els equips d'ajuda adequats per actuar.

Les noves tecnologies de predicció

Les tecnologies de teledetecció mitjançant satèl·lits per descobrir canvis en la superfície terrestre representen el futur en la predicció de sismes.

D'aquests mètodes, el més innovador és de la NASA, basat en la combinació de dues imatges de radar d'una àrea tectònica determinada.

Aquest mètode és capaç de detectar un desplaçament del sòl d'un mil·límetre anual, una precisió suficient per observar els moviments del terreny al voltant d'una falla.

1. Què és un risc geològic intern?
2. Què són els lahars? Quin perill suposen?
3. A Catalunya hi ha cap regió volcànica? Quina?
4. Indica quatre fenòmens que poden ajudar a predir una erupció volcànica.
5. Creus que un volcà pot ser perillós si només expulsa gasos?
6. Com es poden prevenir danys i pèrdues de vides humanes durant l'erupció d'un volcà?
7. Quins fenòmens poden predir un sisme?
8. Com es poden prevenir danys i pèrdues de vides humanes en els terratrèmols?
9. Per què és important vigilar i controlar les zones de risc sísmic?

2 Riscos geològics externs (I)

Què es el risc geològic extern?

Un **risc geològic extern** és qualsevol possible situació deguda a l'activitat geològica externa de la Terra que pugui ocasionar danys a l'entorn.

Aquesta activitat la produeixen els agents geològics externs: l'atmosfera, l'aigua d'escolament (rius, torrents, etc.), el glaç, el mar i el vent.

Hi ha diferents tipus de riscos geològics externs. Un dels més importants són els riscos climatològics, que estan provocats per l'acció de l'atmosfera. Són les inundacions, els huracans, els tornados, etc.

Les inundacions són fenòmens que acostumen a produir-se sovint en època de pluges i que solen causar moltes destrosses.

Les inundacions

Les **inundacions** es produeixen quan, a causa de pluges intenses, es desborden els rius o d'altres cursos naturals. També es produeixen per la pujada del nivell del mar o per un onatge molt intens.

Les pluges intenses són un fenomen atmosfèric habitual a la natura, però es converteixen en risc per la proximitat de la majoria de les poblacions als cursos d'aigua o a les proximitats del mar.

Per la seva freqüència i pels efectes que provoquen, les inundacions són un dels riscos naturals amb més capacitat destructiva.

A Catalunya, pel fet de trobar-se a la regió mediterrània, les precipitacions no segueixen un cicle regular i sovint són torrencials.

A més, moltes lleres naturals i avingudes, com les rieres, després d'estar seques durant períodes de temps molt llargs, han estat canalitzades i fins i tot s'hi ha construït o edificat.

Amb les precipitacions intenses, l'aigua busca la llera natural i s'emporta tot el que troba al seu pas, amb conseqüències molt negatives per als habitants de les zones afectades.

ZONES INUNDABLES A CATALUNYA

El mapa mostra les zones de Catalunya, de color blau, que són potencialment inundables.

Les tempestes

Les **tempestes** són fenòmens atmosfèrics caracteritzats pel fet de donar lloc a pluges intenses, amb descàrrega elèctrica de llamps i trons i amb vents violents. Es produeixen quan es troben dues o més masses d'aire atmosfèric amb temperatura, humitat i càrrega elèctrica diferents.

Les tempestes són un dels desastres naturals més nocius, sobretot per la força dels vents. Es produeixen principalment a la tardor i a l'hivern.

Les tempestes són un gran perill a causa de les descàrregues elèctriques.

RISCOS DERIVATS DEL VENT

Els huracans

Un **huracà** és un sistema de rotació de vents que gira en el sentit contrari al de les agulles del rellotge a l'hemisferi nord i en sentit horari a l'hemisferi sud. Els huracans es formen en aigües tropicals i produeixen vents de més de 120 km/h.

Imatge d'un huracà obtinguda per un satèl·lit meteorològic.

Les condicions que afavoreixen la formació d'un huracà són: l'alta temperatura de l'aigua oceànica; l'elevat grau d'humitat de l'aire; els vents càlids prop de la superfície del mar, que faciliten l'evaporació; i la força de rotació de la Terra, que afavoreix el moviment circular característic d'aquest sistema.

Vista aèria de la ciutat de Nova Orleans després del desastre de l'huracà Katrina (agost del 2005).

El risc d'huracans a Catalunya és nul perquè no hi ha cap de les condicions que n'afavoreixen el desenvolupament.

Els tornados

Un **tornado** s'origina a partir d'una massa d'aire fred que xoca amb una altra d'aire molt calent, fet que provoca corrents d'aire ascendents molt violents en forma d'embut.

Un tornado és un fenomen meteorològic violent i impredictible, visible per la presència de pols succionada de la terra i per la condensació de gotes d'aigua al centre.

Els tornados són rars a Catalunya. Els que s'han produït estan associats a les tempestes de primavera o tardor, com el de l'Espluga de Francolí el setembre del 1994.

Més freqüents són les **trombes marines** o **caps de fibló** que són molt més petits que els tornados i es produeixen a sobre el mar.

Destrosses causades pel pas d'un tornado.

Tornado sobre les praderies de Texas, EUA.

1. Què és un risc geològic extern?
2. Què és una inundació? Com es produeix?
3. Catalunya presenta zones amb risc d'inundació? On estan localitzades aquestes zones?
4. Com es genera un tornado?
5. Busca informació sobre les precaucions que cal prendre si es preveuen inundacions.
6. Per què són perilloses les tempestes elèctriques?
7. Saps si al mar Mediterrani s'hi formen huracans freqüentment? Per què?

3 Riscos geològics externs (II)

Els despreniments

Els **despreniments** consisteixen en la caiguda de blocs de roques de diferent grandària des de la part més alta d'un pendent o talús fins a la part més baixa, produïda per fractures o falles al terreny.

Els canvis de temperatura, les pluges intenses i altres agents meteorològics poden fracturar les roques. Aquestes fractures són freqüents en les vies de comunicació de zones de muntanya on els talussos produïts per les obres que tallen el terreny deixen desprotegides certes zones.

Aquests despreniments poden provocar accidents; en el cas que afectin zones urbanitzades poden tenir efectes desastrosos.

Despreniment en una carretera de muntanya.

Les esllavissades

Les **esllavissades** són moviments ràpids del terreny, que es desplaça damunt el material rocós situat a sota. Es produeixen sobretot a zones muntanyoses amb pendents molt rostos, malgrat que també es poden produir a zones de poc pendent després de pluges intenses que amaren el sòl i augmenten la plasticitat del terreny.

Les allaus

Les **allaus** es produeixen quan una massa de neu o de neu i glaç cau a gran velocitat pel vessant d'una muntanya.

Encara que es produeixen tant a l'hivern com a la primavera, en aquesta època són més freqüents a causa de la pujada de la temperatura, especialment als vessants orientats al sud, perquè estan més exposats al sol.

L'accident al càmping de Biescas

L'accident al càmping de Biescas, l'agost del 1996, el va provocar un devessall de materials atrapats a la sortida d'un torrent que les pluges intenses van impulsar seguint la llera natural. La torrentada va sepultar les instal·lacions d'un càmping i va causar 86 morts.

Esquema de la situació del càmping Las Nieves, de Biescas (Osca), després del desastre de l'any 1996.

Abans de fer una excursió per la muntanya o d'anar a esquiar, és recomanable informar-se sobre el risc d'allaus.

PREDICCIÓ I PREVENCIÓ DELS RISCOS GEOLÒGICS EXTERNS

Les inundacions és un dels **riscos naturals** amb els quals hem de conviure i que no podem evitar, malgrat que és possible elaborar un pla d'actuació que, de manera genèrica, ha d'incloure:

- Les **mesures de prevenció**, tant estructurals com no estructurals.
- El paper de la **predicció** a curt, mitjà i llarg termini.
- Els agents implicats en els **sistemes d'alerta**.
- L'**educació** necessària del comportament davant el risc.
- La **legislació** i els sistemes d'**assegurances** en relació amb els riscos naturals.

L'actuació dels equips de rescat i d'emergència és necessària en els desastres naturals.

Prevenció i predicció

La **prevenció** estableix totes les mesures possibles que cal portar a terme amb anticipació a fi de pal·liar, disminuir o evitar els danys produïts com a conseqüència del desencadenament del risc.

Consisteix a prendre **mesures a llarg termini** tenint en compte els riscos dominants en un territori, com ara infraestructures i obres d'enginyeria. També s'ocupa la legislació sobre sòls, aigües, incendis, etc. Actualment, es pretén que les mesures siguin respectuoses amb el medi ambient, malgrat que això pugui comportar assumir un cert grau de risc.

Solucions com ara desviar un riu perquè no travessi una ciutat i així evitar inundacions, com s'ha fet a València, té més impacte ambiental que regular-ne el curs mitjançant pantans o altres tipus d'obres.

La **predicció** consisteix a anticipar un fenomen, com ara el cas d'una riuada o una allau, tenint en compte les condicions climatològiques que poden afavorir-los. En alguns casos, com ara l'impacte d'un meteorit, la predicció no és fàcil. Quan el fenomen ja s'ha desencadenat, cal una coordinació urgent de persones i mitjans per poder reduir-ne els efectes.

El llit del riu Túria al pas per València ha estat transformat en una zona de jardins i edificacions, entre les quals hi ha la Ciutat de les Arts i les Ciències.

1. En què consisteixen els despreniments? Quina en pot ser la causa?
2. Què és una esllavissada? Quan es considera que és una allau?
3. En què es diferencien la predicció i la previsió d'un risc?
4. Com es podria haver evitat l'accident al càmping de Biescas o se'n podia haver reduït la catàstrofe?
5. Esbrina quin és el pla d'actuació del teu centre en cas d'emergència. Heu fet mai un simulacre d'evacuació de l'edifici, per exemple, en cas d'incendi?

4 L'ésser humà com a agent modelador

L'extracció de roques i minerals, la construcció de carreteres i de vies fèrries, l'expansió de les ciutats, la construcció de pantans i la canalització de l'aigua, entre moltes **altres activitats**, produeixen grans **canvis** a la **superfície terrestre**, perquè s'hi obren grans cavitats, es modifiquen els pendents dels talussos, s'altera el cabal dels rius, etc.

A LA TRANFORMACIÓ DE LA SUPERFÍCIE TERRESTRE

Construcció d'infraestructures

La construcció de carreteres, autovies, línies de ferrocarril, ponts, urbanitzacions, etc., modifica el relleu, perquè cal aplanar el terreny i rebaixar-lo. Això vol dir que cal modificar el pendent dels talussos, omplir tàlvegs, obrir túnels o modificar cursos d'aigua.

Explotació de recursos minerals

L'obtenció de roques i minerals fa necessari excavar galeries artificials en mines subterrànies o obrir grans cavitats en pedreres a l'aire lliure. Aquestes explotacions comporten l'extracció de molts metres cúbics de roques i el moviment de gran quantitat de sòl.

Aquesta activitat genera una quantitat ingent de material no aprofitable o runam de mina, que s'acumula sovint en indrets amb molt pendent i amb poques garanties d'estabilitat.

Modificació del relleu litoral

Els ports, els espigons i les esculleres construïts al litoral modifiquen la dinàmica dels corrents marins i provoquen que desapareguin platges i que se'n formin en indrets on no n'hi havia.

Construcció de pantans i canalitzacions

Els pantans i les canalitzacions modifiquen el cabal del riu i, per tant, la càrrega que pot transportar.

Aquestes intervencions afecten, sobretot, els rius que formen deltes a la desembocadura, perquè el delta pot degradar-se si es redueix l'aportació de sediments, que queden retinguts per la presa i no poden arribar fins al mar.

Alteració de la coberta vegetal

La tala massiva i els incendis provoquen la pèrdua de la coberta vegetal.

L'aigua de pluja arrossega els materials solts i el sòl, que s'erosiona. Com a conseqüència, aquesta regió pot quedar desertificada.

B MESURES ESTRUCTURALS PER REDUIR ELS DANYS

La gravetat actua sobre els materials superficials i provoca el desplaçament dels vessants cap al pendent. L'esllavissada pot produir desastres que causin morts i pèrdues econòmiques. Per **reduir** el **risc** que es produeixin aquests **danys**, es prenen **mesures** com les següents:

Estabilització del terreny per evitar el desplaçament de roques i sediments mitjançant la construcció de terrasses als vessants per reduir el pendent.

Sovint s'hi fan tasques de reforestació perquè la vegetació proporcioni més estabilitat als vessants.

Recuperació de pedreres abandonades per impedir que les cavitats siguin perilloses i que es contamini l'aigua subterrània. Es transformen en parcs, jardins i zones d'esbarjo o d'activitats culturals.

Retenció dels vessants amb pendent molt rost mitjançant murs de formigó, gabions o malles. També es fixen els blocs clivellats o solts que poden caure amb l'ajut de perns d'ancoratge o amb morter projectat.

L'esllavissament de terra i el despreniment de roques des de la part més alta d'un talús són especialment importants a zones muntanyoses després de nevades o pluges fortes.

@ Amplia a la Xarxa...

Per saber més de l'alteració del relleu per a l'ús humà, entra a: www.tiching.com/731545

1. Com transformen els éssers humans la superfície terrestre? Explica-ho.
2. Creus que aquesta actuació és positiva o negativa? Quines conseqüències poden tenir aquestes modificacions?
3. Posa un exemple de modificació del relleu que hagis observat al lloc on vius.
4. Per què a moltes regions es conrea en feixes?
5. ¿Per què són més freqüents els esllavissaments de terra i els despreniments de roques durant l'hivern que durant l'estiu? Raona-ho.
6. Quins factors s'han de tenir en compte quan s'eixampla una carretera?

C ELABORACIÓ DEL PÒSTER DIGITAL

A partir de tota la informació que heu recollit, el vostre objectiu és crear un **mural digital** que us serveixi de llenç per compartir idees, organitzar-les, debatre-les en grup, crear-les i publicar-les.

1. Conèixer l'eina digital

- Trieu una aplicació per fer el pòster (mural.ly, glogster.com, etc.).
- La majoria de les aplicacions demanen a l'usuari que es registri per crear un mural.
- Una vegada fet el registre, ja podeu començar a compartir les vostres idees!

No desaprofiteu l'oportunitat de veure un vídeo tutorial de l'aplicació. Us pot ser útil per conèixer el funcionament de l'eina digital que utilitzeu.

2. Editar el pòster

Al pòster digital heu d'incloure-hi la informació necessària per promoure la vostra exposició:

D PUBLICACIÓ DEL PÒSTER

- És el moment de presentar el pòster a la classe i d'explicar-lo oralment als companys.
- També podeu pujar-lo a la plataforma digital de l'escola o de l'institut o bé compartir-lo per mitjà de les xarxes socials.
- Algunes aplicacions tenen l'opció de poder votar en línia la idea més bona. Si no és possible, feu la votació a mà alçada a classe.

Pòster d'una exposició sobre trasplantaments.

E BONES PRÀCTIQUES DIGITALS

A la Xarxa hi ha força exemples de l'ús del pòster digital com a eina educativa. Descobreix-los:

Per saber més del valor educatiu dels pòsters digitals:
www.tiching.com/733641
www.tiching.com/733642

Per saber més d'algunes aplicacions per editar murals digitals:
www.tiching.com/733643 www.tiching.com/733646
www.tiching.com/733644

APRENDRE AMB LA TAULETA TÀCTIL

1. Objectiu

Elaborar un **esbós** sobre alguns dels òrgans o els teixits del cos humà que es poden trasplantar.

2. Desenvolupament

Fes una **visita** per Internet per descobrir imatges dels òrgans i els teixits que habitualment es trasplanten. Accedeix-hi amb les paraules clau: "**imatges òrgans trasplantaments**" o "**imatges teixits trasplantaments**".

Ara et toca a tu ser l'artista. Tria una fotografia o un dibuix d'un òrgan o un teixit i mira de recrear-lo. Compartiu els vostres treballs a la Xarxa i feu un concurs per decidir quin és el millor.

3. Recursos

Per a **iOS**: Brushes 3; ArtRage; Drawing Desk.
Per a **Android**: Drawing Desk; Drawchemy; ArtRage.

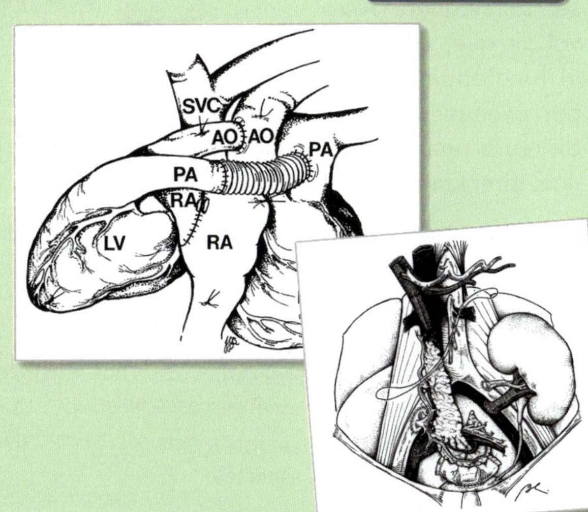

El ritme cardíac

EL CONTROL DEL RITME CARDÍAC

Ja saps que el cor és el responsable que la sang arribi a cadascuna de les cèl·lules del cos perquè puguin disposar de les substàncies que necessiten.

Segons l'activitat i l'estat del nostre cos, les cèl·lules necessiten més o menys substàncies. Per això, la sang ha de circular més o menys ràpidament i el cor ha de bategar més o menys de pressa.

La variació del ritme del cor es fa de manera involuntària per mitjà del sistema nerviós autònom.

Presentació del recurs

Amb aquesta activitat treballareu cada pas del procés d'un experiment científic. Haureu d'aplicar els passos del mètode científic en un estudi concret sobre la regulació del ritme cardíac.

Objectiu de l'activitat

A més de la pràctica del mètode científic, amb aquest projecte aprendreu a reconèixer i identificar fonts d'informació científica fiables, sobretot aquelles que es poden consultar a Internet.

A OBSERVACIÓ

Com cal observar?

Una part molt important de l'observació és la manera com es fan la cerca i la recollida de les dades. És molt important seguir algunes recomanacions:

- L'observació ha de ser sistemàtica. Això vol dir que, si estudiem el funcionament del cor, per exemple, no ens hem de distreure amb aspectes que no hi estan relacionats directament.
- La cerca ha de ser exhaustiva; per això, ens pot ser molt útil l'ús de les noves tecnologies de la informació.

Dues de les qualitats més remarcables d'un bon científic són la curiositat i l'afany de conèixer coses noves.

Si repasses les biografies de científics famosos, veuràs que totes insisteixen en aquests aspectes.

B FORMULACIÓ DE PREGUNTES

Qualsevol investigació s'ha de començar plantejant almenys una pregunta basada en l'observació prèvia.

Com i *què* són preguntes que ens podem plantejar abans de començar qualsevol experiment. Per exemple:

- Com batega el teu cor?
- A quines parts del cos es noten més el batecs cardíacs?
- Et sembla el cor batega sempre a un ritme igual?
- En quines circumstàncies batega més de pressa?
- Com et sents quan batega molt de pressa?
- Com et trobes quan batega molt a poc a poc?

Com més qüestions ens plantegem, més fàcil ens serà resoldre el dubte inicial.

Això sí, tingues en compte que les preguntes han de presentar un qüestionament científic perquè les respostes siguin realment útils per al desenvolupament del projecte.

C CERCA D'INFORMACIÓ

Una vegada definida la pregunta, cal investigar sobre el que planteja. Per això, heu de buscar i seleccionar totes les dades que us serveixin com a punt de partida de la vostra investigació.

Segons el qüestionament científic, obtindrem informació de dues maneres diferents:

- Per mitjà de l'observació directa.
- Utilitzant fonts d'informació diferents.

1. Observació directa

Consisteix a recollir dades a partir de l'observació, a fer preguntes a especialistes diferents, a fer servir instruments de mesurament, etcètera.

La nostra investigació consistirà en això:

- Fer una llista d'activitats o d'estímuls que fan que el ritme cardíac s'acceleri.
- Enunciar situacions en les quals el batec cardíac es fa més lent.

2. Fonts d'informació

Consisteix a consultar diferents fonts bibliogràfiques sobre altres investigacions prèvies que ens puguin aportar dades que ens guiïn en el projecte: realització, presa de dades, manera de dur a terme l'experiment...

En aquest cas podeu consultar informació sobre el ritme cardíac en revistes científiques i de divulgació, diaris, llibres, enciclopèdies, recursos audiovisuals i Internet.

- Com creus que és el ritme cardíac de les persones de les fotos? Ordena-les de menor a major ritme cardíac.

Aquestes persones tenen un ritme cardíac diferent.

Algunes fonts digitals que podeu consultar...

Per saber més del cor:

SOCIETAT CATALANA DE CARDIOLOGIA
www.tiching.com/733594

REVISTA ESPAÑOLA DE CARDIOLOGÍA
www.tiching.com/733631

FUNDACIÓN ESPAÑOLA DEL CORAZÓN
www.tiching.com/733632

ASOCIACIÓN CORAZÓN Y VIDA
www.tiching.com/733633

D FORMULACIÓ D'HIPÒTESIS

A continuació hem de redactar una **hipòtesi**; és a dir, mirar de trobar una resposta a la pregunta plantejada, i identificar quines són les variables experimentals. Per exemple:

- L'exercici físic augmenta el ritme cardíac.
- El descans fa disminuir el ritme cardíac.

Variables experimentals

- En tot experiment hi ha almenys una variable dependent i una d'independent.
- La variable independent és la que controla l'experimentador, mentre que la dependent es pot mesurar i depèn de la primera.
- En el nostre cas, la variable independent és l'estat de repòs o d'activitat, i la dependent és la freqüència cardíaca.

E DISSENY I REALITZACIÓ DE L'EXPERIMENT

Per comprovar la hipòtesi cal dissenyar un experiment i fer-lo. Perquè aquest experiment sigui rigorós, s'ha de repetir unes quantes vegades per comprovar que els resultats són constants.

En primer lloc, heu d'aprendre la manera de mesurar la freqüència cardíaca, que és la variable dependent.

- *Com es mesura la freqüència cardíaca?*

Cada vegada que el cor es contreu, la sang és impulsada cap a les artèries, que s'estrenyen i es dilaten. Aquesta dilatació de les artèries produeix una ona que es pot percebre i que s'anomena pols.

Per mesurar la freqüència cardíaca per mitjà del pols cal col·locar el dit índex i el del mig damunt l'artèria de la part interior del canell i comptar les vegades que es percep aquesta ona, o el pas de la sang, durant 60 segons.

1. Proposta experimental sobre el fet de prendre el pols

- Feu grups de quatre companys i preneu-vos el pols en condicions iguals de repòs i d'activitat física per a tots quatre.
- Procureu no mesurar el pols amb el dit polze, perquè sentiríeu també el propi pols i les dades no serien fiables.
- Feu servir un cronòmetre per ajustar el temps de manera precisa.
- Preneu el pols d'un mateix company entre dos, un a cada canell.
- Anoteu els resultats obtinguts a tots dos braços i compareu-los. *Són iguals les pulsacions del braç esquerre i les del dret?* Si no és així, quina en pot ser la causa? Mireu de millorar el mesurament del pols fins que tots obtingueu resultats semblants. Quan hàgiu acabat, feu la mitjana de les anotacions i calculeu el nombre de pulsacions de cadascun de vosaltres.

F ANÀLISI DELS RESULTATS

Un cop acabat l'experiment, cal analitzar-ne els resultats i comprovar si la hipòtesi es compleix o si, al contrari, és falsa. Per exemple:

- Es compleix la hipòtesi que l'exercici físic augmenta el ritme cardíac.

Elegiu la millor manera d'analitzar els resultats obtinguts per mirar de comprovar la hipòtesi inicial. Per exemple: calculeu la diferència de batecs abans i després de fer una activitat física. Per fer-ho, elaboreu una taula en què es recullin els valors de cadascun dels participants i calculeu la mitjana del grup.

A la dreta hi podeu veure un exemple de taula com la que s'obtindria en aquest experiment.

En molts casos resulta molt útil la representació gràfica dels resultats obtinguts.

VARIACIÓ DE LA FREQÜÈNCIA CARDÍACA I RESPIRATÒRIA

Estudiants	En repòs		Amb exercici			
			En acabar la prova		Al cap de 3 minuts	Al cap de 5 minuts
	FC	FR	FC	FR	FC	FC
1	88	20	120	40	100	90
2	80	20	120	36	100	80
3	72	12	110	28	90	80
4	88	20	110	36	90	90
5	90	24	130	32	100	90
6	80	12	100	24	80	80
7	100	28	150	48	120	110
8	64	16	90	20	70	70
9	44	12	80	20	60	50
10	64	16	90	24	70	70

G EXTRACCIÓ DE CONCLUSIONS

Una vegada comprovada la veracitat de la hipòtesi, es poden treure una o més conclusions que, molt sovint, serveixen als investigadors de punt de partida per començar la investigació o experiment següent. Per exemple:

- Quin tipus d'activitat augmenta més el ritme cardíac?

L'exposició oral

- Abans de començar, prepareu tots els materials que hàgiu de menester.
- Repartiu els continguts que ha d'exposar cada membre del grup i establiu l'ordre de les intervencions.
- Assageu l'exposició de cada membre amb la finalitat de corregir els errors que hi aneu detectant.

COMUNICACIÓ DELS RESULTATS

Havent tret les conclusions del projecte, comuniqueu-les per mitjà d'un informe que ha d'incloure la pregunta inicial, les fonts consultades, la hipòtesi de sortida, l'experiment, l'anàlisi dels resultats i les conclusions.

Feu un pòster que inclogui l'experiment i els resultats obtinguts.

Podeu penjar el projecte a Internet perquè qualsevol persona pugui comparar les dades pròpies sobre el ritme cardíac amb les que vosaltres heu obtingut en l'experiment.

CODI DE LLICÈNCIA*

U5JBRT44Z7Z2

1. Entra a **vicensvivesdigital.com**

2. Si ets un usuari **nou**:
   - Crea el teu compte d'usuari → **Registrar-se**

   Si ets un **usuari registrat**:
   - Accedeix al teu compte d'usuari → **Iniciar sessió**

3. Afegeix la llicència a la teva biblioteca → **Afegir llicència**

* Llicència gratuïta vàlida per un any des de l'activació

En cas que la disponibilitat i l'activació de la llicència no siguin possibles per algun motiu, l'usuari no podrà fer cap reclamació a EDUBOOK per aquest concepte.

Agraïm a Seb Montaz l'autorització per utilitzar el seu material fotogràfic (pàgines 44-45, foto superior).

Il·lustrat per: Carles Salom i Marcel Socias.

Aquest llibre ha estat imprès en paper ecològic reciclable i amb tintes exemptes d'elements pesants solubles. Directiva Europea 88/378/UE, norma revisada EN/71.

Primera edició, 2015

3 4 5 6

Dipòsit Legal: B. 14.263-2015/ ISBN: 978-84-682-3198-3/Núm. d'Ordre V.V.: KM07.